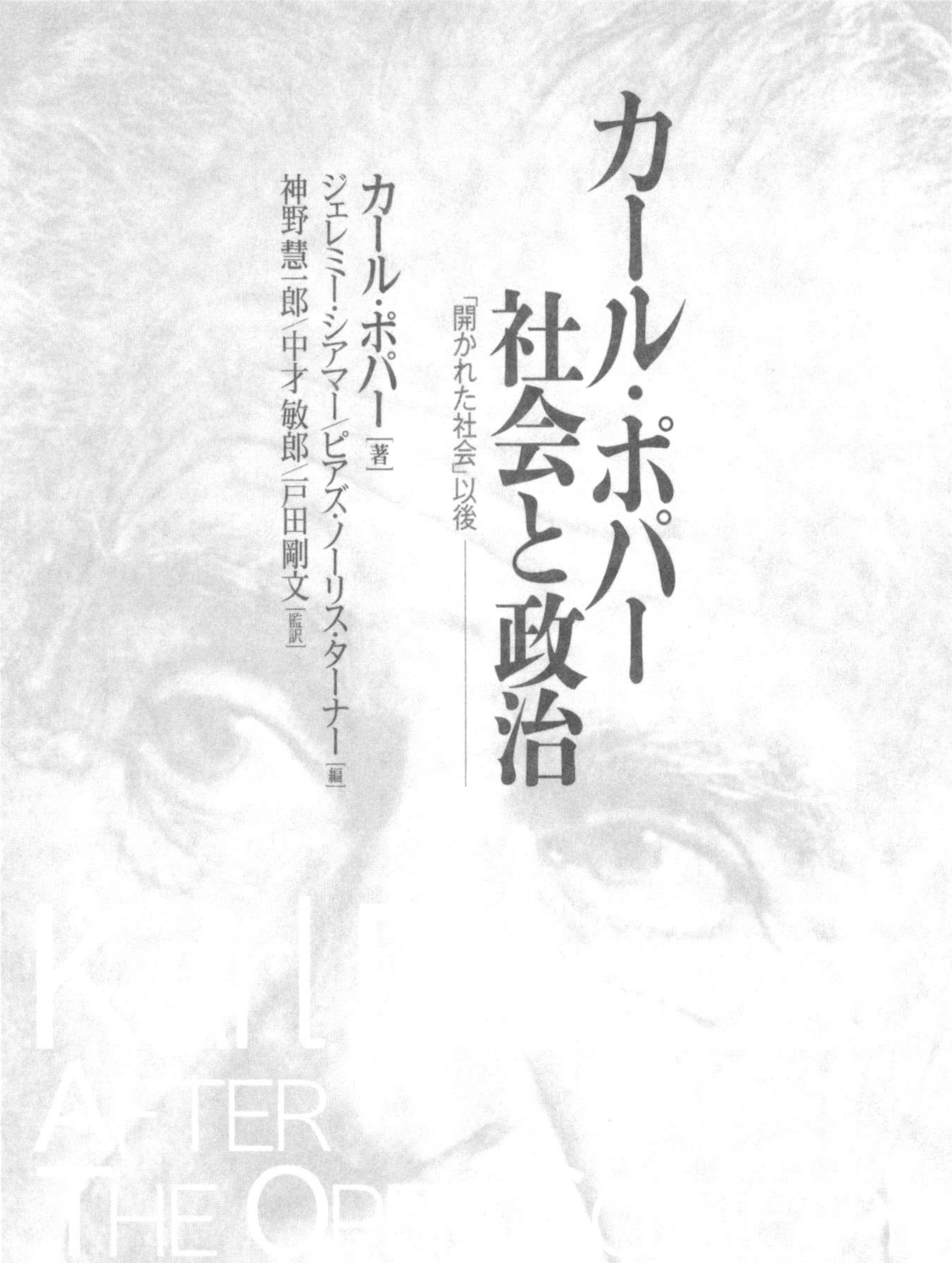

カール・ポパー 社会と政治

「開かれた社会」以後

カール・ポパー［著］
ジェレミー・シアマー／ピアズ・ノーリス・ターナー［編］
神野慧一郎／中才敏郎／戸田剛文［監訳］

ミネルヴァ書房

カール・ポパー　社会と政治——「開かれた社会」以後　**目次**

第Ⅳ部　冷戦とその後

凡例

一　本書は、Karl Popper, *After the Open Society : Selected Social and Political Writings*, eds. by Jeremy Shearmur and Piers Norris Turner, Routledge, 2008. の邦訳である。原書は、全五部、四八章からなるが、本書はその抄訳である。

二　原文の ' ' には「　」を用いた。書名には『　』を付した。

三　原文のイタリック体には傍点を付した。

四　節番号はローマ数字Ⅰ、Ⅱ、Ⅲ、……に統一した。

五　原文の注は、原書では巻末にまとめられているが、本訳書では各章末に置いた。なお、原注にはポパー自身によるものと、編者によるものとがあり、後者には［　］が付せられている。

六　訳者による注は（訳＊）として脚注とした。

七　本文での［　］は訳者による補足である。

編者による序論——本書の性格と範囲

この論文集にわれわれが集めたのは、社会的、政治的な論点に関するポパーのこれまで未公刊で未収録の文書の中で、最も意義深いとわれわれに思われるものである。その際われわれは、ポパーの社会的、政治的な思想の様々な側面が汲み取れるような一連の資料を読者が利用できるようにしようと努めた。われわれは、たいていの場合、完成されたか、あるいはほとんど完成された形で存在した資料だけを収録した。いくつかの研究ノートや論文の草稿が再現されているが、それは、多くの場合には、完全な資料に対する補遺として、である。また、ポパーの政治思想の展開と関連してとくに興味深いポパーの書簡も若干のものが収録されている。最後に、われわれは、ポパーの仕事についての専門的な論議の中で引用されている未公刊の資料をも収録しようと努めたし、それだけではなく、クラーゲンフルト大学(訳1)のポパー蔵書の中から、これまで学者によって注目されてこなかったが、何らかの興味を引くかもしれない若干の項目もまた収録しようと努めた。

資料の大部分は、スタンフォード大学のフーバー研究所(訳2)にあるポパー・アーカイブから取り出されている。し

(訳1) Klagenfurt：オーストリアの都市。ケルンテン州の州都。二〇〇七年七月より公式名をクラーゲンフルト・アム・ヴェルターゼー(Klagenfurt am Wörthersee)へと変更した。大学は一九七〇年に創立された。

かし、上で述べたように、われわれはクラーゲンフルト大学の所蔵からも取り出している（それらは、典型的には、ある特定の書物についてか、ある書物の著者との書簡から構成されているが、それらは、ポパー家の人々が書類整理の目的で当の書物に挿入したものであり、その後、クラーゲンフルト大学がポパーの蔵書を獲得したときに、入手したものである）。それに加えて、われわれは一つの項目を、ニュージーランドのクライストチャーチのカンタベリー大学にあるマクミラン・ブラウン・アーカイブのロース文書から収録した。また、ポパーとカルナップとの間の往復書簡のいくつかの項目を収録したが、それらは、ピッツバーグ大学の科学哲学アーカイブス、カルナップ・アーカイブにおいてのみ利用可能なものであった。

ポパーは、よくあることだが、彼の論文や正規の講演のそれぞれについて多くの異版を書いていたし、ほとんど終わりなくそれらに小さな修正を施していた。このため、しばしば、論文に多数の異版が存在することになったし、ときには、両立しない修正がそれらの異版に書き込まれている場合もあった。われわれは、最新版の論文を用いるように努めたが、しかし、ときには、利用可能なものの中でどれが最良の版であるとわれわれに思われるかを判定せざるをえなかった。ポパーの手書き草稿やタイプ原稿のまったく様々な小さな相違は、相違を指摘することをしばしば不毛なこととするが、しかし、それらの相違の数がわずかなときか、あるいは、たとえば、論文の両立不可能な異版があって、その相違が興味深いときには、われわれはそれらの相違を指摘した。

われわれはすべての出典指示をチェックするように努めたし、必要だと思われたときには、説明的な注釈を提示しておいた。そのような編集上の資料は括弧［　］で囲まれている。

この論文集は、ポパーやポパーの政治思想あるいは政治理論一般に興味をもっている人なら誰をも引きつけると期待したい。文書のいくつかは、彼の政治研究の主要なテーマの中のいくつかに対する近づきやすい入門として役立ちうるであろう。それと同時に、われわれは、ここに収録された諸文書がポパーの仕事に対してもっと専門的な関心をもっている人々にとって有益であるように望んでいる――そうした人々は、二次文献における、未公刊の資料に対する参照指示やそれらの短い引用によって興味をそそられてきたかもしれない。しかしわれわれは、フーバー研究所のポパー・アーカイブは膨大であるとともに興味深い項目で満ちている、ということは言っておかなければならない。一冊の書物では、ポパーの政治思想を理解するために重要な手紙の一部しか再現できないであろうし、われわれは、ロンドン・スクール・オブ・エコノミクス・アンド・ポリティカル・サイエンス（LSE）で行われた彼の講義の不完全な資料や転写を収録しようとは試みることさえしなかった。

本書の手引き

序論

ポパーがプリンストン大学で行った公開講義の第一部から取り出された、短いが生き生きとしたポパーの発表を、本書の序論として用いることが適切であるように思われる。ポパーはこう書いている。「知識の理論は、哲学のまさしく核心にある。科学の哲学の核心であるだけではなく、倫理学や政治哲学の核心でもあり、それどころか、芸術の哲学の核心でもある」と。[1] ポパーの認識論[2]と彼の政治思想とは明らかに相互に連結し合っており、この文書は、彼の認識論の一般的な性格を思い出させてくれる有益な備忘録を提供している。それと同時に、本論集の他の諸文書が明らかにしているように、ポパーの知識の理論と彼の政治的見解との間の関係は単純なものではない。彼の認識論的な見解の中のいくつかが時間を追って変化しただけではない（これは、ここでは論じられない話題である）。同じことは、彼の政治的見解の中のいくつかについても言えるが、それらの政治的見解はとり

（訳2）正式名は、「戦争、革命及び平和に関するフーバー研究所」（The Hoover Institution on War, Revolution and Peace）であり、合衆国第三一代大統領（1929–1933）となるハーバート・フーバー（Herbert Clark Hoover：1874–1964）によって、一九一九年にスタンフォード大学内に創立された。

わけ、ポパーが書いていた当時の問題状況の変化に応じたものである。

オーストリアの思い出

本書の第I部の諸文書のそれぞれは、何らかの点で、オーストリアと関係しており、ポパーの見解が形成された時期と関係している。ユーリウス・クラフト(訳3)についての彼の追想は次の点でとくに興味深い。すなわち、ポパーとクラフトとの間の交流について、そしてまた、これと関連して、非正統派のカント主義者であったレオナルト・ネルゾン(訳4)の著作で提起された諸論点とポパーが取り組んだことについて、いくつかのことをわれわれに告げている点で興味深いものである。ネルゾン自身は、ヤコブ・フリードリッヒ・フリース(訳5)の著作からいくつかの考えを復活させようと試みていた。これらはすべて、ポパーの仕事にとって何らかの点で重要である。『科学的発見の論理』の読者は、「フリースのトリレンマ」についてのポパーの論議を思い起こすかもしれない。彼のもっと初期の『認識論の二つの根本問題』には、フリースとネルゾンからのテーマについて、はるかにもっと広範な論議がある。ポパーがネルゾンの著作と、とくにクラフトとの会話や文通を介して、出会ったことは、ポパーの考えの展開に影響を与えたことは明らかである。ポパーは、この文書では、ネルゾンの政治学に対する彼の反応については何も述べていない。しかし、ネルゾンはここでも重要であり、たとえば、ポパーが『開かれた社会』で論じている主権と民主主義のパラドクスについての考えの源泉として重要である。ネルゾンは、民主主義に対する(高尚な)批判者であり、ポパーが批判する指導者原理のほうを、民主主義の代わりに選ぶ。(4)

第I部の二番目の文書は、オットー・ノイラートに対するポパーの追憶に関わっている。これらの追憶は魅力的で、両大戦間の時期におけるウィーンでの生活を一瞥させてくれる。それらの追憶はまた、第一次大戦の後に続く時期にわたってノイラートの態度が変化したことについてのポパーの推量にとっても、興味深いものである。ポパーがノイラートに帰している気分の相違についてポパーが正しいか否かを判定するには、ノイラートの伝記作者を必要とするであろう。しかし、ポパーが出来事の経過に対する彼自身の反応についても語っていることは、もっともなことと思われよう。彼が「十分に若かった人々は、自分たちの人道主義を放棄することなく、自分たちの社会主義的教条のほとんどあるいはすべてを投げ捨てることさえできたかもしれない」[5]と書くとき、ポパーならば、そのようなことができる人々の中に自分自身も含めるであろう、ということはありそうなことと思われる。彼は、その文書の冒頭で、自分がノイラートよりもはるかに年少であった、と述べている。さらにポパーは、カルナップとの書簡の中で、その時期の間の彼自身の見解の移行を、同様の言い方で、すなわち、人道主義的な態度を保持しつつ、「審美的－ユートピア〔空想的〕的－メシア〔救済主義〕的な要素」を拒否するものとして、記述しているように思われる[6]。

先立つ二つの文書に比べると、彼の旧友であるフリッツ・コルプによる書物に対するポパーの序論は、取るに足らないものである。しかし、それは、また、第一次世界大戦の後に続く時期のポパーのオーストリアに対する眺めをわれわれに与えてくれる。それはまた、社会民主主義的な教育組織であるキンダー・フロインデ（この運動をポパーは興味深いことに、貴重ではあるが、洗脳を実行するものであり、「全体主義的」であると、カルナップとの書簡の中で[7]、値踏みしている）における教師としてのコルプとポパー両者の役割に手短に言及している。コルプの書物に対する序論は、また、クラフトについてのポパーの追憶と同様に[8]、ポパーにとって音楽が重要であったことを

（訳3） Julius Kraft（1898–1960）ドイツの社会学者。

（訳4） Leonard Nelson（1882–1927）ドイツの数学者、哲学者。ゲッティンゲン大学員外教授。新フリース主義の提唱者として知られ、新カント派に反対する。

（訳5） Jacob Friedrich Fries（1773–1843）ドイツの哲学者で、心理学主義的カント主義の提唱者。ハイデルベルク、イェナの各大学教授。数学、物理学、心理学、法哲学、宗教哲学、政治哲学などの多くの分野に通じ、フリース学派を形成したことで知られる。

明らかにしているし、音楽がその時期に彼の生活において果たしていた役割や、彼の知的発展にとっての音楽の重要性について彼が『果てしなき探求』の中で語っていることを思い起こすことは価値がある。[9]

第I部の最後の、短い文書は、一九六九年の一〇月にフリードリッヒ・ハイエク宛に書いた手紙から成る。[訳6]そのときポパーはLSEを退職したばかりであり、オーストリアでの勤め口をポパーに得させようというハイエクの申し出に応えるものであった。ポパーは、彼がニュージーランドにいたとき、ハイエクが彼に与えてくれた助力に対してハイエクに深く感謝していた。ハイエクが自分の本の出版社であるルートレッジにポパーの『開かれた社会』を推薦してくれたことは、その著作が刊行されることにとって決定的であったたし、その時点では、ポパーは、それがそもそも出版されるかどうかについて絶望し始めていたに違いなかった。これに加えてハイエクは、ポパーが任用されたLSEの講師職の創設と、ポパーがそれに任命されたこととの両方において、鍵となる役割を果たしたのである。[10]

ポパーは、彼がこの手紙の中で示しているように、彼に対するハイエクの配慮によって、もう一度、感動した（ここで基にある問題とは、ポパーはロンドンにおける大学の教師生活からはほんのわずかな給金しかもらえなかったし、これの価値も彼の貯金の価値もインフレによって切り崩されていた、ということであった。[11]加えて、ポパーは彼の妻のヘニー[12]の状況をとくに心配していた。ポパーは彼女が自分より長生きしてほしいと思っていたし、彼女は教師としての経歴を放棄して、彼に従ってニュージーランドに亡命し、それから英国での彼の勤め口にまで従ってきたのである）。

しかし、この手紙はまた、ポパーがオーストリアに移住する可能性について考えていたことの故に、そして、そこでの反ユダヤ主義という争点に対する彼の反応を示している点でも、興味深いものである。彼の態度は、その手紙で述べられているように、彼が『果てしなき探求』の第二一節で、一般的な言い方で、書いていることときわめて似ている。大まかに言えば、ポパーは、反ユダヤ主義が、ユダヤ人にとっても非ユダヤ人にとっても同様に、恐れられるべき悪であり、それを挑発しないように最善を尽くすことがユダヤ系のすべての人々の課題である、と述べている[13]。この手紙を収録するようにとわれわれに示唆したのはマラカイ・ハーコーヘン[訳7]であり、彼の注目すべき著作である『カール・ポパー——その形成期[14]』は、一九四五年までのポパーについての豊富な情報を含んでいる。

ニュージーランドでの講義

ポパー一家は一九三七年にニュージーランドへ向けて出発した。ポパーは、おそらく早くも一九二九年には[15]、オーストリアには自分の未来はない、という結論に達していた。ポパーは、『探究の論理』の刊行後、就職の可能性を探って、（オーストリアでの教師の職を維持していた）彼の妻に支えられながら、英国に滞在していた。ポパーは、大学支援評議会（Academic Assistance Council）によって財政的に支援された、ケンブリッジ大学客員研究者としての一年間の地位を提供されていたが[16]、彼はまた、ニュージーランドのクライストチャーチにあるカンタベリー大学、ユニヴァーシティ・コレッジの哲学の講師職に応募していたし、それを獲得するのに成功したのである。

ポパーは彼がニュージーランドで過ごしたころの生活のいくつかの面を嫌っていた。当時、その国は非常に孤立していたし、海外の友人や同僚との意思疎通は、彼にとって絶望的なほど時間がかかった。その上、ニュー

（訳6） Friedrich August Hayek（1899–1992）オーストリア出身の経済学者、哲学者。リバタリアニズム（libertanianism）の思想家とされ、一九七四年にノーベル経済学賞を受賞。LSEなどで教える。一九三八年にイギリスに帰化。

（訳7） Malachi Haim Hacohen（生年不詳）デューク大学の歴史、政治、宗教の准教授。ヨーロッパの思想史やユダヤの歴史を教えている。コロンビア大学などでも教えていた。博士学位はコロンビア大学（一九九三年）。著書である『カール・ポパー——その形成期一九〇二－四五』（二〇〇〇年）は、いくつかの賞を受けている。

ジーランドの諸大学は教えることを強調した（たとえば、印象的なことであるが、ポパーの業績の評定に際して、大学の一小部門の教授とするために問われた質問の一つは、ポパーが教室の秩序を保つ能力に関係していた）[17]。ニュージーランドの諸大学の代表者はまた、ポパーの任用に先立って、大学図書館の蔵書の不足についてポパーに警告していた[18]。ポパーは、授業の重い負担について不平を述べてはいるが、しかし、彼の正規の授業割り当てに加えて、「大学の地域貢献」の性格をもつ、社会人教育協会（Workers' Educational Association）のために講義をする義務を引き受けていたし、また彼が大学の数人の同僚と、地方のラジオ局で行った、科学的、政治的な論点についてのいくつかの対話を書いた[19]。この著述が、報酬があったが故に引き受けられたのか、あるいはポパーが自分の考えを伝えることを好んでいたために引き受けられたのかは、明らかではない。しかし、ありがたいことに、大学の地域貢献による「宗教――いくつかの現代的問題と展開」についての一連の講義が、講演を書き写した形で保存されていた。このコースは、一九四〇年に行われたとポパーは述べているが、大部分は聖職者たちによる一連の講義から成り、四つの講義だけがポパーによるものであった[20]。

ポパーの講義のうちの三つは、のちに『開かれた社会』に入った資料の初期の形のものを含んでいる。それにもかかわらず、これらの講義は、とりわけ次の理由で、興味深いことが分かる。すなわち、社会的な論点について彼の論議は、いくつかの点で、『開かれた社会』における論議よりも少しだけ直接的である、という理由である。その書物のほうでは、彼自身の見解は、様々な歴史上の人物に対する注釈の中で提示され、彼自身のもっと理論的な考えのうちのあるもの、たとえば、歴史［法則］主義についての考え方と混じり合っている。したがって、『開かれた社会』との重なり合い（われわれはそのコース講義に対する注の中でその詳細を提供しておいた）は、これらの初期の文書の価値を減じるはずのものではなく、むしろそれらの学問的関心を高めるはずである。

これらの文書から『開かれた社会』の中に既にあるテーマについてコメントを提示することはおこがましいことであろう。しかし、「道徳的な人間と不道徳な社会」と『開かれた社会』第六章における、個人主義と集合主義（collectivism）、利己主義と利他主義との間の対比についてのポパーの論議に注意を引いてもおそらく許されるだろう。ポパーの論議の一つの論点——それは、共産社会主義、民族主義、及びその他の道徳化された、反個人主義的な知的傾向に直面する現在においては適切な論点であるが——は、個人主義を批判する諸見解が利他主義的でなければならないわけではない、ということである。むしろ、反個人主義的であるという理由だけで、利他主義的であるとなりすましているような形の自己利益的な集産主義にはとくに不快なものがある。

ニュージーランドでの講義のうちの一つである「科学と宗教」は、ポパーの『開かれた社会』における資料によっては再現されていない。それにもかかわらず、この文書におけるポパーの考えは、彼が『開かれた社会』と『歴史主義の貧困』において表現している見解のいくつか（たとえば、宗教と進化についての論争の貧困についての見解）を説明するのに役立つ。それらの考えはまた、科学の身分や道徳的及び宗教的な視角に対するポパー自身の見解についての興味深い描写を提供してくれる。その文書は、それが——アウレイル・コルナイ[訳8]の『西欧との戦い』[21]への謝辞とともに——ナチスへの「キリスト教徒の」協力者たちによって書かれたある資料を含んでいる故に、注目に値するし、それは、『開かれた社会』では、ヘーゲルに対するポパーの批判的論議の中に現れている。

この文書におけるポパーの見解は明快であるが、しかし、二つの点は言及に値する。第一の点は、倫理的な問題についてのポパー自身の見解はいささか複雑だ、ということである。ポパーは、一般的に、メタ倫理的な問題や宗教的な問題を論じるのにいささか気乗り薄であった（たとえば、本書の中の「公的価値と私的価値」における、メタ倫理学に関する彼の所見の限定的な性格と比較せよ）。しかし、彼が実際に語っていることの内部にはかなり明白な違いも存在する。そうした違いは、『開かれた社会』のいくつかの部分における、良心の強調や事実と決断の二元論から、その他の諸節におけるもっと客観主義的に思われる考えにまで至っている。[22]その場合、ポパーが決断

（訳8） Aurel Thomas Kolnai（1900–1973）ハンガリーのブダペスト生まれ。哲学者、政治思想家。

について語ることから、「提案」を強調することへ、そしてついには、一九六一年に『開かれた社会』に加えられた「付録1　事実、基準、真理——相対主義の更なる批判」の方法論的倫理的客観主義とでも呼べるようなものへと移行していることが注目されるかもしれない。ポパーは価値については——たとえば、『果てしなき探求』の第四〇節で、世界三と関連して——様々なことを他にも述べているが、彼はこれらの問題点についての彼の見解のいくつかの側面を単に説明しないままにしておいたと論じられても当然かもしれない。実際、ポパーは、マイケル・シャラット師に答える手紙の中で同じだけのことを認めている。シャラット師はポパーの著作のこれらの側面に触れた論文をポパーに送っていたのである。[24] ポパーは「自分の議論の穴」について書いている。[23]

私の議論の穴ですが、それは（あなたが指示している）若干の暗示によって、そして（これもあなたが指示している）〔『開かれた社会』の〕第二巻の付録によって緩やかに埋められています。これには理由があります。私はメタ倫理学の議論に巻き込まれたくなかったのです。当時のほとんどすべての哲学的論議はメタ倫理学についてでしたし、それらの論議は私には果てしなく思われ、そして有益なものとは思われなかったのです。他にも理由はありました。私は自分の倫理的立場を明確にするのに、対立する立場を論議する（批判する）ことによるほうを好みました。しかし、私は、ニュージーランドでもロンドンでも（求められれば、LSEで一コース）、倫理学について講義をしたことがあります。しかし、私は自分がメタ倫理学——あなたが「道徳的発見の論理」と呼ぶもの——についての私の見解を公にするべきだと感じたことは決してありません。したがって、あなたが不満を言っておられる穴は確かに存在します。

これらの問題は、もっと一般的には、合理的な論議に対して開かれているとポパーが考えたものが時の経過とともに変化したことによって複雑にされているし（この場合、ポパー自身が『客観的知識』の中でこれらの問題について述べていることと比較せよ。そこで、彼は自分自身が『探究の論理』の時点で、「科学の限界を議論可能性の限界と誤って同一視した」と語っている[25]）、そしてポパーがのちに、批判に開かれているというテーマを強調することによって複雑にされている。ここでは、ポパーの見解の全面的な性格についてテーゼを提示することがわれわれの望みではない。しかし、われわれは次のことを指摘しておくことは価値があると確かに感じる。すなわち、この初期の講義でポパーが展開している直截な考えは、もしそれらの考えを倫理的な問題についてのポパーの考えのもっと一般的な言明として解したいと思うならば、少しばかり物事をより複雑にするかもしれない他の諸見解の脈絡の中で見られる必要がある、と。

注目に値する第二の点は、ポパーがこの一連の講義に招かれたのは、キリスト教的ではない観点から寄与するためであった、ということを彼が指摘していることである。ポパーは、「道徳的な人間と不道徳な社会」では、ある聖職者が先に取り組んだ話題と同じ話題について語っているのであるが、その冒頭で「われわれの二つのアプローチ、つまり、教会のアプローチと『人間主義』あるいは『人道主義』のアプローチ」に言及している。それと同時に、ポパーはわざわざ、彼自身と連続講義の他の参加者たちとの間の共通点を強調している。それはおそらく、社会の改良にとって決定的なこととしての「協力の精神」を彼が強調していることと一致しているのであろう。このことは、それ自体、彼が「公的価値と私的価値」で論じている彼固有の宥和的で反ユートピア的な考えの例証と見なされるかもしれない。しかし、宗教についてのポパーの論議はまた、この資料の一部が『開かれた社会』に取り込まれている故に、そして、ポパーがそこではキリスト教的ないくつかの見方とある程度進んで協力する用意がある故に、興味深いと思われる。したがって、ポパーがこれらの講義——彼が様々な聖職者の見解との対比のために寄与するように招かれた——のうちのいくつかにおいて、彼の「人間主義」と宗教的ないくつかの考えとの間の共通度を強調していることに注目することは、『開かれた社会』の解釈にとって関連性をもちうるだろう。このことは、ポパーの側の積極的なキリスト教の信奉とは区別されるのが有益かもしれない。

あからさまに宗教的な問題についてのポパー自身の見解のいくつかの側面は、一九六九年の日付の短いインタビューにおいて与えられており、われわれはそれを「科学と宗教」に付録として加えた。それが取り出された元の文書は、この資料とポパーのインタビューをしたエドワード・ゼリン師による多少とも包括的な考察とから成っている。(26) そこで表明されている考えのいくつかは、ポパーの「私の哲学の見方」において詳しく述べられており、これは、今では、『よりよき世界を求めて』に収められている。

『開かれた社会』について

本書の第Ⅲ部は、ポパーの『開かれた社会』に関わっている。それは、ポパーとルドルフ・カルナップ(訳9)との間の、社会的及び政治的問題についての書簡から始まっている。彼らはウィーンで知己の間柄であった(ポパーの『推測と反駁』所収の「科学と形而上学との間の境界設定」及び『果てしなき探求』の中のカルナップへの言及をも参照)。カルナップはウィーン学団の指導的なメンバーであったし、哲学や論理学の諸問題、そして後には確率や帰納の諸問題について書いていた。ポパーは、ニュージーランドにいたとき、カルナップと書簡を交わしていたし、とくに、論理学における彼の仕事の展開に関心をもっていた。ここに再録された個人的な通信は、社会的及び政治的な話題についてのポパーの仕事によって提起された諸々の論点を探究しており、ポパーが依然として社会主義者であるのかどうかについてのカルナップの問いに対するポパーの啓発的な応答へと至っている。われわれは書簡の道筋を辿るために必要なだけの資料を含めたが、しかし、論理学についてのカルナップの仕事に関係する狭い意味で専門的なテーマを詳しく扱っている部分を――遺憾ながら――割愛することに決めた。

次に続くのは、ポパーがウィーン出身の、合衆国に住んでいた彼の友人たち宛に書いた手紙からの二つの抜粋である。ポパーは『開かれた社会』の出版社を見つけようとしていたときに、彼らと接触していた。ポパーはニュージーランドで『開かれた社会』を書いたし、また、書き直していた。しかし、彼はそれを英国かあるいは合衆国で出版してもらう必要があった。彼の問題は、彼が――科学哲学についての彼の仕事による限られた領域以外では――これらの国のいずれにおいても有名でない、ということであった。郵便代や通信の遅延（合衆国からニュージーランドへの郵便は甚だしく遅延していた）は、ポパーが自らこの仕事を企てることが実行できそうにない、ということを意味した。したがって、ポパーは英国のある友人――我慢強いエルンスト・ゴンブリッチ(訳10)である。彼は、草稿やそれに対する多数の変更に関する厄介な事態を聖人の忍耐でもって処理した(27)――にアプローチしたし、合衆国の数名の友人にもアプローチした。

ポパーが直面していた主要な問題は、彼を援助できるかもしれない人々に接触することであった（ポパーは、――とりわけ、その本が戦後の再建の問題に寄与する有意義なものをもっているだろうと考えた故に――その本を出版したいと切望していたにもかかわらず、定評のある人物に援助を求めることには気乗り薄であった）。ポパーはまた、彼のために働くことに同意してくれた人々に、どのように出版社に接近すべきかに関して念入りな教示を与えることによって――一連の出版社に原稿を提示するように指示したり、他の人々には原稿を見せるべきではないとか、彼の明白な是認なしにはこの事柄に参加させるべきでないとか指示することによって――この問題の解決に役立つようなことは何もしなかった。ポパーはほとんど無名であったし、その書物は非常に大部であったし、偶像破壊主義的であったし、そして戦時状況での紙不足もあった。以上のことはほとんど完全な失敗のためのレシピであったし、実際、ハイエクがポパーのためにルートレッジ社の編集者にアプローチするまでは、ほとんど進展はなかったのである（『開かれた社会』は合衆国では一九五〇年まで未刊のままであった――それがその地で現れたのは、経済学者の

（訳9） Rudolf Carnap（1891-1970）ドイツ生まれの哲学者。ウィーン学派の代表的哲学者。一九三五年以後はアメリカで活躍し、後のアメリカ哲学の発展に大きく貢献した。

（訳10） Sir Ernst Hans Josef Gombrich（1909―2001）ウィーン生まれのユダヤ系オーストリア人の美術史家。一九三六年以後は英国で生活した。『美術の歩み』（*The Story of Art*, 1950）などの著作がある。

ジェイコブ・ヴァイナー[訳11]がプリンストン大学出版局に対してその主義主張を擁護したおかげであった[28]。

そうこうするうちに、ポパーはアメリカの友人の一人であるフリッツ・ヘイリンに手紙を書いて、助力を求めた。ポパーは、彼がその本に大いに興味をもっているとは期待していなかったし、また、なぜポパーがその本の公刊を望んでいるのかについても大いに興味をもっているとも期待していなかった。このやりとりの中からの一通の手紙は、完成したばかりの『開かれた社会』についてのポパーの見解を魅力的に描いている。別の友人であるアルフレッド・ブラウンタール[訳12]（彼はその本に興味をもっていた——彼は改良のための様々な提案をしていた。そして彼は、原稿の扱い方についてポパーが友人たちに要求する仕方に不平を言っていた）への手紙は、なぜポパーが——ブラウンタールが提案したように——ソビエト連邦についての材料を含めなかったのか、その理由を手短に説明している。

次に来るのは、一連の書簡であり、『開かれた社会』の意義深い一つの主題と、それにまた「公的価値と私的価値」の主題との両方に関係している。このやりとりが伝えているポパーの関心事とは、善意の人々が、ポパーが『開かれた社会』において（そして、「公的価値と私的価値」において）提案したような種類の人道主義的な指針に沿って、協力し合うべきだ、ということである。最初の二つの手紙——一つはマルクス主義者のハイマン・リーヴィー教授[訳13]宛であり、もう一つは（著名な詩人であり、美術評論家であり、無政府主義の理論家であり、それからルートレッジでのポパー担当の編集者であった）ハーバート・リード[訳14]宛であるが——は、まったく断固として政治的左翼の立場に立つ人々に宛てた手紙である。第二の二つの手紙はフリードリッヒ・ハイエク宛であるが、ハイエクはポパーによって政治的右翼に属すると見られていた。これらの手紙のうちのあとの方はハイエクに次のような提案をしている。すなわち、ハイエクが多くの有名な社会主義者か、あるいは左翼系の知識人を、結成されたばかりのモンペルラン協会[訳15]の設立メンバーに招聘すべきだ[29]、と提案している。それは、反社会主義的と見えるであろうそのような協会の結成がこの人道主義の陣営を分裂させるのに寄与しないように、との提案であった。ポパーが恐れた帰結の中には、そのような分裂は、左翼の人々が非社会主義者と協力したがらなくなるように導くであろう、ということがあった（ちなみに、興味深いことだが、ポパーはハイエク宛のこの手紙に、ポパーがまだ社会主義者かどうかという問いについて、カルナップに対する彼の返答のコピーを同封している）。

次の二つの論文は、（訳16）『開かれた社会』の直後にポパーによって書かれたものであるが、われわれにとってとくに興味深いものと思われる。われわれはその日付に関してできるだけ多くの証拠を与えておいた。なぜならば、それらがいつ書かれたのか正確には明らかでないからである。「公的価値と私的価値」は、ポパーの著作における「消極的功利主義」の主題として時々言及されてきたものについての一つの説明を——『開かれた社会』におけるよりもはるかに十分に——提示している。(30) ポパーが幸福の促進ではなく、不幸の軽減に集中するのは、良い社会についての相容れない積極的なビジョンをもっている人々の間でどのような一致がありうるのか、という問題点に関わっていることが明らかになる。したがって、ポパーの論文は、一部では、政治的活動に対する共通の指針、つまり、対立する側が同意できるような要素から構築された指針があるとの申し立てである。それは、他の諸見解——社会主義と自由主義の両方を含む諸見解——に対する批判であり、それらの見解は、まったくの私

（訳11） Jacob Viner（1892–1970）カナダ生まれの経済学者。シカゴ大学、プリンストン大学で教鞭をとった。

（訳12） Alfred Braunthal（1897–1980）ウィーン生まれの社会民主主義者、社会科学者。

（訳13） Hyman Levy（1889–1975）スコットランド生まれの数学者。インペリアル・コレッジの数学教授。

（訳14） Sir Herbert Edward Read（1893–1968）英国の無政府主義者、詩人、文芸批評家。英国で実存主義に注目した最も早い思想家の一人。マックス・スティルナーの影響を受ける。

（訳15） モンペルラン協会（Mont Pélerin Society）は、計画経済に反対し、自由主義経済を唱道する経済学者たちによって一九四七年にスイスの保養地モンペルランで設立された協会。

（訳16） 原著第Ⅳ部の論文13（本訳書第5章）と14（本訳書には収録されていない）を指すと思われる。

的な着想にとどまらず、それ以上のものとなり、公的な舞台に持ち込まれるときに、「ユートピア的」になる、という批判である。現代の読者はポパーの議論を、もっと最近では、公共政策の指針としての「政治的」あるいは「不完全に理論化された」道徳的一致と呼ばれているものに似た考えを擁護しているものと見るかもしれない――したがって、もしそのようなものが求められるとすれば、後の「政治的」ロールズの「重なり合う合意」に似た見解やキャス・サンスティーン[訳17]のいくつかの考えの明瞭な表現と見るかもしれない。[31]この論文にわれわれは、付論として、「公的価値と私的価値」や『開かれた社会』において論じられた考えとに関わっている論文「ユートピア主義と開かれた社会」から、冒頭の註解と注釈を加えておいた。

予期されるように、「全体主義の理論：『開かれた社会』について語る」[訳18]がとくに扱っているのは、ポパーの書物が提示している全体主義理解であり、それは、どのようにして彼が、プラトンとヒトラーとの間のいくつかの驚くべき共通点と彼に思われものを示唆するようになったのかについての注目すべき論議を含んでいる。ポパーはその論文を、第二次世界大戦後の時期に採用されるべき対ドイツ政策に関する考えで締めくくっている。これに鑑みて、われわれはこの論文の付論として、ポパーが関連する考えを展開している短い作品を付け加えておいた。

次の論文「社会制度と個人の責任」[訳19]は、ラッシュ・リーズ[訳20]が「社会工学」と題された論文[32]でポパーの見解を誤って伝えていることに対する弁明としてポパーによって書かれたものである。編者注で説明されているように、ポパーはそれを『マインド』誌に投稿し、G・E・ムアはそれを拒絶した。ムアはポパーに長い手紙を書いており、その中でムアは、ポパーにある程度は共感している。しかし、ムアはまた、そこでのポパーの議論や、もっと一般的にポパーの議論に対しても反論を提起していた。とくにムアは、リーズがポパーを偽って引用したとするポパーの主張のいくつかに異議を唱えた（厄介なことに、リーズはどこに見出されるかについての指示言及を与えないで、多くの短い表現を引用していたのである）。ムアの手紙を受け取ったあとでポパーは、そのときはその論文を公刊しないことを決心した。イアン・ジャーヴィーがわれわれに語ったところでは、ポパーは後にはそれを『推測と反駁』に収めて公刊するつもりになったが、それをその書物に含めないとの決定はきわめてあとになってからしか行われなかった[33]。

その論文はそれほどさわやかな読書を生まない。なぜならば、それの関心事は、ポパーの見解がひどく間違った仕方で伝えられたことを論じること――そして、そのように論じるために必要とされる種類の努力を示すこと――であったからである。しかし、リーズの論文が後に彼の『答えなし』の中で再出版されたので、そして、ポパーが『開かれた社会』における彼の見解についていくつかの有益な説明を実際にしてくれているのであるから、われわれはその論文が収録に値すると考えたのである。しかし、次のような点で問題があった。すなわち、両方の論文で参照指示されているページ数は、今では手に入れることが困難な、ポパーの『開かれた社会』の初版のテキストだけを参照指示しているからである。したがってわれわれは、引用されている資料が現れている箇所を、関連する注の番号――これは『開かれた社会』の異なる版を通して変動していない――によって示し、そして、リーズの論文の『答えなし』でのページ付けに対しても、そうしておいた（しかし、ポパーの『開かれた社会』のテキストそれ自体が、初版以後に改訂された、ということに注目することは重要である。したがって、いくつかの場合では、議論されているテキストはその書物の初版にだけ見出されることになる）。われわれはまた、ムアが同定すること

(訳17) Cass R. Sunstein（1954－）アメリカの法学者。ハーヴァード法科大学院教授。オバマ大統領府（Office of Information and Regulatory Affairs）にも加わっている。

(訳18) 原著論文14。

(訳19) 原著論文15（本訳書には収録されていない）。

(訳20) Rush Rhees（1954–1989）スワンジー大学で哲学を教えた（一九四〇－一九六六年）。アンスコムとともに、ウィトゲンシュタインの遺稿を編集したことで知られる。

ができた箇所を示しておいた。つまり、リーズが用いたが、しかし、ポパーが『開かれた社会』の中に突き止めることのできなかった引用の出所である。しかし、われわれはムアの手紙をそれ以上利用することはできなかった――大いに遺憾なことに、われわれはその手紙をこの論集に含める許可を得ることができなかったのである。

これらの論文に続くのは、ポパーが『開かれた社会』のアメリカ版の前書きになりうるものとして書いたある資料である。それは、一連の様々な草稿であり、ポパーの「全体主義の理論」に近い草稿も含まれている。この資料について注目すべきことは、それが問題の時期に関するポパーの政治的ペシミズムを示していることである――そして、ポパーがウィリアム・ジェームズ講義を行うために一九五〇年にハーヴァードへ旅をしたあとでポパーの見方がどのようにして変わったのか、を示していることである。初期の草稿を背景においてみると、ここでも収録されている公刊されたバージョンの前書きは、その当時のポパーの見解を理解するための新たな意義を帯びる。その中でポパーは、「私の陰鬱な気分は、主に合衆国を訪問した結果、過ぎ去った」と書いている。(34)

われわれは次に、一九四八年からの、『タイムズ』誌宛の（未公刊の）手紙を収録した。その中でポパーは、プラトンが『法律』で提唱した外貨の所有制限と、当時のイギリス政府のやり方との間の比較を行っている（ポパーは、彼の妻の母を助けるためにオーストリアへ行く必要があったので、こうした制限の重みを十分に感じていた）。

次に来るのは大したことのない論文で、われわれは主としてそれがもつ例外的な性格の故にそれを収録するように導かれた。この論文はポパー・アーカイブ所蔵のものであり、そうした背景では、それはポパーについて書かれた論文であり、そして、オランダのプラトン主義者ゲリット・ヤコブ・ド・フリース(訳21)が『よみがえったアンティステネス――ポパーのプラトン攻撃』においてポパーを論じた仕方について書かれた論文のように見える。実際のところ、それはポパーによって書かれたことが分かる。その資料の大部分の草稿が、ポパー・アーカイブにおいては、含意を話題とする手稿の裏面に、ポパーの手書きで、見出すことができるのである。それは、ポパーが『開かれた社会』のオランダ語訳者に宛てて書いた手紙として始まっているが、その訳者はオランダにおいてポパーの著作の長所についての議論に巻き込まれることになったので、訳者がド・フリースの批判に対してどのように応答すればよいかをポパーは示唆している。それは、ポパーについて三人称で書かれた手紙として終わっているが、それをポパーは、彼自身の名前で公刊するように訳者に提案した。われわれは、ポパーがド・フリース宛に書いたが、送ったとは見えない手紙を加えておいた。論文と手紙は両方とも、論争的な様式で書かれており、そこでは、ポパーはド・フリースの批判の調子に負けてはいない。

次のものは、アメリカのジャーナリスト、自由市場の擁護者、モンペルラン協会の会員であるヘンリー・ハズリット[訳22]宛の手紙である。それは、ハズリットが『自由人の蔵書』において推薦した書物のうちの一冊として『開かれた社会』を含めたことに応えて、書かれたものである。ポパーは彼に感謝するが、しかしまた、ハズリットの批判から自らを擁護して書いている。われわれは、異議が唱えられた箇所を『開かれた社会』から再録しておいたし、ポパーが手紙の中で引用しているそれの改訂版をも再録しておいた。

次に続く項目は、ポパーがアイザイア・バーリン卿[訳23]の「二つの自由概念」に関してバーリン宛に送った二つの手紙から成る。それらの手紙はポパーの見解——いくつかの中心的な主題に関してバーリンと広範に一致しており、（穏やかな）批判を経て和らげられている——を解明してくれる点で啓発的である。それらの後に続くのは、かなり後の二つのポパーの手紙——一つは作家協会宛、もう一つはバーリン宛——であり、それらはサルマン・ラシュディ事件[訳24]に関するものである。それらがわれわれにとって興味深く思われるのは、ポパーがその問題に対してとっている立場のためと、それらの手紙が反ユダヤ主義に対してポパーがとった立場とまったく似ていないわけではない態度を表している仕方の故との両方の理由からである。すなわち、ポパーは人々に対して、体面や

（訳21） Gerrit Jacob de Vries（1905–1990）オランダの古典学者。アムステルダム自由大学。
（訳22） Henry Hazlitt（1894–1993）アメリカの経済ジャーナリスト。
（訳23） Sir Isaiah Berlin（1909–1997）ラトヴィア出身のユダヤ系イギリスの哲学者、思想家。

権利についての考えにこだわるようにと勧めるのではなく、その代わりに、自由の行使を、他者からの過度の反作用を引き起こすような仕方で行為することを回避することと、どのように組み合わせるのが最善であるか、を査定するよう努めるようにと勧める。

次の作品、つまり、歴史的説明についてのポパーの見解に関するインタビューにおいて、ポパーは『開かれた社会』において論議された問題点について詳しく述べている。このインタビューは広範囲にわたり、歴史における演繹的説明の、いわゆる「ポパー－ヘンペル」モデルについての注目すべき文献に対する興味深いコメントを含んでいる。[35] ポパーの論点は、これらの文献において彼に帰せられている見解が、歴史的説明についての彼の考えに対する誤解を含んでいること、そして、歴史家は（すべての人々と同じく）普遍法則を用いるが、彼らの説明は、典型的には、ポパーが状況論理と呼んでいたものについての考えに基づいている、ということである。[36]

次の項目は、優れた古代史家であるエルンスト・バーディアン[訳25]との往復書簡である。ポパーは彼を、ニュージーランドにいたときに、学生として知っていた（バーディアン教授は、親切にもこの往復書簡の彼の方の手紙を本書に含めることに同意していただいた）。これは――本書の他の作品のうちのいくつかとは対照的に――、批判が、この場合は若い学者によって、ポパーに向けられ、ポパーが直ちにそれを受け入れるというすばらしい例である。このやりとりは、『開かれた社会』におけるアリストテレスについての論議に対して、些細なものとは言え、魅力的な修正案を提示している。

われわれが第Ⅲ部に収録した最後の作品は、プラトンについてであり、『社会科学の国際百科事典』のために書かれた。それは、社会科学に関心をもつ一般読者のための案内として書かれたが、プラトンに対するポパー自身の独特のアプローチの、それほどは議論の余地の少ない側面を新たに表現したものとして、読まれてよいだろう。

冷戦とその後

ポパーの『開かれた社会』は、冷戦のために書かれた政治的な著作であると誤読されることがあった。しかし、本書の読者が気づかれるように――そして、ハーコーヘンがポパーについての著作においてある程度詳しく論じたように[37]――『開かれた社会』は、戦前及び戦時中の諸問題を背景にして書かれたのである。ポパーは戦後の社会再建の問題に関心をもち、自分の著作がその課題に関連すると考えていたが、『開かれた社会』は冷戦のために書かれたのではない。確かに、ポパーの主題のうちのあるもの――とくに、人道主義の陣営を統一しようとする彼の関心や歴史主義とユートピア主義についての彼の懸念――は冷戦と関連していた。しかし、とりわけその時期についての（初めてここで公刊される）彼の著作のうちのいくつかに照らして、とくにわれわれが冷戦に関する彼の関係をいったん理解すると、ポパーが『開かれた社会』で取り組んでいた問題が冷戦の問題ではなかったということが理解できる。

第Ⅳ部は、ポパーの「開かれた社会と民主国家」から始まる。これは、政治的な問題点についての、多方面にわたる、非専門的な講演である。ポパーは、『開かれた社会』の主題のうちのいくつかを再び取り上げているが、しかし、彼が書いていたときに優勢であった種類の状態を顧慮した上でのことである。それはまた、この時期の

（訳24）Ahmed Salman Rushdie（1947－）インド（ムンバイ）生まれの英国の作家。ケンブリッジ大学卒。現在はニューヨーク在住。一九八八年に発表した『悪魔の詩』（*The Satanic Verses*）がイスラム教を冒瀆するものと見なされ、一九八九年にはイランの最高指導者ホメイニ師より死刑宣告を受けた。日本では、翻訳者の筑波大学准教授だった五十嵐一が一九九一年に何者かによって殺害された。

（訳25）Ernst Badian（1925－）オーストリア生まれの古典学者。ニュージーランドのカンタベリー・ユニヴァーシティ・コレッジを一九四五年に卒業。一九五〇年にはオックスフォード大学も卒業。一九七一年から一九九八年まで、ハーヴァード大学教授。

他の著作において重大な役割を果たしている若干の主題——たとえば、西洋についての共産主義の見方、西欧社会の問題ならびに達成を評価することの重要性——を導入してもいる。

次に現れるのは、ハイエク宛のさらにいくつかの手紙であるが、ハイエクの『自由の条件』(*Constitution of Liberty*)[訳26]の中の一節に関するものである。それらはハイエクに対する興味深い筋道の批判を含んでいるが、しかし、それと同時に、ポパーとハイエクがどれほど違った考え方をしているのかをまさしく例示している。ハイエクの関心は——ポパーはそれに反応しているのであるが——、彼自身の著作の中のいくつかの特徴的な主題から生じている。ハイエクは、心理学の脈絡と社会秩序を理解するという脈絡との両方における、抽象的なものと具体的なものとの間の関係に関心をもっていたし、それにまた、法の規則についての彼の考えと関連するもっと特殊な問題にも関心をもっていた。彼の見解では、「共和主義的」伝統に従えば、そして、たとえば、ルソーの『社会契約論』で例証されているかぎりでは、自由が関わりをもっているのは、政府が個々の特殊な命令よりはむしろ、一般性をもつ法に基づいてのみ働く、ということであった。ポパーの応答は——ハイエクを完全に当惑させたに違いないが——、彼が提起している問題だと自分が解したものを取り上げているが、しかし、それを数学における問題点という脈絡で理解している。しかし、ついでに言えば、ポパーはまた(定義とディアレーシス〔diarrhesis〕[訳27]との間の彼の区別を例示するために)ハイエクの実質的な見解について興味深い、短いコメントを行ってもいるが、これは、ポパーがかつてハイエクの『自由の条件』について書いた批判的な注釈から採られているように思われるし、クラーゲンフルトのポパー蔵書に保管されている。

短いが、しかし重要な「冷戦についての覚え書き」では、ポパーは冷戦についての彼の見解を詳しく述べている。とくに彼は、ロシアの人々がマルクス主義の読書によって影響されているかぎりで、彼らが西洋についてもっているとポパーが解する種類の見方について論じている。ここでのポパーの見解は、もし彼が正しければ、西洋がソビエト連邦に対してとるべき種類のアプローチについての彼の診断が述べられている故に、とりわけ興味深い。そして、実際のところ、それの直前の作品──「科学の身分についてのロシアへの放送」のテキスト──はまさしくそれを行っている。すなわち、それは、冷戦についてのある一定の見方がロシアに広く行きわたっているという仮定の上で、ポパーが直面しなければならないと考えている問題点と関わっている。

次に続く短い作品は、どのようにすればアメリカがヴェトナム戦争から解放されるのかに関するものであり、ポパーはそれが合衆国の大統領に達するかもしれないと希望しつつ書いたのである。これの後に続くのは、保守主義についての本をポパーに送ってきたイギリスの保守的な知識人宛の手紙である。ポパーは積極的に応えており、イギリスの新左翼における当時の支配的な立場だと彼が見るものに対する一定の関心をはっきりと表明している。彼の短い「リベラルであるということはどういうことか?」──オーストリアでのラジオ放送であるが、それのタイトルは彼の題材の中味とは合っていない──は、彼が人口過剰について表明している関心の故に注目すべきものである（これは、彼が一九九一年の「『開かれた社会』の今日」において立ち戻っている主題である）。

「理性と開かれた社会について」の成立には興味深い歴史がある。それの始まりは、カール・ポパーとヘルベルト・マルクーゼでもって行われた一揃いのインタビューであり、一九七一年にバヴァリア・ラジオで放送された。ポパーはそのとき、『エンカウンター』誌の編集者の招きに応じて、彼の側のインタビューを英語で出版し、これの題材の中味はポパーによってその折に広範に改訂された。

「よりよい世界のために」と「平和に対する障害としての歴史的予言」は、ポパーがコペンハーゲンでソニング[訳28]賞を受賞したときに行われた講演の最初のバージョンと、そして最後のバージョンである。後年ポパーは、公開講演を行う予定があるときには、しばしば多くの異なるバージョンを書いたし、そしてこれらのバージョンは

(訳26) 一九六〇年に刊行されている。邦訳『ハイエク全集』（春秋社）第五‐七巻に所収。
(訳27) διάρρησισ, explicit enactment（明示的な制定）出典は、プラトン『法律』九三二Eである。

きわめてしばしば互いに非常に異なっていた。上記の二つの草稿の間には少しばかり重なりはあるが、しかし、最初の草稿——これは未完である——は、どのようにして若い人々の必要とすることが西欧社会においてよりよく満たされるのかについてのきわめて急進的な考えへと移っていっている。第二の草稿——行われたとおりの講演——は、冷戦についての初期の著作からの、平和への障害であるマルクス主義的なバージョンの歴史主義についてのポパーの関心事を再説したものである。ポパーは、マルクス主義のテーゼを、ルーマニアの指導者であるニコライ・チャウシェスク(訳29)によって哲学の国際学会に対して行われた講演を用いて例示している。ポパーはこれらの講演のうちの最初のものをニュージーランド訪問中に書いたが、ニュージーランドではクライストチャーチの彼の旧居に(それをポパー家から購入した友人とともに)滞在した。その原稿は、その友人の財産からニュージーランド、クライストチャーチ、カンタベリー大学のマクミラン・ブラウン・アーカイブに寄贈された文書の中に置かれている。

そもそもポパーを保守と呼ぶことが適切であったかどうかは明らかでないが、ポパーが時の経過とともに、政治的により保守的になったと論じることはできるだろう。若い頃のマルクス主義から、社会主義を経て、彼のニュージーランド講義、『開かれた社会』、カルナップとの書簡に見出される急進的な人道主義に至る軌跡を考察しよう。そこから、現在の[第五]部における彼の言葉のいくつかや『推測と反駁』の政治的な主題についての諸論文は、保守的な方向への更なる移行を示唆するものとある人々によって解されても、不合理ではないだろう。しかし、次のことを見てとることは重要である。すなわち、合理的な、実験的政治という彼の目標がけっして揺るぐことがなかった、ということである。さらに、彼の考えは、急進的な性格を依然として示すことができた。ここで、労働党の国会議員になったばかりのジャーナリストで作家である、彼の友人ブライアン・マギー(訳30)宛の手紙が印象的である。というのは、その中でポパーは、独特な形の、産業の部分的な国有化——三〇年前のカルナップに対する彼の応答の場合と少なくとも同じだけ急進的なこと——を提案しているからである。

次のものは、『歴史主義の貧困』のイタリア語訳の再版のためにポパーが書いた前書きであるが、ポパーと、その当時、自由についての西欧的な様式の理解を支持する議論を提示していた人々との間の重要な違いをなす主題を再説している。ポパーにとって、自由の重要性の基礎は、それがもたらすかもしれない経済的利益以上のものである。ポパーは――後の論文「歴史主義とソビエト連邦」が示しているように――市場に基づいた経済の、物質的な利益を評価するが、彼が個人の自由の根拠を経済的な福祉に関する帰結主義的な議論に基づけたいと思っていない、ということが重要である。

次の作品は、ラルフ・ダーレンドルフの[訳31]『新しい自由』についての――日付を特定することのできない――非常に短いコメントである。それが強調している主題――政策の批判的評価の制度化――は、ポパーの心情にとっては魅力的であったが、しかし、この時期の他の論文においては強調されていない。

この後に続くのは、寛容についての主要な――そして、最も興味深い――論文である。それは寛容を支持する、ポパーの認識論的な考えに根ざした独特の筋道の議論である。しかし、それはまた、次のようなポパーの見

(訳28) ヨーロッパ文化に優れた貢献をした者に隔年で贈られる賞。コペンハーゲン大学学長を長とする委員会がヨーロッパの諸大学から推薦された候補者の中から受賞者を決定する。この賞は、デンマークの著述家であるカール・ヨハン・ソニング（Carl Johan Sonning：1879–1937）の遺志によって設立された。ポパーは一九七三年に受賞している。

(訳29) Nicolae Ceausescu（1918–1989）ルーマニアの政治家、大統領（一九七四－一九八九）。失脚し、銃殺された。

(訳30) Bryan Edgar Magee（1930–）イギリスの政治家、作家。一九七四年の総選挙で国会議員となるが、一九八三年の総選挙で落選。

(訳31) Ralf Gustav Dahrendorf, Baron Dahrendorf（1929–2009）ドイツ生まれの社会学者、哲学者、政治学者。ＬＳＥの学長も務めた。

解を強調してもいる――そして、これは「フレームワークの神話」(現在では『フレームワークの神話』に所収)においてのて別の視角から見出される主題である――。すなわち、実り豊かな知的交易には、すべての当事者による協調的な努力が必要である、という見解である(この論文は、「公的価値と私的価値」――そこでは、意見の一致が期待されうる領域がいかに限られているかをポパーは強調している――と比較されうるかもしれない。もっとも、ここで彼は、われわれがもっと広い問題についての批判的討論から学習する可能性を強調しているのであるが)。

ポパーの「批判的論議の重要性」は、サハロフ[訳32]についてのものだが、それ自体において興味深いとともに、ポパーがサハロフの自伝と、彼がロシア政府のために高性能の核兵器の開発において果たした役割についてのそこでの論議を読んだあとで、サハロフについてのポパーの見方が急激に変わることになったという事実に照らしても、両方の点で興味深い。このことについてのポパーの見解は、『今世紀の教訓』の第三節のインタビュー1で述べられているし、それに対するコメントが、現在の論文集のあとの方の作品のいくつかの中に散見される。

この後に続くのは、当時ロイヤル・フリー・ホスピタル・スクール・オブ・メディシン[訳33]のニール・マッキンタイア(Neil McIntyre)教授との共同執筆の論文で、医療倫理学の問題についてであった。議論の筋道は、ポパーの可謬主義に依拠しており、提示されている実質的なアプローチは、ポパーの『フレームワークの神話』所収の「科学者の道徳的責任」と比較しても有益だろうし、本書に所収の「テレビの力」におけるテレビに関する彼の提案と比較しても有益だろう。

「トクヴィル財団賞を受賞して」(一九八四年)はささやかな作品であるが、しかし、その中でポパーは、トクヴィルの著作のいくつかの側面に対する短いが、しかし、啓発的な関与を示している。この後に続くのは、民主主義についての後の短い論文であり、『エコノミスト』誌に現れたものである。それは、ポパーの『開かれた社会』からの考え――われわれは「だれが支配すべきか」と問うべきだという見解に対する彼の反対――の力強いその再説を提示していて、それを用いて比例代表制を批判している。ポパーの議論は、政治的な責務にとって、その内部で責任が明確であるような政治システムの重要性に注意を向けている。注目に値するのは、ここでの彼の関心の的が比例代表制として言及されうるようなシステムのうちのいくつかだけだ、ということである。他のシステムはポパーが批判している種類の効果を生み出さないのである。(38)

ポパーは、「何が重要であるかについての私の見解のあらまし」において、彼に会ったことのある人々が、ほとんど彼の固定観念にまで達する彼の先入観として、思い起こすかもしれない二つの主題を述べている。これらは、アメリカ合衆国が第二次世界大戦の終わりに（戦闘員ではない）市民を標的に原子爆弾を日本に投下したということの問題をはらんだ性格と、キューバのミサイル危機(訳34)のときのケネディの行動から学ばれるべき教訓とである。

次に来るのは、「歴史主義とソビエト連邦」という論文と、ポパーが一連の政治的な主題を再考している『開

（訳32） Andrei Sakharov（1921–1989）ソ連の原子物理学者。人権擁護論者。同国の水爆開発に携わったことからソ連の「水爆の父」と呼ばれたが、のちに民主化を求め反体制運動に携わったことから「ペレストロイカの父」とも呼ばれた。一九七五年にノーベル平和賞を受賞。

（訳33） the Royal Free Hospital School of Medicine 一八七四年にロンドン・スクール・オブ・メディシン・フォア・ウィミン（ロンドン女子医大〔the London School of Medicine for Women〕）として設立。一九九八年にはユニヴァーシティ・コレッジ・アンド・ミドルセックス・スクール・オブ・メディシン（the University College and Middlesex School of Medicine）と合体し、ロイヤル・フリー・アンド・ユニヴァーシティ・コレッジ・メディカル・スクール（The Royal Free and University College Medical School）が設立された。二〇〇八年には名称をＵＣＬメディカル・スクール（UCL Medical School）に変更した。ロンドン大学、ユニヴァーシティ・コレッジの医学部に相当する。

（訳34） 一九六二年にソ連がキューバにミサイルを搬入したことから生じた米ソ間の対立。ソ連がミサイル撤去に同意し、解決した。キューバ危機という。

かれた社会』の今日」と題された作品である。これらの後に続くのは、ポパーが『開かれた社会』のロシア語版のために書いた作品である。それは、ソビエト連邦の崩壊に対するポパーの反応をわれわれに示している点において興味深いだけではなく、新しいロシアにとって法規の意義や法の支配について彼が述べていることの故にも興味深い。われわれは次にハイエクについての短い作品を収録した。これはアメリカ経済学会の大会のために準備されたものであるが、ポパーは健康を害したために自分自身で発表することはできなかった（われわれはこれに付録としてハイエクについてのもう一つの短い評価を加えておいた）。この後に続くのは、非常に短い作品であり、そこでポパーは、以前のユーゴスラビアにおけるヨーロッパの干渉の必要性に関する彼の見解を述べている（注目に値するのは、「立法と行政と司法の機関」ならびに「行動する用意のある武力を備えた執行部」をもつ国際機関に対する彼の支持は、『開かれた社会』にまでさかのぼる、ということである）[39]。[訳35]

資料は、テレビとその影響によって提起された問題点を論議する短い作品で締めくくられている。それらは、それらの内容の故に興味深いだけではなく、それらが――上で述べたように――職業倫理の問題についてのポパーのその他の作品と比較しても有益だろうという理由からも興味深いものである。

更なる資源

ポパーの社会思想や政治思想の概観を提示することがわれわれの意図ではなかった――というのも、その理由は少なからず次のことにある。すなわち、この論文集は、『開かれた社会』とあわせて、読者がポパー自身を案内役としつつその課題をやり遂げることができるようにするものだ、ということである。しかし、ポパーの政治的な考えについての完全な描写像を探し求める読者のために、ポパーの他の著作に注意を引くことは価値があるかもしれない。

ポパーは若者として政治的な関心をもっていた。彼が別のところで、とくに『果てしなき探求』において、物語ったように、彼は第一次世界大戦前の時期の平和主義の文献によって影響を受けていたし、しばしの間、マルクス主義者になった。彼がマルクス主義から離反したことの説明としては、現在の論文集を越えて、『果てしなき探求』や『推測と反駁』所収の「科学――推測と反駁」に目を向けてよいだろう（しかし、注目に値するのは、ポパーが科学哲学に関する彼の考えの進展に対して与えた説明に関して、いくつかの疑問が提起されており[40]、このことは、ポパーの政治的進展の物語の諸側面をどのように理解するか、ということに関していくつかの含みをもつかもしれない、ということである）。本書の諸論文は、ポパーが社会主義から、彼のニュージーランド講義や『開かれた社会』を特徴づける急進的人道主義とでも呼べるようなものへと移行したことに関する物語を伝えている――そして『果てしなき探求』を補足している。ハーコーヘンの書物はこの物語に対して更なる洞察を与えてくれるし、それにまた、次の論文からのいくつかの主題の政治的意義を論じている。つまり、一九二七年にウィーンで『クヴェレ』誌において刊行されたポパーの「郷土思想の哲学のために」である[41]。

ニュージーランド講演は、大体において、『開かれた社会』を予示しており、後者は『歴史主義の貧困』や『推測と反駁』の中の「弁証法とは何か」といっしょに読まれるのが有益だろう。この時期の他の資源は、ポパーとエルンスト・ゴンブリッチ卿[訳36]及びフリードリッヒ・ハイエクとの往復書簡であり、それらは両方ともに学問的な編集に値するであろう[42]。本論文集の第Ⅳ部の資料が取り上げているのは『開かれた社会』の刊行後の物語であるが、それとは別に、『推測と反駁』所収の「社会科学における予測と予言」及び「ユートピアと暴力」が入れられるべきである。それに加えて、「伝統についての合理的な理論に向けて」がある。もっとも、これは、いくつかの点では、かなり違った意見を表明しているのであるが[43]。『開かれた社会』の初期のいくつかの版に対

（訳35）The American Economic Association, 略称ＡＥＡ：一八八五年に設立されたアメリカで最も古く、最も重要な学会。

（訳36）Sir Ernst Hans Josef Gombrich（1909–2001）既出。

して為された修正に注意することもまた重要である。

一九五〇年代のポパーの寄与には、(一九五四年にモンペルラン協会で講演された)「世論と自由主義の原理」及び「われわれの時代の歴史——楽観主義者の見方」が含まれる。両方ともに今では『推測と反駁』に所収されている。[44] ポパーは、一九五四年に、ジョージア州、アトランタのエモリー大学で、『開かれた社会』の主題を再考し、修正する連続講義を行った。これらの講義についての説明は、それほど遠くなく入手可能になるだろう。[45] 同じ年のうちにポパーは、現在では『推測と反駁』所収の「カントの批判と宇宙論」と題された興味深い講演を行ったが、これの後半部は、カントの倫理学を手短に扱っている(これもまた注目に値することだが、倫理学の歴史についての、ニュージーランドでの一連の講義原稿は、フーバー研究所アーカイブに保管されており、これらは、期待されるほどポパーの見解を露わにするものではないけれど、カントの倫理学に対するポパーの読み方について何某かの光を加えてくれるものである)。[46] カントについては、ポパーの「知識による解放」も注目に値する。これは、ドイツ語の原文の刊行は一九六一年であり、今では『フレームワークの神話』に収録されているが、カントの「啓蒙とは何か?」の主要なテーマを支持することに源を発している。

一九五〇年代の終わり頃にポパーは、「認識論と産業化」(今では『フレームワークの神話』に所収)を生み出し、その次に「知識と無知の源泉について」(『推測と反駁』所収)を生み出した。これら二つの(相補的な)作品は、認識論的な楽観主義と悲観主義との間の対比を論じており、ポパーが近世科学の認識論と啓蒙を特徴づける過度の楽観主義については多少とも批判的であるのが見出される。ポパーはまた、今は『生きることはすべて問題解決である』に収録されている「自由について」という講演、そして『より良き世界を求めて』に再録されている「西洋は何を信じているのか?」という講演を行った。

次の時期は、大部分、本書や『フレームワークの神話』、そしてP・A・シルプ編『カール・ポパーの哲学』における政治的な主題についての「批判者への返答」の諸著作によって表されている。もっと年をとってからのポパーの、政治的な主題についての諸著作は、『生きることはすべて問題解決である』『よりよき世界を求めて』及び『今世紀の教訓』においてよく表されている。

言及に値するその他の資源は、フーバー・アーカイブにある資料であり、ブライアン・マギーとの書簡を含んでおり、それの一部はまた、クラーゲンフルトのポパー蔵書にも保管されている。フーバー・アーカイブにある様々な不完全な書き物やLSEでの講義資料もまた興味深い。実際、いくつかの未発表のインタビューや非公式の話もそうである。これ以外にわれわれは、ポパーの仕事に重大な関心をもっている読者に対しては、『カール・ポパーの哲学』の第二巻にある著作目録や『果てしなき探求』の様々な版のもっと限定された最新版を参照するように求める（ならびに、マンフレッド・ルーベ（Manfred Lube）の『カール・R・ポパー――著作目録1925–2004』も参照するように求める。これにはまた、ポパーの著作の二次資料の有益な目録も含まれている）(47)。加えて、『開かれた社会』や『歴史主義の貧困』の様々な版のために書かれた前書きや序論を系統的に吟味するのもよいだろう。とりわけ、ポパー・アーカイブがかなり大きいものであること、書簡が豊富にあること、ポパーが様々な書き物の非常に多くの異なるバージョンを書いたということの潜在的な実り豊かさを強調すべきであろう。

総括すれば、［ポパーの書いた］資料の量は、多少とも人を怖じ気づかせるものである――そして、次のことを念頭に置くとき、それはさらにいっそう印象的である。すなわち、ポパーは社会的、政治的な問題点についてかなりの量のものを書いたが、それでもこれらの主題についての彼の未公刊の著作は、その他の領域における未公刊の著作、とくに論理と確率に関連する主題についての未公刊の著作と比べると小さく見える、ということである。

編集上の問題点

本書に対するわれわれの仕事では、われわれは以下の所蔵物を利用した。すなわち、スタンフォード大学のフーバー研究所アーカイブにおけるポパー・アーカイブ、クラーゲンフルト大学図書館のポパー蔵書に保管されている原文書、ニュージーランド、クライストチャーチ、カンタベリー大学図書館のアーカイブに保管されている原稿類、そしてピッツバーグ大学、科学哲学アーカイブにあるカルナップの書簡である。われわれはこれらの収蔵物のスタッフに対し彼らの助力について謝意を表したい。そしてまた、アメリカ議会図書館の研究スタッフならびにオーストラリア国立大学とノース・カロライナ大学、チャペル・ヒルの図書館相互の賃貸係のスタッフにも謝意を表したい。

ポパーは題材の中味を書き直しがちであったし、しばしば本質的に同じ題材の中味のいくつものバージョンを提示したが（あるいは、彼の書き物の異なるバージョンには両立しない訂正が為されていたが）、われわれの関心は、彼の著作の学問的な異文版を提示することよりもむしろ、彼の書いた資料を読者に利用可能とすることであったので、われわれは一般的には、その資料の最良のバージョンとわれわれに思われたものを提示して、異文を示す注釈を付加しなかった。採用すべき有意義なバージョンが別にある場合には、われわれはそれらを注あるいは付録の中で再録することができた場合もある。われわれは、一般に、資料を刊行された通りに、あるいは刊行のために準備された通りに、再録した。もっとも、われわれは引用の誤りや文法的あるいは文体的な過ちを黙って訂正しておいたが。われわれはまた、ときには、とくに読むために準備された資料の場合には、短い段落を付け加えて、もっと長い段落を形成して、ポパーのイタリック体［傍点］のいくつかを除去した（「よりよい世界のために」の場合、これは原稿でのみ存在したのだが、JSは、彼がポパーの助手として働いていたときに、彼ならば、慣例として、行ったであろう種類の変更を行った。ポパーは、英語での語り手としての才能をもっていたが、彼の著作の初期のバージョンは、しばしば英語の誤りを含んでいたし、深く没頭して作品の内容に取り組むうちに、作品の文法的構造をよく見失ったものだった。これらの問題は、典型的な場合、タイプライター原稿や校正刷りの様々なバージョンを頻繁に修正する行程を通して、きちんと整理された）。

文体の観点から、［ポパーの書いた］資料は英語のスペルに直されたが、われわれはポパー特有の文体を変更しなかった（［「参照せよ」というときの］彼の風変わりな「cp.」の代わりに「cf.」を用いた場合を除いて）。われわれはまた、もし資料が今日書かれていたとしたら、もっと普通であったであろう慣習と合わせるために、彼の文体に変更を加えることはしなかった。それ故、読者は、次のことに留意すべきであろう。すなわち、ポパーが書いていた頃、「man」あるいは「men」がきわめて一般的に「人々」（persons）の意で用いられていたこと、――そして、このような仕方で彼のテキストは理解されるべきである――ということである。もっとも、われわれは、「ムハンマド教徒」という語の使用は今日侮蔑的であると認められているので、それを用いないで、「イスラムの信奉者」という語に変えた。(訳37)

われわれの編集上の手続きは以下の通りである。［編者の］PNT［ピアズ・ノリス・ターナー］とJS［ジェレミー・シアマー］は両者とも、フーバー・アーカイブから資料を集め、JSはまた、クラーゲンフルト、クライストチャーチ、ピッツバーグからも集めた。JSは初期の編集上の仕事――つまり、資料の転記、選別、注釈、ならびに序論やこれらのノートの原稿を書くこと――を行ったが、PNTは、批判的理性の寄与というポパー的役割を果たし、批判と修正を提示した。われわれはルートレッジ社のレフリー諸氏に謝意を表したい。彼らは、資料収集に対するわれわれの当初の考えがどのように補足されうるかについて、いくつかの最も有益な示唆をわれわれに与えてくれた。そして、われわれはとくにマラカイ・ハーコーヘンに謝意を表したい。彼は、ある興味深い資料への具体的な手がかりを与えてくれた。われわれはまた、ピーター・ルーパー（Peter Roeper）博士、デイヴィッド・ターナー（David Turner）教授、ウィンフリード・ティールマン（Winfried Thielman）博士、ジョゼフ・ファールソン（Joseph Falsone）、コリン・シアマー（Colin Shearmur）に対して、英語以外の言語の資料に対

（訳37）'Muhammadan', 'Mohammedan' はイスラム教徒には侮蔑的に感じられるので、'Muslim' のほうが普通用いられる。

する翻訳や忠告について謝意を表したい。そして、クラウス・ラーレース（Klaus Larres）教授に対しては、チャーチルからの引用の源を突き止めようとする際に与えてくれた助力について、謝意を表したい。そして、ジョゼフ・アガシ[訳38]とジム・リード（Jim Reed）に対しては、ハイネへの指示言及の源を辿ろうとする際に与えてくれた助力について、謝意を表したい。われわれは、ヴァレンティン・バザーノフ（Valentin Bazhanov）に対して、ゴルバチョフへの指示言及の源を辿ろうとする際に与えてくれた助力に謝意を表したい。ルートレッジ社のトニー・ブルース、アマンダ・ルーカス、ケイティー・ヤングに対して、われわれの編集者アンディ・スーターに対して、多くの有益な示唆をもらったことについて、そしてパメラ・シアマーとデイヴィッド・ウォールに対しては、校正の際に与えてくれた助力について謝意を表したい。

資料の著作権は、典型的には、ポパーによって保持されており、われわれはメリタ・ミュー（Melitta Mew）夫人に対して、資料を本書に収録することを許可していただいたことについて、そして彼女の励ましについて、感謝の意を記録しておきたい。われわれはまた、謝辞の中で指示言及が為された人々に対して、彼らが資料を再録することを許可してくれたことについて謝意を表したい。

われわれはこの企てに対するわれわれの仕事を楽しんで行ったが、しかし、われわれはまったくわれわれ自身の誤りやすさに気付かざるをえなかったし、われわれは批判と示唆の両方をとりわけ有り難く思うであろう。それらは、本書の出版社を通じてわれわれに伝えられるのが最もよい――とくに、後日、われわれが第二版を出版することができる場合には。

ジェレミー・シアマー

ピアズ・ノーリス・ターナー

ウォンボイン、ニュー・サウス・ウェールズ、オーストラリア

チャペル・ヒル、ノース・カロライナ
二〇〇七年五月

注

(1)「序章　科学的知識に関するオプティミズム、ペシミズム、プラグマティズム」、三頁を参照。
(2) ポパーが科学の哲学についての彼の仕事を認識論に対する寄与と見なしていた、ということに注意しておくことは重要である。このことについては、彼の『科学的発見の論理』に対する「まえがき、一九五九」を参照。
(3)『開かれた社会』第七章の注四を参照。
(4)『開かれた社会』第七章の注二五、第Ⅱ部を参照。ハンス-ヨアヒム・ダームス（Hans-Joachim Dahms）は、ポパーの政治的発展における、ネルゾンのこれらの考えに対する批判的反応の意義について、ポパーとのインタビューを含む、ある大いに興味深い研究を行っているが、これは、今のところ、未公刊である。民主主義に対するネルゾン独特の批判や指導者についての考えを含むネルゾンのいくつかの論説が、以下の英語の書物で利用可能である。レオナルト・ネルゾン『政治と教育』（*Politics and Education*, tr. W. Lansdell, London：Allen & Unwin, 1928.）。
(5)「オットー・ノイラートの思い出」（一九七三）、二七頁を参照。
(6) 本論文集の「社会哲学についてのカルナップとの書簡」（一九四〇－一九五〇）を参照。とりわけ、一九四七年一月六日付けのポパーの手紙を参照。
(7) 再度、一九四七年一月六日付けのポパーの手紙を参照。
(8) ポパーは、音楽に対するクラフトの情熱を、ポパーを彼に引きつけたものとして引き合いに出している。一六頁を参照せよ。

（訳38） Joseph Agassi（1927－）ポパーの弟子。テルアビブ大学などで教える。

(9) とくに、一二－一四章を参照。

(10) この物語は、ポパー／ハイエク往復書簡から明らかになる。その両方がフーバー研究所のアーカイブにある、ポパー・アーカイブとハイエク・アーカイブの所蔵物を参照。

(11) たとえば、ロース家宛のポパー令夫人(訳39)の手紙の中のコメントと比較せよ。ニュージーランド、クライストチャーチのカンタベリー大学にあるマクミラン・ブラウン・アーカイブの中のロース・コレクションのBox 8、所収。

(12) ジョゼフィン［ヨゼフィーネ］・アン・ヘニンガー（一九〇六－一九八五）。

(13) 『果てしなき探求』第二一節を参照。

(14) マラカイ・ハーコーヘン『カール・ポパー――その形成期』（Malachi Hacohen, *Karl Popper: The Formative Years*, Cambridge: Cambridge University Press, 2000.）。

(15) 『果てしなき探求』第二一節を参照。

(16) 『果てしなき探求』第二二節、及びA・C・ユーイングからポパー宛の書簡、フーバー研究所アーカイブ536–8と、一九三六年一一月二八日付けの、大学支援評議会を代表するウォルター・アダムズからポパー宛の書簡（ポパー・アーカイブ513–2）を参照。

(17) クライストチャーチのカンタベリー大学アーカイブには、大学一般のアーカイブの資料とは切り離された、ニュージーランドでのポパーの任用と在任時に関するわずかばかりの資料が保持されている。カンタベリー大学の登録簿MB 456、受入番号956から引き出された資料を参照。

(18) 「蔵書などの設備は貧弱である」。一九三六年一月二日付けのA・J・ハラップからポパー宛の手紙、ポパー・アーカイブ366–3を参照。

(19) 手書きの文書や書簡のいくつかがポパー・アーカイブに残っている。

(20) この一連の講義の詳細は、「科学と宗教」の注に述べられている。

(21) アウレイル・コルナイ『西欧との戦い』（Aurel Kolnai, *The War Against the West*, London: Gollancz, 1938.）。

(22) そのことについての論議としては、ジェレミー・シアマー(訳40)（Jeremy Shearmur）の『カール・ポパーの政治思想』（*The Political Thought of Karl Popper*, London and New York: Routledge, 1986.）第四章を参照。

（23） これと関連して、『開かれた社会』の第五章の注五に付加された資料の中でのL・J・ラッセル（L. J. Russell）の論文「命題と提案」（"Propositions and Proposals," *Library of the Xth International Congress of Philosophy, volume I : Proceedings of the Tenth International Congress of Philosophy Amsterdam August 11–18, 1948,* eds. E. W. Beth and H. J. Pos, and J. H. A. Hollak (assistant editor), Amsterdam : North-Holland Publishing Co., 1949, pp.618–620.）へのポパーの言及や、提案は論議されることができるという考えと比較せよ。ポパーが初めてラッセルの論文を引用したのは、「社会科学における予測と予言」においてであり、これは同上の会議の紀要に現れたもので、それ以来、『推測と反駁』に再録されたものである。

（24） 一九七四年一〇月二四日付けのマイケル・シャラット師宛のポパーの手紙を参照。クラーゲンフルト大学ポパー蔵書、多様な手稿68。ポパーはシャラット師の論文「全体主義についてのポパーの意見」（"Popper on Totalitarianism," in *The Clergy Review,* LIX, no.8, August 1974, pp.543–555.）に返答していた。五五二－五五四頁を参照。ポパーはこの批判を「非常に公正」であると述べていた（シャラットの論文は、ひと続きの論文の三番目のものであった。最初の二つは、「カール・ポパー案内Ⅰ——ポパーの知識論」*The Clergy Review,* LIX, no.6, June 1974, pp.390–400.及び「カール・ポパー案内Ⅱ——ポパーの科学論」〔*The Clergy Review,* LIX, no.7, July 1974, pp.467–480.〕であった[訳41]）。

（25） 『客観的知識』第二章、四〇頁、注九を参照。

（26） 文書全体に関心のある向きについては、「神についてのカール・ポパーの見解——失われたインタビュー」（"Karl Popper on God : The Lost Interview," *Skeptic,* 6, no.2, 1998, pp.46–49.）を参照。

（27） ポパーとゴンブリッチとの書簡から明らかになるように、その一部はフーバー研究所のアーカイブに収められている。

（訳39） ポパーはナイト爵を受けていたので、夫人は'Lady Popper'と呼ばれる。

（訳40） オーストラリア国立大学人文学部の哲学のリーダー。LSEで学び、八年間ポパーの助手をした。

（訳41） *The Clergy Review* とは、一九三一年にカトリックの聖職者の意思伝達のために創始された雑誌である。一九九七年には *Priests & People* に改称され、二〇〇四年には *Pastoral Review* に改称されている。

（28）ポパー／ヴァイナー書簡、フーバー研究所アーカイブ358−28を参照。

（29）ハイエクは、ポパーが示唆した人物を誰も勧誘しなかった。しかし、モンペルラン協会が当初は、後にそうなったほどには、その政治的性格において直截に古典的リベラルではなかった、ということは注目に値する（このことを興味深い仕方で示すものは、協会の当初の会合での討論の性格によって与えられる。その討論からの、編集されていない覚え書きの転写がフーバー研究所アーカイブ、モンペルラン協会アーカイブ、Box 14に収められている）。

（30）J・W・N・ワトキンス「否定的功利主義」（J. W. N. Watkins, "Negative Utilitarianism," part II, *Aristotelian Society Supplementary*, Volume 37, 1963, pp. 95–114.）を参照。

（31）ジョン・ロールズ『政治的リベラリズム』（John Rawls, *Political Liberalism*, New York : Columbia University Press, 1993.）、キャス・サンスティーン「政治的対立と法的一致」（Cass Sunstein, "Political Conflict and Legal Agreement," *The Tanner Lectures on Human Values*, 17, 1996, pp. 137–249.）を参照。

（32）ラッシュ・リーズ「社会工学」（Rush Rhees, "Social Engineering," *Mind*, N.S., 56, 1947, pp. 317–331.）。

（33）ジャーヴィーはその当時ポパーの助手をしていた。

（34）『果てしなき探究』の二八節での、アメリカに対する彼のコメントも参照せよ。

（35）たとえば、アラン・ドナガン「歴史的説明——ポパー−ヘンペル説再考」（Alan Donagan, "Historical Explanation : the Popper–Hempel Theory Reconsidered," *History and Theory*, 4, no. 1, 1964, pp. 3–26.）を参照せよ。

（36）ポパーはこの考えを『開かれた社会』と『歴史主義の貧困』との両方で論じていた。この論文に関連する資料がまた、ポパーの『フレームワークの神話』に所収の「歴史の哲学についての多元論的見方」と、『客観的知識』に所収の「客観的な心の理論について」及び「論理、物理及び歴史についての実在論的見方」にある。しかし、状況論理についてのポパーの見解に対する最も十分な説明は、今では、『フレームワークの神話』に所収の「モデル、道具及び真理」にある。

（37）マラカイ・ハーコーヘン(訳42)『カール・ポパー——形成期』（Malachi Hacohen, *Karl Popper : The Formative Years, 1902–1945.*）。

（38）有益な手短な議論として、V・ボグダナー(訳43)編『ブラックウェル政治制度事典』（V. Bogdanor ed., *The Blackwell Ency-*

clopedia of Political Institution, Oxford : Blackwell Reference, 1987.）の「選挙制度」（electoral system）や「順位指定投票制」（alternative vote）[訳44]の項目を参照せよ。

（39）とくに、『開かれた社会』の第九章の長い注七を参照。そこからテキストの引用が行われている。

（40）これに関連して、次の著作を参照。マラカイ・ハーコーヘン『カール・ポパー――その形成期』及びトゥロウルス・エッガーズ・ハンセン（Troels Eggers Hansen）[訳45]「どちらが先だったのか、帰納の問題か境界設定の問題か?」（"Which Came First : The Problem of Induction or the Problem of Demarcation?"）、『カール・ポパ――百年の評価』第一巻（*Karl Popper : A Centenary Assessment*, Volume I, eds. Ian Jarvie, Karl Milford and David Miller, Aldershot : Ashgate, 2006.）、六七－八一頁、所収。

（41）ジョン・ウェッターステン（John Wettersten）「若きポパーに対する新たな洞察」（"New Insights on Young Popper," *Journal of the History of Ideas*, 66, no. 4, 2005, pp. 603–631）をも参照。ポパーのこの作品やその他の初期の資料は、カール・ポパー『初期論集（一九二五－一九三六）』、（『著作集』第一巻）（*Frühe Schriften (1925–1936)*, (*Gesammelte Werke*, volume 1) ed. T. E. Hansen, Tübingen : Mohr Siebeck, 2006.）に収録されている。

（42）ポパー／ハイエク往復書簡は、ポパーとハイエクの両方の手紙を保管するフーバー研究所アーカイブで追跡できるだろう。ポパー／ゴンブリッチ往復書簡のいくつかも、フーバー研究所アーカイブで保管されている。

（43）このことについてのシアマーによる論議として、彼の『カール・ポパーの政治思想』を参照。

（44）一九五〇年のハーヴァード大学でのウィリアム・ジェームズ講義についての、『果てしなき探求』でのポパーの説明は、それがある実質的な政治的内容をもっていたことを示唆している。しかし、ポパーは、その講義の条件が実際に要求していること、つまり、講義の原稿をハーヴァード大学図書館に寄託することを実行しなかった。その講義を録音し

（訳42）Cambridge University Press, 2000.

（訳43）Vernon Bogdanor（1943－）オックスフォード大学政治学教授。

（訳44）全員五〇パーセント以下のときは、下位候補者への投票分を第二希望によって配分し直す制度。

（訳45）ポパーの『認識論の二つの根本問題』英訳の編集者。

たテープは、存在したことは明らかだが、失われてしまった。そして、ポパーは手紙の中で、あたかも原稿が存在するかのように、その講義に言及しているが、フーバー・アーカイブにおけるいくつかの覚え書きを別にすると、今ではもう何も残っていないかのようである。それらの覚え書きは政治的な主題に触れてはいない。

(45) 講義の一部は古風な録音機械で（悪い状態で）記録された。ジェレミー・シアマーはそれらを転記した（もっとも、これにはかなりの当て推量が含まれていたが）。彼はこの講義の説明を遠くないうちに刊行することを計画しており、講義そのものについても、存在するものを刊行することの実現可能性を探っている。

(46) 倫理学についての他の資料には次のものが含まれる。すなわち、L・M・ローリング（L.M.Loring）の『二種類の価値』（*Two Kinds of Values*, London：Routledge, 1966.）に対するポパーの「序論」[訳46]（これはあまりにもローリングの著作の論点に関わっているので、容易には独立した読み物にはなりえない）ならびにポパー・アーカイブ366-14の短い原稿「定言的命法の非心理学的正当化」である。後者は、興味深いものであるが、その帰属にいくつかの問題を提起しており、JS［ジェレミー・シアマー］はそれを『カール・ポパーの政治思想』一九七頁、注二七で論じている。

(47) マンフレッド・ルーベ『カール・R・ポパー――著作目録一九二五－二〇〇四』（*Karl R. Popper：Bibliographie 1925–2004*, Schriftenreihe der Karl Popper Foundation Klagenfurt, Band 3, Frankfurt am Main and New York：Lang, 2005.）を参照せよ。

（訳46）「序論」（Introduction）とあるが、「前書き」（Foreword）である。

謝　辞

われわれは以下の方々に対して、現在の論集に資料を収録することを許可していただいたことについて謝意を表したい。注意していただきたいのは、多くの場合、われわれは資料を現在の論集においてのみ用いる権利を与えられたのであって、資料そのものの著作権は元の著作権保有者のもとにある、ということである。

カール・ポパー「ポパーの民主主義論――『開かれた社会とその敵』再考」（"Popper on Democracy: The Open Society and Its Enemies Revisited," *The Economist*, 23 April 1988, pp. 111–119.）について。ライツ・アンド・シンディケーション・エグゼクティヴ（Rights and Syndication Executive, Red Lion Square, London WC 1）に。

カール・ポパー「批判的論議の重要性」（"The Importance of Critical Discussion," *Free Inquiry*, vol. 2, winter 1981–82, pp. 7–11.）について。『フリー・インクワイァリー』非宗教的人道主義協議会、アンドレア・ソランスキ宛（*Free Inquiry*, Council for Secular Humanism, attn. Andrea Szalanski, P. O. Box 664, Amherst, New York 14226–0664）に。

ポパーとの書簡について。エルンスト・バーディアン（訳47）教授に。

ニール・マッキンタイア教授と『英国医学雑誌』（*the British Medical Journal*）に。「医学における批判的態度」（"The Critical Attitude in Medicine."）について。これは、ＢＭＪ出版グループの許可を得て再録されている。

バジル・ブラックウェル出版社に。「ユーリウス・クラフト」（"Julius Kraft"）について。これは最初『ラチオ』（*Ratio*, 4, 1962, pp. 2–12.）に現れた。

（訳47）Ernst Badian（1925–）既出。

シュプリンガー・フェアラーク（Springer Verlag）出版社に。「オットー・ノイラートの思い出」（"Memories of Otto Neurath"）について。これは最初オットー・ノイラート『経験論と社会学』（*Empiricism and Sociology*, eds. Marie Neurath and Robert Cohen, Dordrecht and Boston：Reidel, 1973, pp. 51–56.）に現れた。

マクミラン・ブラウン・アーカイブ（Mcmillan Brown Archive）、クライストチャーチ大学、ニュージーランドに。以下を再録する許可を与えていただいたことに。MB 155、ロース文書、Box 8、「よりよい世界のために（未完の講義）」一九七三年、マクミラン・ブラウン文庫、カンタベリー大学、クライストチャーチ、ニュージーランド。

トムソン・ラーニング・ライツ・グループ（Thomson Learning Rights Group）に。『社会科学の国際百科事典』（*International Encyclopedia of the Social Sciences*, ed. David L. Sills, New York：Macmillan and Free Press, 1968, 17 vols；vol. 12, pp. 159–164.）所収の「プラトン」（"Plato"）について。これは、トムソン・ラーニングの一部局であるゲール（Gale）社の許可を得て再録された。

科学哲学アーカイブ、特別蔵書部、ピッツバーグ大学に。ルドルフ・カルナップ蔵書からの資料を収録することを許可していただいたことについて、ポパーとカルナップとの往復書簡の彼らの所蔵物からの資料を収録することを許可していただいたことについて。これらはピッツバーグ大学の許可によって引用された。不許複製。

ジアンカルロ・ボセッティ（Giancarlo Bosetti）に。「テレビの力」（"The Power of Television"）に対する彼の序論及びそれを英語で出版することを許可していただいたことについて。そして、ヨゼフ・ファルツォーネ（Joseph Falzone）に。ボセッティの序論を翻訳してくれたことについて。

『懐疑論者』（*The Skeptic*）に。宗教についてのポパーとのインタビューからの抜粋を刊行することを許可していただいたことについて。

ポパーは、可能な場合はいつでも、自分自身の著作の著作権を保持したし、われわれはミュー夫人に、それらの著作を本書で刊行することを許可していただいたことについて感謝する。われわれは、著作権の可能な保持者をつきとめ、接触しようと努めた。われわれが万が一にも関連する権利を何か見過ごした場合に備えて、われわれは弁明をしておきたいと思うし、著作権保持者には、出版社を経て、われわれに接触するようにお願いしたいと思う。

ポパーの著作（英語の著作及びドイツ語の主要な著作）

ポパーの著作は、生前は、規則的に改訂されていた。それ故、入手できる最近の版を用いることが重要である。現在ルートレッジ社は、英国のアビントンとニューヨークの両方で出版している。

『探究の論理』ウィーン、J・シュプリンガー、一九三四年（*Logik der Forschung*, Vienna: J. Springer, 1934.）。現在はモーア・ジーベックによって出版されている。

『開かれた社会とその敵』(訳48) ロンドン、ルートレッジ、一九四五年（*The Open Society and Its Enemies*, London: Routledge, 1945.）など。

『歴史主義の貧困』(訳49) ロンドン、ルートレッジ、一九五七年（*The Poverty of Historicism*, London: Routledge, 1957.）など。

（訳48）邦訳『自由社会の哲学とその論敵』武田弘道訳、泉屋書店、一九六三年、部分訳。同上、世界思想社、一九七三年。『開かれた社会とその敵』内田詔夫・小河原誠訳、二分冊、未来社、一九八〇年。

（訳49）邦訳『歴史主義の貧困』久野収・市井三郎訳、中央公論社、一九六一年。

『科学的発見の論理』[訳50] ロンドン、ハッチンソン、一九五九年（*The Logic of Scientific Discovery*, London：Hutchinson, 1959.）。現在はルートレッジによって出版されている。

『推測と反駁』[訳51] ロンドン、ルートレッジ、一九六三年（*Conjectures and Refutations*, London：Routledge, 1963.）など。

『客観的知識』[訳52] オックスフォード、クラレンドン、一九七二年（*Objective Knowledge*, Oxford：Clarendon Press, 1972.）など。

『果てしなき探求』[訳53] ロンドン、フォンタナ、一九七六年（*Unended quest*, London：Fontana, 1976.）。現在はルートレッジによって出版されている。

『自我と脳』[訳54]（ジョン・エクルズ卿との共著）ロンドンなど、シュプリンガー・インターナショナル、一九七七年（*The Self and Its Brain*, with Sir John Eccles, London etc.：Springer International, 1977.）。現在はルートレッジによって出版されている。

『認識論の二つの根本問題』T・E・ハンセン編、テュービンゲン、モーア・ジーベック、一九七九年（*Die beiden Grundprobleme der Erkenntnistheorie*, ed. T. E. Hansen, Tübingen：Mohr Siebeck, 1979.）。

『量子論と物理学の分裂』[訳55] W・W・バートリー三世編、ロンドン、ハッチンソン、一九八二年（*Quantum Theory and the Schism in Physics*, ed. W. W. Bartley III, London：Hutchinson, 1982.）。現在はルートレッジによって出版されている。

『開かれた宇宙』[訳56] W・W・バートリー三世編、ロンドン、ハッチンソン、一九八二年（*The Open Universe*, ed. W. W. Bartley III, London：Hutchinson, 1982.）。現在はルートレッジによって出版されている。

『実在論と科学の目的』[訳57] W・W・バートリー三世編、ロンドン、ハッチンソン、一九八三年（*Realism and the Aim of Science*, ed. W. W. Bartley III, London：Hutchinson, 1983.）。現在はルートレッジによって出版されている。

『確定性の世界』(訳58) ブリストル、テムズ、一九九〇年(*A World of Propensities*, Bristol: Thoemmes, 1990.)。

『よりよき世界を求めて』(訳59) ロンドン、ルートレッジ、一九九二年(*In Search of a Better World*, London: Routledge, 1992.)。

『知識と身心問題』M・A・ノットゥルノ編、ロンドン、ルートレッジ、一九九四年(*Knowledge and the Body–Mind Problem*, ed. M. A. Notturno, London: Routledge, 1994.)。

『フレームワークの神話』(訳60) M・A・ノットゥルノ編、ロンドン、ルートレッジ、一九九四年(*The Myth of the Framework*, ed. M. A. Notturno, London: Routledge, 1994.)。

『今世紀の教訓』ロンドン、ルートレッジ、一九九七年(*The Lesson of this Century*, London: Routledge, 1997.)。

『パルメニデスの世界』A・F・ピーターセン編、ヨルゲン・マイヤー助手、ロンドン、ルートレッジ、一九

(訳50) 邦訳『科学的発見の論理』大内義一・森博訳、二分冊、恒星社厚生閣、一九七一年。

(訳51) 邦訳『推測と反駁』藤本隆志・石垣寿郎・森博訳、法政大学出版局、一九八〇年。

(訳52) 邦訳『客観的知識』森博訳、木鐸社、一九七四年。

(訳53) 邦訳『果てしなき探求――知的自伝』森博訳、岩波書店、一九七八年。

(訳54) 邦訳『自我と脳』西脇与作・木村裕訳、二分冊、思索社、一九八六年。

(訳55) 邦訳『量子論と物理学の分裂』小河原誠・蔭山康之・篠崎研二訳、岩波書店、二〇〇三年。

(訳56) 邦訳『開かれた宇宙――非決定論の擁護』小河原誠・蔭山康之訳、岩波書店、一九九九年。

(訳57) 邦訳『実在論と科学の目的』小河原誠・蔭山康之・篠崎研二訳、二分冊、岩波書店、二〇〇二年。

(訳58) 邦訳『確定性の世界』田島裕訳、信山社、一九九五年。

(訳59) 邦訳『よりよき世界を求めて』小河原誠・蔭山康之訳、未来社、一九九五年。

(訳60) 邦訳『フレームワークの神話――科学と合理性の擁護』ナッターノ編、ポパー哲学研究会訳、未来社、一九九八年。

九八年（*The World of Parmenides*, ed. A. F. Petersen with the assistance of Jørgen Mejer, London: Routledge, 1998.）。

『生きることはすべて問題解決である』ロンドン、ルートレッジ、一九九九年（*All Life is Problem Solving*, London: Routledge, 1999.）。

『初期論集（一九二五―一九三六年）』T・E・ハンセン編、テュービンゲン、モーア・ジーベック、二〇〇六年（*Frühe Schriften* (*1925–1936*), ed. T. E. Hansen, Tübingen: Mohr Siebeck, 2006.）。

T・E・ハンセンによる、一九七四年までのポパーの著作の完全な目録は、P・A・シルプ編の『カール・ポパーの哲学』ラ・サル、イリノイ、オープン・コート、一九七四年（P. A. Schilpp ed., *The Philosophy of Karl Popper*, La Salle IL: Open Court, 1974.）に収録されている。簡約版の出版物目録は、『果てしなき探求』の様々な版に収録されていた。二〇〇四年までのポパーの著作の目録は、これにはおびただしい量の二次文献もまた載せられているが、M・ルーベ『カール・R・ポパー、文献目録一九二五－二〇〇四年』、フランクフルト、ピーター・ラング、二〇〇五年（M. Lube, *Karl R. Popper, Bibliographie 1925–2004*, Frankfurt: Peter Lang, 2005.）である。

序章　科学的知識に関するオプティミズム、ペシミズム、プラグマティズム——一九六三年(1)

I

知識の理論は哲学の核心部分を占める。それは、科学哲学のみならず、倫理学、政治哲学、そして芸術の哲学の核心部分さえをも占めている。その原因の少なくとも一部は、われわれが何か主張を正当化しようとするときにはいつでも、われわれの正当化が妥当であるかどうかを考え始めるという事実にあることは、間違いない。このような仕方でわれわれは、われわれの主張、信念、理論、仮説の正当化について考えることへと導かれる。そして、その結果得られる正当化の理論が、知識の理論（もしくは認識論）と呼ばれるものを形成するのである。

大まかに言うと、知識の理論には古代より二つの主要な学派が存在してきた。一つは、正当化の可能性を否定し、それとともにどんな確立された知識をも否定するペシミスト、懐疑論者（あるいは不可知論者）の学派である。他方は、正当化の可能性を信じる人々、すなわち、知識をもち知識に到達することができるというわれわれの主張に正当化を与えることが可能だと信じる人々の学派である。後者を簡単にオプティミストの学派と呼ぶことにしよう。

懐疑論者が知識の可能性を否定する点で間違っているに違いないことは、まったく明白であるように思われる。というのも、科学の圧倒的な成功によって、彼らはしりぞけられるように思われるからである。

懐疑論者に反対するこの論証は、二〇〇年前、ニュートンの理論に言及したカントによって初めて用いられた。そしてこの論証は決定的であると私は考える。この論証はニュートン以前に用いられることはできなかったであろう。なぜなら、ニュートンの成功は、最初の真に顕著な成功——懐疑論者さえをも動揺させる成功だったからである。

この二〇〇年の間に、カントの論証はよりいっそう否定しがたいものとなった。そして、科学的知識の存在から出発するカントの論証をわれわれは利用せざるをえないという事実は、知識の理論を科学的知識の理論へと変容させることに向けて大いに力を発揮する、と私は考える。

カントの論証を利用せざるをえないということで、私が言いたいのは、懐疑論者やペシミストが誤っているに違いないことを示すカントの論証がなければ、明らかにあらゆる点で論争は懐疑論者の勝ちだったであろうということである。

われわれ自身の時代に、知識の理論におけるオプティミストとペシミストの間でかつて行われた論争に対して審判を下すのは難しい。それは、ニュートン、マクスウェル、アインシュタイン以降の今日では、ペシミストが間違っているに違いないことをわれわれは知ってしまっているから、という単純な理由による。それでも、われわれのうちでこの知識を割り引いて考えることができる人なら、懐疑論者の論証がつねに種々のオプティミスト学派の論証にまさっていたことを認めるに違いない、と私は思う。さらには、懐疑論者たちが自身の足場をしっかりと保っていたのに対し、オプティミストたちは、それ自体説得力を欠くと共に相互に両立不可能でもある、数々の怪しげな論証や知識論を展開していた。あるものは素朴であり、またあるものはきわめて精妙で創意に富んでいたが、私の思うに、それらのうちのいかなるものも——おそらくは著者自身を除く——誰に対しても説得的ではなかった。

以上の状況について私が描いた描像はもちろん単純化されすぎてはいるが、しかし、なぜ前世紀の終わりにアメリカで、ペシミストとオプティミストの間での行き詰まりを打開しようとする、新たな科学哲学が現われたかを説明してくれる。私が言おうとしているのは、もちろん、プラグマティズムの哲学である。

この特定の文脈の中で見るなら、プラグマティストの立場を次のように述べることができるであろう。すなわち、科学理論はきわめて成功している道具――予測とテクノロジーの両方のための道具である、と。それでもそれらは道具でしかないのである。

道具には正当化の問題が当てはまらないことは、まったく明らかだ。シャベルや自転車や万年筆を正当化するために論証を生み出すことなどできるはずもない――もちろんよりよいシャベル、自転車、万年筆と、より悪いそれらは存在するけれども。それらのよし悪しは、論証によって正当化されうるものではない。それは単に成功――実践的な成功の問題なのである。

すると、この道具主義的哲学は、懐疑論者ともオプティミストとも異なるが、しかし両者を正当に扱う、第三の立場を採用しようとしたのだ、と言われるかもしれない。

まずはオプティミストの正しい点として、カントの論証が妥当であるということが認められる――つまり、科学が存在し、そしてその成功は重要である。

そしてペシミストの正しい点として、純粋な、あるいは理論的な知識は存在しないこと、そして、純粋に理論的な正当化は存在しないことが認められる。というのも、何らかの理論的ないし論証的正当化というものが本質的であるのは、真に理論的な知識に対してであろうが、そのような知識は、単に実践的、道具的な成功ではなく、純粋に知的な好奇心（そのようなものがあるとして）を満たすことにその価値があるものだ、ということが認められるからである。

それ故、プラグマティストは純粋な知識の不可能性に関して懐疑論者に同意する。しかし彼らは、科学の存在から出発するカント的論証も受け入れることができる。なぜなら、この論証は科学の成功に依拠しており、そして科学の成功が最も顕著で否定しがたいものとなるのは、それが実践的、技術的、道具的なものとなるときだからである。

プラグマティズムに対するいくぶん異なった見方として、こう言われるかもしれない。すなわち、プラグマティズムは単に擬装した懐疑論に他ならない、と。というのも、懐疑論者とオプティミストという二つの陣営の間でのもともとの論争は、純粋な知識、ないし理論的知識に関するものだったからである。道具が大成功することもあれば不成功に終わることもありうるという事実に関しては誰も争っていなかった。それ故、プラグマティズムとは、単にある種の修正された懐疑論でしかない——つまり、近代科学の勃興という、懐疑論者を打ちのめす鞭としてカントによって最初に用いられたものを認めるように修正された懐疑論にすぎない。このようにしてわれわれは、プラグマティズムを懐疑論の一形態として、すなわち、科学の存在を認めるが科学が知識であることを否定する哲学として見るかもしれない。

プラグマティズムをこのように見れば、それがきわめて古くからある説であることに気付く。それは、バークリ主教によって、新たな世俗科学——当時は主としてニュートン理論であった——は知識ではなく、単に道具——計算と予測のための道具——にすぎないことを示すために用いられたものである。そしてそれ以前には、ガリレオに反対するベラルミーノ枢機卿によって、まさに同じ目的で用いられた。言い換えると、この説はもともと科学の勃興に対して敵対的だったのである。実際のところそれは、科学を矮小化しようとする試みであった。科学とは単に大変すばらしい機械仕掛けの細工や、大変素晴らしい配管工事の一種にすぎないことを示すというのが、この説の傾向であった。科学は人間の身体に安楽をもたらすことには役立つかもしれないけれども、人間の精神に対しては何ら伝えるべきものをもたない、というわけである。

私自身は、これはまったくの誤りだと思っている。私がニュートンを賞賛するのは、彼の知的な功績のためである。すなわち、人類史上初めて、われわれは本当にわれわれの生きる世界について何ごとかを知るようになるかもしれないという希望を与えた故に賞賛するのである。そして私がアインシュタインを賞賛するのも類似の理由からである。ついでに言っておくと、アインシュタインはテクノロジーの創造に貢献したが、彼自身はそのテクノロジーにまったく感心していなかった。彼は原子爆弾について、知的功績として見れば些事にすぎないと言いさえしたのである。

私のように、プラグマティズムや道具主義に同意したくない人たちも、当然のことながら、大部分の科学理論が道具であるということ自体は認める。われわれが否定するのは、科学理論が道具でしかないということ――より正確には、科学理論が純粋な理論的知識としての価値をもちえないということである。そしてわれわれは、純粋科学者が探求するのは単に有用性ではなく真理である、という古めかしいテーゼを断固主張する。

偉大なるプラグマティストであるウィリアム・ジェイムズは、この最後の意見をある程度予見していた。というのも彼は、真理（そしてとりわけ科学理論の真理）とは有用性であると提案することによって、この意見に応えようと試みたからである。しかし、プラグマティストでさえ、全員が「真理は有用性に等しい」というジェームズ的同一視を受け入れたわけではなかった。そして私は、アルフレッド・タルスキ（訳1）によって展開された真理の理論は、真理という観念に関する多くの懐疑論的疑念を一掃した、と考えている。タルスキが行ったのは、ある言明や理論が真であるのはそれが事実と対応するときである、という常識的な見解を放棄する理由はないことを示すということであった。加えて彼は、ある言明について、それが事実と対応すると言われる場合に何が意味されうるのかについて分析を与えた。

（訳1）Alfred Tarski（1901–1983）ポーランド生まれの論理学者、数学者。とくに「真理」概念の分析で知られる。

タルスキの理論のおかげで、私は無意味なことばを用いるのではないかと恐れることなく、純粋科学は、力や技術的成功ではなく、真理を目指している、あるいは目指すべきであると言うことができる。

しかし、私がこのようにプラグマティズムや道具主義に同意しないとすると、解決すべき深刻な問題を抱えることになる。というのも、知識の問題に対するプラグマティズムの答えを退けるならば、懐疑論者とオプティミストの間での古い論争へと再び滑り落ちることをどうやって回避すればよいのだろうか。

オプティミズムとペシミズムの中間に位置する第三の立場を探し求めなければならないという点で、私はプラグマティストに同意する。しかし、われわれの新たな「第三の見解」が、プラグマティストの「第三の見解」と比べて、オプティミズムよりもペシミズムからより遠く離れていなければならないであろうということは明らかだ。

というのも、私はこれから、純粋に理論的な知識、すなわち真理を目指す知識が存在する、と主張しなければならないからである。さらに私は、この純粋に理論的な知識は進歩する、とさえ主張しなければならない。加えて、私は、それは合理的な知識であるということまで主張するつもりである。この主張は、私の見解が懐疑論者やプラグマティストの見解といかに異なるかを示すものである。

他方で、私の見解は、オプティミストの見解とも大きく異なる。というのは、われわれは真なる理論を目指すべきだ、と私は主張するけれども、われわれがそのことに成功してきたとか、あるいは成功するであろうとは主張しないからである。ニュートンはケプラーよりも真理に近づいたと主張できるとしても、真なる理論を見出すことに成功したかというと、最も控え目に言っても、きわめて疑わしい。アインシュタインは、一般相対性理論が真であると主張することさえしなかった。しかし彼は、それが真理に対するよりよい近似であるという点で、ニュートン理論に対する進歩であるとは主張した。

ここで、私が懐疑論とオプティミズムに対して提起しようとしている見解の定式化を試みよう。

1　ペシミストとオプティミストは両者ともに、少なくとも次のことでは同意していた。すなわち、知識の理論の中心問題は正当化の問題であること、あるいはより正確には、われわれの信念や理論のあるものが真だという主張の合理的正当化の問題である、ということである。

　この定式化は誤りであるように思われる。この意味で正当化できないような、純粋に理論的な科学的知識が存在しうる、と私は主張する。すなわち、それが真であるという主張をわれわれは正当化することができないのである。われわれにできる最良のこと――それすらわれわれはいつでもできるわけではないのだが――は以下のことである。すなわち、批判的議論の探求に照らして、問題の理論が、これまでのところ競合者よりも真理により接近しているとか、あるいは真理へのよりよい近似であるように思われるという意味で、すべての競合理論よりも選好されると指摘することである。きわめて順調なケースでは、批判的議論と最も厳重なテストに照らして、われわれは問題の理論が偽であると考えるべきいかなる理由も見出さなかった、ということを付け加えることができるかもしれない。

2　真であるという主張の正当化を放棄することにおいて、われわれは明らかにペシミスト、懐疑論者側についている。しかし、ペシミストともオプティミストとも違って、われわれは、正当化問題が知識の問題と同じものであるという見解を受け入れない。

3　オプティミストと同様、われわれは、ニュートン理論やその他の科学理論の成功が、懐疑論は誤りであるという事実を確立する、というカントの論証を受け入れる。しかし、このことは、知識をもっているというわれわれの主張に対する何らかの積極的な正当化が存在していなければならないことを示している、というオプティミストの見解を受け入れない。反対にわれわれは、ある理論を支持するために、その理論が徹底的に批判されテストされてきたものであり、そしてこれまでのところすべての批判やテストに耐えてきたという以上のことは主張できない、と断言する。しかしこのことは、明日にもその理論が退けられるようなことはない、ということを意味しないのである。

4 ある理論の批判はすべてそれをしりぞけようとする試みである。どうやってしりぞけるかというと、その理論が事実と対応しないことを示すか、あるいは、その理論が解決すると主張する問題を解決していないことを示すか、あるいはまた、その理論が競合理論のうちのあるものより劣ることを示すことによってである。問題の理論が競合理論より劣る理由となるのは、たとえばその理論が、競合理論が解決するのと同じだけ多くの問題を解決しないとか、もしくは、競合理論が解決しうる問題のいくつかを単に他の問題に置き換えているだけである、といったことである。

5 科学は、その語の最良にして最も明白な意味において「合理的」と呼ばれうる。すなわち、それは絶えず批判、すなわち合理的な批判的議論を受ける。

6 実験的ないし観察的テストのようなテストは、この合理的な批判的議論の一部をなす。

7 批判的議論は主として、競合する諸理論の相対的な利点を評価する試みからなる。それらのうち、どれがより大きな説明力をもつか、どれがよりよくテストすることができて、そして実際にテストによりよく耐えてきたか、要するにどれが真理により接近しているように見えるかを評価する。

簡潔に言えば、これが知識の理論に関して私が採用する見解である。それは、知識――科学的知識――は不安定で、成長中で、批判的なものであり、そしてつねに試験的で仮説的であると信じることを含んでいる。それは真理を追い求め、真理により接近しようと試みるが、真理に到達したと主張したり、あるいはその主張を正当化しようとしたりすることはない。

II

次に私はまったく別の問題へと向かう。この非-正当化主義的な知識理論は、科学の方法の分析に影響を及ぼすだろうか。そしてもし影響を及ぼすとしたら、どんな違いをもたらすだろうか。

それは非常に重大な違いをもたらす。そのことを示すために、まずは、科学の方法論に対して、オプティミスト、懐疑論者、プラグマティストがとる主な態度を簡潔に記述しておこう。

オプティミスト——あるいは少なくとも経験主義派のオプティミスト——が信じるところでは、科学の方法は、観察的及び実験的証拠を収集することと、そしてそこから反復による一般化ないし帰納によって理論へと進むことに存する。

懐疑論者は、一般化や帰納は妥当でないと主張する。ヒュームによれば、どれだけたくさん白いスワンを観察しても、すべてのスワンが白いことを証明したり、蓋然的にしたりすることはできないのである。

しかしヒュームは、動物や人は反復によって、すなわち帰納によって、習慣を形成する傾向にあると信じた。帰納は妥当でないからこれは完全に非合理な手続きである、と彼は強調した。が、他方で彼は、帰納による習慣形成というこの非合理な手続きは、いかなる合理的な手続きよりもうまくはたらいているように見えることを指摘した。この議論によって、彼は非合理主義の祖父となった。

現代のプラグマティスト——あるいは少なくともそれらのうちのある人たち——は、両方を手に入れようと試みる。

彼らは、帰納は妥当でないという点でヒュームに同意するが、しかし、「妥当でない」という語がここで意味するのは、「演繹的論理の推論が妥当であるという意味では、妥当ではない」ということだけだ、と言う。そして彼らが言うには、それは当たり前のことなのである。

彼らはまた、帰納——あるいは彼らの好む呼び方では、「帰納的手続き」——が、われわれのもつ最良にして最も成功している方法であると信じる点でも、ヒュームに同意する。そして彼らは今度は次のように論じる。すなわち、帰納的手続きが成功しているのならば、そのことが意味するのは、これらの手続きがその語のある意味において「妥当」と呼ばれうるということだ、と。確かに、演繹が「妥当」と呼ばれる意味では、それらは妥当ではない。しかし、妥当性の基準——彼らが言うには——は成功より他にないのである。

ウィリアム・ジェイムズが、真理——理論の真理——を成功や有用性と同一視すべきだと提案したことが思い出されるであろう。現代における彼の末裔は、妥当性——論証の妥当性——を有用性や成功と同一視する。類似は顕著である。

しかし本当のところ私は、ジェイムズの現代の末裔たちは、妥当性を成功や有用性と申し立てられているものと同一視する、と言うべきであった。というのは、科学において「帰納的手続き」が用いられているということも、またそれが成功しているということも、私が信じるに、まったくの神話にすぎないからだ。科学者も、非－科学者も、そして動物でさえも、別のやり方をしているのである[2]。

帰納に関するこの見解に対する最も重要な批判は、演繹的妥当性と帰納的妥当性とのアナロジーとされているものが成り立たないことである。この見解は、演繹的妥当性が基づくのは、規約か実践的成功か、あるいは何らかの還元不可能な直観のいずれかである、という誤った理論を前提している。しかし実際には、演繹的推論が形式的に妥当であるのは、いかなる反例も存在しないとき、かつそのときに限る。「反例」ということでここで意味されているのは、問題の推論と同じ論理形式をもつが、前提が真で結論が偽であるような推論である。それ故、反例が存在しないことは、（前提がすべて真である場合）前提から結論へ真理が伝播することを保証し、そして（結論が偽である場合）結論から前提の少なくとも一つへ偽が遡って伝播することを保証する。

これが、妥当な演繹的推論が理論的および実践的に重要である唯一の理由である。その重要性は、ある種の推論を妥当であるとみなす（事実上）恣意的な規約にあるのでも、演繹的妥当性の実践的成功にあるのでも、その直観的な説得力にあるのでもない。したがって、演繹的な妥当性と、帰納的推論の妥当性とされているものとの間に成り立つと言われる類比は、支持することができない。

Ⅲ

私が確立しようとしている、オプティミズムとペシミズムの中間にある立場は、以下のように手短に記述できるだろう。

私は、任意の特定の理論や主張が真であるという主張に対する正当化は存在しないという点では、ペシミストに同意する。それ故、科学的知識についての主張も含めて、何事かを知っているといういかなる主張の正当化も存在しない。しかし、このことは、科学的知識も含め、すべての知識が仮説的で推測的だということを意味するにすぎない。知識は不確実で可謬的である。このことが、すべての主張は他の任意の競合する主張と同じだけよいものであるということを意味しないのは、確かである。というのも、われわれは、様々な競合する主張、推測について批判的に議論することができるからである。そして批判的議論の結果、われわれは、競合する推測の中のあるものが他のものよりもよりよいことを見出すのである。

したがって、私は、われわれの知識が成長し進歩しうるという点では、オプティミストに同意する。というのも、批判的議論の評決が、ある推測を他の推測より高く順位づけるときに、われわれがその評決を正当化することができる場合もあるからだ。

この種の評決はつねに、真理への接近という観点から、われわれの推測や理論を評価する。われわれは、ある理論が真であるといういかなる主張も正当化できないけれども、ある理論が別の理論よりもよりよいと主張する、あるいは、すべての競合理論と比べてよりよいとさえ主張する、十分な理由を与えることができるときはある。この仕方で、われわれの知識は成長できるし、科学は進歩しうるのである。(3)

注

（1） 一九六三年二月二八日、プリンストン大学で行われたファーナム講演「科学的知識の問題」の第一部。［ポパー・アーカイブ5-2からのものであるが、「最終稿への訂正」からの論点を加えている。この種類の括弧内の文章は、編者によって加えられたものである。］

（2） ［この注に続くテキストの文章は、もとの講義の一部ではなかったかのように見えることだろう。二つのパラグラフの初めで「しかし」を繰り返すことを避けるため、この注に続くパラグラフの初めの「しかし」を削除した。］

（3） ［テキストでは、この後に一つの短いパラグラフが続いていた。「そうであることを示す試みは、先の講義において与えられた。」そしてさらに今度はそれに、以下のような注がつけられていた。「ここで活字にされた最後の一文は、私のプリンストン講義の第二部（この講義の主要な部分）の代わりとなっている。私がここでそれを活字にしなかったのは、本書の第一講義（とそしてまた最終講義）の中でその問題がより完全な形で扱われているからである」。この後者の言及は、計画された論文集に関するもので、その論文集は、一九六六年にデイヴィッド・ミラーとともにポパーが作業に着手したものである。ポパー・アーカイブ6-8のその目次のバージョンを見ると、第一講義は、「科学――問題、目的、責任」で、最終講義は「モデル、道具、真理」であった。これらはいずれも現在、ポパーの『フレームワークの神話』（*The Myth of the Framework*, London and New York : Routledge, 1994.）に収められている。もとの講義については、ここで再現された以上のものは何も存在していないようである。］

第Ⅰ部　オーストリアの思い出

第1章　ユーリウス・クラフト　一八九八－一九六〇——一九六二年[1]

哲学者を賞賛するのはたやすい。哲学者の業績の内実や意義を、自他に明らかにするのは難しい。（ユーリウス・クラフト）[2]

『ラチオ』の発起人であるユーリウス・クラフトは、一九六〇年の一二月二九日に心臓発作で死去した。イエール大学でのアメリカ哲学会の会合からの帰路でのことだった。

ユーリウス・クラフトは、ドイツのハノーファー近くの、ヴンストルフで、一八九八年一〇月二三日に生まれた。彼の両親は非常に教養のある人物で、芸術、文学、音楽に大いに関心をもっていた。彼ら一家は深い家族愛でつながれていたが、ユーリウスと彼より数年若い妹との仲は、とくにそうであった。家族皆が才能に恵まれ、裕福な環境にあり、幸福で実り豊かな人生を期待できる一家だと思えた。しかし、国家社会主義が、こうした期待をぶち壊した。ユーリウスのみが、困難との闘いと大いなる悲劇を経た後、晩年に、そのような望みを実現した。だが、死が彼をまさに彼の絶頂期に、こつぜんと襲った。彼が、自らの成果や功労を振り返ることができただけでなく、彼の影響力が確かにあったことを自覚することができたまさにそのときに。

第一次世界大戦で、若いクラフトは学問の中断を余儀なくされた。ドイツ帝国軍に身を置くに勝るひどいことなど、この世の誰も経験しえないであろう。何年かしてやっと彼は、そうした恐ろしい経験をいくつか語ってくれた。そのような経験は、彼の確信、すなわち、既存の社会秩序の節度はもちろん、その合理性をも疑う理由があるという確信、また、当時の彼の国家の社会生活や政治活動はまったく芯まで腐っており、改良が急務であるという確信の土台となった。

戦争から帰還し、クラフトはゲッティンゲン大学の法学部で研究を仕上げ、一九二二年に、「法学博士」として課程を修了した。

その約二年前に、彼の人生できわめて重要な一つの出来事が起こった。レオナルト・ネルゾン(訳1)との出会いである。そのことを、彼は、レオナルト・ネルゾンに学んだ人々の手による追悼論集に寄稿した小論で述べている(3)。

私は未熟な学生であったが、法学部の講義に不満であった。というのも、そこでは、言葉だけの概念上の曲芸や、絶え間ない特別訴答が行われていたからである。ところが、そんな私がほとんど偶然に、ネルゾンの倫理学の講義に出席することになった。彼は、善そのものと善についてのもろもろの意見との違いを明らかにすることだけに携わっていた。私は、彼の分析が私に与えた印象を決して忘れることはないだろう。私は、すさまじい自然の力――地震――に直面したかのように感じた。

クラフトは、哲学の勉強を始め、ネルゾンの弟子となり、一九二四年に、二つ目となる哲学博士の学位を取得した。法哲学や社会哲学の分野では、クラフトは、ネルゾンの最も有力で独創的な弟子であったと思う。ネルゾンについては、彼の『倫理学の体系』に関するブランド・ブランシャード(訳2)の書評中(4)に優れた小論を見つけることができるのではあるが、ここで、英語圏の読者のためにネルゾンについて簡単に説明しておく必要があるだろう。けれども、私は、ただ部外者としての印象を述べることができるだけだということもはっきりさせておかねばなるまい。というのも、私は、ネルゾンに会う幸運に恵まれなかったからだ。また、私は、彼の最も傑出した五、六人の教え子たちを知っており、実際に会ってもいるのだが、[5]私が彼や彼のいた大学について知るのは、ただ彼やその教え子たちが出版した著書や論文や、私がユーリウス・クラフトについて学んだ情報によるのだからである。

レオナルト・ネルゾン（一八八二－一九二七）は、一九〇九年から彼の死までの間、ゲッティンゲン大学で講師になり、後に教授に就任した。彼は比類なき業績のもち主だった。彼の書くものはどんなものであれ、明晰で誠実であるだけでなく、独創的でまことに緊急性のあるものだというのが特徴であった。クラフトは一九五三年に書いている。「ネルゾンがこれまでに書いたものはすべて、建設的なものであれ、論争的なものであれ、いずれもが否応なしに賞賛を迫る力をもつのが特徴だった」[6]、と。ネルゾンが亡くなったのは、わずか四五歳のときのことだったが、彼の著作は、約六〇〇〇ページにも及んだ。とはいえ、それは、彼の業績のせいぜい半分に相当するにすぎない。というのも、彼はまた偉大な教師でもあったからである。彼は、学派だけでなく、生き方の創始者でもあった。

第一次世界大戦までは、ネルゾンの著作のほとんどは、知識論についてのものや、非ユークリッド幾何学（彼はダフィット・ヒルベルト[訳3]の親しい友人だった）や、ラッセル[訳4]やブラリ＝フォルティ[訳5]のパラドックスのような話題についてのものだった。しかし、一九一四年以後、彼の仕事は、政治、法律、倫理、教育についての問題に集中した。第一次世界大戦の初期の頃から、彼は、国際連合ないし連盟といったカント[訳6]の考え方（法、正義、道徳原理を

（訳1）Leonard Nelson（1882–1927）既出。
（訳2）Percy Brand Blanshard（1892–1987）理性を擁護したことで知られるアメリカの哲学者。
（訳3）David Hilbert（1862–1943）数学基礎論における形式主義の立場で知られるドイツの数学者。現代数学の父と呼ばれる。

基にした国際秩序）を復活させ、ナショナリズムに反対する著述活動を行った。一九一七年には、彼は、戦争捕虜の扱いや大学の国際的義務のような話題について論じた。これと同じような活動を行った者が、当時のドイツの大学界に多くいたとは、私は思わない。とはいえ、F・W・フェルスター[訳7]、G・F・ニコライ[訳8]、アルバート・アインシュタイン[訳9]のような、彼と同じように、同じ意図をもって勇敢に活動したドイツの大学教員が、三、四人はいたということは、忘れられるべきではない。

ネルゾンの教えた倫理学や政治学、そして教え子への彼の無類の影響は、このような時代を背景に、理解されねばなるまい。それは、ネルゾンの死から二六年後にクラフトに書かせた。「ネルゾンの著作が物語る彼の心の明晰さ、そして、彼が教え子に抱かせた精神的な勇敢さ、これらは、いまでも燃え上がろうと火花を発している」[7]、と。

ネルゾンと同じく、クラフトも生まれながらの戦士ではなかった。しかし、ネルゾンの他の教え子のように、彼もまた、絶望に近いときでも、決して尻込みしない戦士になった。ネルゾンにならって、彼も、真理という観念と人間の理性の再構築のために闘う戦士となったのである。

クラフトはネルゾンの教えに忠実であり続けたが、彼は教義的に独断的なネルゾン主義者では決してなかった。教義的に独断的なネルゾン主義者なるものは、私の知る限り、決して存在しなかった。そして、このことは、ネルゾンは宗教の創始者と評されてもよいという事実があるにもかかわらず、言えることである。とはいえ、その宗教とは、批判的な推理力、すなわち、個人が批判的に自らを拠り所とすることを力説するものであり、個人の責務や尊厳、自由に重きを置く宗教である。その結果、ネルゾン追悼論集の中のいくつかの論文（とくに、グレーテ・ヘンリー・ハーマン[訳10]とパウル・ベルナイス[訳11]のもの）は、ネルゾンの土台となる倫理的・認識論的見解を批判的に修正するものと評されるであろう。また、それ以外のネルゾンに忠実な弟子の論文（たとえば、L・グリュンバウム[訳12]『総合国家学雑誌』一九五一年、一〇七頁のようなもの）の中にも、ネルゾンの中核となる政治理論に対して直接批判するものがある。[8] しかし、このような批判的態度が宗派分裂に至ることなど決してなかった。そこには教養など存在しない。あるのは、道理をわきまえ知的責任をもつという一般的な態度だけだった。このことが、なぜクラフトが、ネルゾンの忠実な弟子でありながら、彼自身の哲学的独自性や批判的態度を損

（訳4） Bertrand Arthur William Russell（1872–1970）イギリスの論理学者、哲学者、社会活動家。記号論理学や数学基礎論から出発し、後の分析哲学の流れに大きな影響を与えた幅広い研究で知られる。反戦・反核・平和運動などの社会活動も行い、一九五〇年にノーベル文学賞を受賞。

（訳5） Cesare Burali–Forti（1861–1931）イタリアの数学者。集合論におけるパラドックスの一つである「ブラリ＝フォルティのパラドックス」を発見したことで知られる。

（訳6） Immanuel Kant（1724–1804）「批判哲学」を打ち出したことで知られる、近代ドイツ哲学を代表する哲学者。主著に『純粋理性批判』（*Kritik der reinen Vernunft*, 1781.）。他に「啓蒙とは何か」（Beantwortung der Frage : Was ist Aufklärung, 1784.）などがある。ここではカントの著作である『永遠平和のために』（*Zum ewigen Frieden*, 1795.）が念頭に置かれている。

（訳7） Friedrich Wilhelm Foerster（1869–1966）ドイツの教育者、哲学者、平和主義者。ナチズムに反対したことで知られる。

（訳8） Georg Friedrich Nicolai（1874–1964）ドイツの生理学者。

（訳9） Albert Einstein（1879–1955）ドイツ生まれの二〇世紀を代表する理論物理学者。とくに特殊相対性理論や一般相対性理論の業績で知られ、一九二一年にはノーベル物理学賞を受賞したが、量子力学に対しては「神はサイコロを振らない」と懐疑的な立場をとった。

（訳10） Grete Henry–Hermann（1901–1984）ドイツの数学者、哲学者。

（訳11） Paul Bernays（1888–1977）スイスの論理学者、数学者。ヒルベルトの助手を務める。

（訳12） L. H.Grunebaum（1899–1985?）レオナルト・ネルゾンの教え子として知られる哲学者。著書に『現代人のための哲学』（*Philosophy for Modern Man*, 1970.）がある。

なう危険にさらされることなく、知的にネルゾンに依存するのを回避しえたのかを説明する。

二つ目の博士号（哲学の）を取得した後に、クラフトは、一九二四年に、ウィーンを訪れ、新カント派の大家であり、政治学者で法哲学者のハンス・ケルゼン(訳13)のもとで研究を始めた。私がはじめて彼に会ったのは、そのときのことである。それまでの数年間、私は哲学の勉強をしてはいたのだが、哲学教師、すなわち、その科目の深い知識をもつ人に、個人的にはまったく接触していなかった。私が彼に最初に会ったとき、彼は、すぐに私自身とその考えに心から興味を示してくれた。彼は、素晴らしい教師で、様々な問題について快く議論してくれた。議論は、何時間も、何日も、そして、夜な夜な続いた。それは、また、押しつけがましいものでなく、つねに対等な関係のものだった。彼は二つの博士号や自らの名義での重要な出版物を複数もっていたが、私にはそのようなものが何もなかったのにもかかわらず、そのように接してくれたのである。彼の主な関心は、つねに当時論争中の問題であった。しかし、それと同時に、彼は、意見を交換し合う人物そのものに、それが誰であれ強い関心を抱いていたのはきわめて明白であった。実際、彼について、ネルゾンとほとんど同じほどだと言ってよいであろう。白昼にランプに灯をともしてまで懸命に人を求めていたディオゲネス(訳14)のように。このような姿勢が彼から消えることは決してなかった。そして、彼は、自分の学生や、また彼らの考え方、感じ方に暖かい関心をもち続けただけでなく、より広く人間自体に暖かい関心を抱いていた。

私が彼に引かれたもう一つのことは、彼が音楽、とくにベートーベンとバッハの音楽に情熱を燃やしていたことだ。彼は華麗なピアニストで、自らの技能を向上させようとするのをやめなかった。私が思い出すのは、二人が出会って最初の頃に、彼もまたブラームス(訳15)やマックス・レーガー(訳16)を非常に好んでいたことや、彼は、技術的に非常に難しい作品である、レーガーの、オルガン・フーガやバッハの主題による変奏曲を練習していたことだ。

ケルゼン主催の有名なセミナーで、クラフトには何人かの敵ができた。そこには、彼の断固とした合理主義に我慢がならない哲学者たちがいた。――クラフトは、ヘーゲル主義やマルクス主義の弁証法や実証主義、またとくに、フッサール(訳17)の現象学をあからさまに批判していた。――しかし、彼にはまた生涯の友人もできた。ケルゼン自身もそういう友人の一人である。また、彼は、そこで、才気あふれるケルゼンの教え子と出会った。数年後、彼女は、クラフトの妻となった。

当時のクラフトの出版物は、もっぱら刑法や刑罰論を含む法哲学の分野のものだった。それは、彼が最初の学位論文（彼の法学での学位のテーマ）で身をささげた分野である。彼は、これらが自らの専門分野だと感じてはいたが、彼はまた、それ以上に、より深く哲学の根本問題に関心があった。また、彼は、カントの三批判書、とくに第一批判(訳18)を研究し、そこに見られる問題について深く考え続けていた。カントのアンチノミーの解決や「超越論的観念論」は、クラフトの哲学的な試みの主な拠りどころであり、ひらめきの素だった。それは、フリース(訳19)や

（訳13）Hans Kelsen（1881–1973）プラハ生まれ、オーストリア出身の公法学者、国際法学者。『一般国家学』（*Allgemeine Staatslehre*, 1925.）、『純粋法学』（*Reine Rechtslehre*, 1934.）などを著した。

（訳14）Diogenēs〈Sinope〉（400/390 B. C. –328/323 B.C.）キュニコス（犬儒学）派の創始者であるアンティステネスの弟子。禁欲・自足・社会的慣習の否定といった同派の思想を実践し、物乞いをしながら、樽の中で生活を送ったとされる。白昼にランプに火をともして、「ぼくは人間を探しているのだ」と言ったという逸話がある。

（訳15）Johannes Brahms（1833–1897）ドイツ生まれの作曲家、ピアニスト、指揮者。

（訳16）Max Reger（1873–1916）ドイツ生まれの作曲家、オルガン奏者、ピアニスト、指揮者。

（訳17）Edmund Husserl（1859–1938）現象学の創始者として知られ、旧オーストリア帝国生まれのドイツで活躍した哲学者。

（訳18）カントの「三批判書」と総称される著作、『純粋理性批判』（*Kritik der reinen Vernunft*, 1781 and 1787.）、『実践理性批判』（*Kritik der praktischen Vernunft*, 1788.）、『判断力批判』（*Kritik der Urteilskraft*, 1790.）は、順に、第一批判、第二批判、第三批判と、しばしば略称される。

（訳19）Jakob Friedrich Fries（1773–1843）既出。

ネルゾンによる批判の試み以上にそうであった。

　このようなクラフトの認識論や純粋哲学への関心は、しだいに大きくなっていった。クラフトは、社会科学の方法論はもちろん、法社会学に関係のある問題——彼の一九三二年以前のすべての出版物やその後の多くのものにつぎ込まれた話題——に関心をもつことを決してやめなかったのだが、彼は、心の奥底では疑いなく「純粋」哲学者だった。

　たとえば、私が彼と交わした様々な議論の中でもそのほとんどが、認識論上の問題だった。そこで議論された問題は、ときには倫理的あるいは政治的な問題が忍び込むこともあったとはいえ、とくにカントやフリースによって提起された問題に関するものであった。私たちは、社会の緊急な改良が必要だと確信する点で意見が一致していた。そのとき、オーストリアは、おそらくドイツよりもなおいっそう内戦状態の時期にあったが、その闘いは冷たいものであるばかりか、熱いものでもあった。というのも、イタリアでのファシズムの勝利によって、オーストリアでも同じような運動が大いに勢いを増したからである。このような状況にあって、われわれがともに感じたのは、ファシストに抵抗を示す唯一の集団である共産主義者を考慮に入れないなら、社会民主主義者を支持しなければならない、ということだった。ところが一方で、社会民主党の政治理論（その理論は、マルクス主義だった）は、維持できないものであり、イタリアで起こったように、重度の政治危機に至るのを免れないということを、われわれは、二人が会う何年も前から、確信していた。そのようなわけで、われわれの議論は、ときにマルクス批判に及ぶこともあった。しかし、この点について、われわれは概ね意見が一致していたので、そんなに多くの時間が割かれることもなかった。われわれの主な争点であり、二人が会うたびに最も多くの時間を費やしたのは、ア・プリオリに妥当な総合命題（あるいは、判断）が「存在」するかどうかとか、その「妥当可能な様式はどんなものか」という問題であった。もちろん、カントがそのような命題の存在を示すのに成功したか否かという問いが、中心的な問題であった（それに関連して、フリースの心理学的演繹が、カントの超越論的演繹に対する決定的な改善策であるのかどうかという附随的問題もあった）。また、第二の主要な問題は、ヒューム流の懐疑論や実証主義を回避する（われわれは回避しようとともに望んでいた）ために、ア・プリオリに妥当な総合命題が本当に必要なのかどうかということだった。このような二つの主要な問題点について、われわれは、根本的に意見を異にした。そして、クラフトがウィーンを離れ、フランクフルト・アム・マインに移り住んだ後でも、私は、この話題に関する長編の論文を彼に送り続けたのだが、私もまた長文の回答を受け取り続けた。われわれのどちらも、相手を一度も納得させることはなかった。とはいえ、相手の反論の重大さを疑うこともなかった。私の立場に対するクラフトの主な反論は、私の立場は、私が望んでいようがいまいが（まったくもって、そうは望んではいなかったのだが）、われわれは客観的真理をあきらめるべきだということを含意する、というものであった。それは、私が、数年後に真理の対応説に対するタルスキ[訳20]の説明に出会うまでは[9]、満足に回答することができないと感じていた反論であった。

これに反して、クラフトは、実際に、カント的な「演繹」も、フリース的な「演繹」も、そのままでは妥当ではないと、手紙の中で認めていた。にもかかわらず、彼は、このような困難を克服する方法が見出されうることをなおも望んでいたのである。

われわれは、二〇年以上もの間、哲学的には対立していたが、それによって、二人の個人的な関係に影響が及ぶことはなく、また、思想家として互いに敬意を払い合うことにも影響はなかった。このような二人の関係は、互いに消息が分からなくなる、第二次世界大戦の六年の期間をも越え、もちこたえた。最初にクラフトについてふたたび伝え聞いたのは、一九四六年のことで、私の『開かれた社会』への彼の感動的な書評記事を通じてであった。その書評は、残念ながら、（われわれの間で昔から論争が続けられていた）より批判的な数箇所が削除され

（訳20）Alfred Tarski（1901–1983）既出。

ているのだが、編集者がその箇所を週刊誌には少々難解すぎると考えたのも無理はないものである[10]。

さて、一九二〇年代に話を戻そう。クラフトは、フランクフルト大学に在籍する社会学者、経済学者、政治学者のフランツ・オッペンハイマー[訳21]教授の助手の地位に就くため、一九二五年に、ウィーンを後にした。一九二八年に、彼は、法社会学史に関するテーマ（大学教授資格論文）が認められ、同大学で私講師（講師あるいは助教に相当する）[訳22]に任命された。

このような研究成果は決して出版されなかったらしいのだが、クラフトは、その就任のときには、二つの博士論文とは別に、少なくとも八つひょっとすると一〇もの重要な出版物を彼名義で著し、また、オッペンハイマーの助手として、教職を経験していた。このことは、講師の地位には、高い水準が要求されたことをあるいは示しているかもしれないが、しかし、むしろ、まさに当時のナチス以前の時代ですら、大学で職を得ようとするユダヤ系のすべての者に立ちはだかった特有の困難を示していると、私は思う。

フランクフルト大学に在籍中のクラフトの出版物は、引き続き、主に哲学や法学、社会科学の方法論の分野のものだった。これらの出版物の中で、現象学的法哲学に関する著作[11]は、とくに重要である。というのも、その著作は、フッサールとシェーラー[訳23]の現象学的哲学についての非常に周到な研究だからであり、また、その研究は、そもそもこの著作のために着手されたものであり、それによって、クラフトは、自身の最も重要な著書のうちのひとつを生むに至ったからである。その著作とは、『フッサールからハイデガーへ——現象学的哲学批判』[12]である。

既にヒトラー[訳24]の突撃隊によって弾圧されていたドイツにおいて（その恐怖政治はまだ合法化されていなかったとはいえ）、ハイデガーに対立する著書を出版することは、著者や出版社にとっては、勇気のある行動だった。そして、最初にはその本の出版を認めた出版社が、その後、政治的理由から出版を御免こうむったのを、私はおぼえている。それはすこしも不思議ではない。なぜなら、クラフトは、控えめになど言わなかったのだからである。

しかし、その著書は純粋な哲学研究である。その論点は、簡潔であるばかりか、心に響くものである。カントの批判的合理主義の観点からすると、あらゆる推理は、直観的というよりもむしろ推論を重ねる形のものとなる。したがって、カントによれば、知的直観（すなわち、数学的直観以外の直観）のようなものは存在せず、知的に直観されるものは真であるという意味での真正な知識の源泉など存在しないことになる。このようなことは、一部は、デカルト派の古典的合理主義に対するカント的反論の基礎であった。しかし、カントは、彼の「後継者」（ヘルダー[訳25]やフィヒテ[訳26]）を批判できるほどに長生きし、彼らの主張に対してもっとよりいっそう強く自分の主張を表明している。

　このことを、クラフトは、われわれに思い起こさせる。また、彼は、カントの議論から、次のような重要な帰結（『フッサールからハイデガーへ』一四六頁、傍点は筆者による）[13]を引き出している。「直観主義哲学者は、権威主義の哲学者である」と。


（訳21）Franz Oppenheimer（1864–1943）ドイツの社会学者、政治経済学者。

（訳22）当時のドイツの大学にあった身分で、博士号取得後、ハビリタツィオーン（教授資格試験）に合格した者が聴講料を受け取り、講義を行った。国家の官吏であった教授、准教授とは身分が異なった。

（訳23）Max Scheler（1874–1928）ドイツの哲学者。現象学の影響の下で、「実質的価値倫理学」を提唱し、「哲学的人間学」を構想したことで知られる。

（訳24）Adolf Hitler（1889–1945）オーストリア生まれのドイツの政治家。国家社会主義ドイツ労働者党（ナチス）の党首として、一九三三年の政権掌握の後、国内では独裁政治を行い対外的には侵略戦争を進めていった。

（訳25）Johann Gottfried Herder（1744–1803）近代の言語学や美学などに影響を与えたドイツの哲学者、文学者。ケーニヒスベルク大学でカントの講義を受講した。

（訳26）Johann Gottlieb Fichte（1762–1814）カント哲学に強い影響を受けた、ドイツ観念論の代表的哲学者。「知識学」の構想で知られる。

エトムント・フッサールやM・F・シェーラーからフッサールの弟子であるマルティン・ハイデガー(訳27)へと至る進展を物語る際に、クラフトが適用したのが、まさに上記の簡潔だが、基本的な帰結である。

クラフトは、フッサールが次のような思想家である限りでは、最大の敬意を表して扱っている。つまり、フッサールが、哲学は学問の地位を主張しうるような、そのような哲学をたいそう深刻に探究する思想家であるばかりでなく、当時の支配的な哲学的潮流、とくに「真理は相対的である」という考え方に対して、断固として闘う思想家でもあったという限りでは。しかし、クラフトは、フッサールが言うところの哲学的方法、すなわちフッサールの考えでは、ほぼ無尽蔵にある哲学的真理の宝庫への鍵をわれわれに提供するであろう哲学的方法の発見を批判した。

（ことによると、われわれは、次のことを反省するために、ここで少しの間立ち止まってみるとよいのかもしれない。それは、一九、二〇世紀に支配的であった哲学上の流行――ヘーゲル主義、現象学、実存主義、言語分析――についてであり、また、これらの主張のどれをとっても、その支持者に、哲学的「方法」――それは、複数の哲学的な成果へと至るもので、多くの信奉者を魅了した――の獲得を約束しうるとする哲学であったという事実についてである。これらの哲学のどれもが、問題を解決しようと試みなかった。その代わりに、彼らは、習得することが可能であるような、したがって、広く応用されるように思われた、「技術」を発達させていたのである）。

フッサールの方法は、知的な本質直観（Wesensschau）である。それは、根本的に「還元の方法」からなる技術である。すなわち、それは、単なる条件文（Annahmen）によって置き換えられるような、存在論的なあらゆる判断を消去するものである。「いまや、哲学者は、惑星や、物理的あるいは心的な生命、自然法則や道徳原理、あるいは、美しいものや神などが存在するなどとは、もはや主張しない。そうではなく、哲学者は、これらの対象が存在するか否かを、未決定なままにするのである」（『フッサールからハイデガーへ』二六頁）。これによって、哲学者は、これらの対象は、仮に存在するのであれば、どのように本質的であるだろうかを言うことができる。

したがって、そのような哲学者の研究の成果は、いかなる経験的な主張も含まないことになる。これらの対象は、純粋に哲学的であり、ア・プリオリである。また、それらの対象は、フッサールによれば、われわれの「志向性」にとって可能な対象の本質的な属性に関係するのであり、様々な現実にある対象や経験的対象、またはそれらの偶然的な属性に関係するのではない。したがって、フッサールの結論では、上記のようなわれわれの志向性の対象が本質的であることになる。

このような結論に対してクラフトは、単に存在を抽象することが、本質を画定することにはならない、と批判している。ある対象の本質が想定されるか否かという問いが、対象の性質についてのわれわれの認識に影響を及ぼすことはありえない（『フッサールからハイデガーへ』二六－二七頁）。

しかし、このような批判以上に重要なのは、クラフトの次の発言（『フッサールからハイデガーへ』三七頁）である。すなわち、――論理の領域にあるものを除いて言えば、――知的直観という現象学的な方法は、「直観主義の哲学者に、彼らの個人的な恣意性が自由に遊びまわることのできる広い領野を開いてしまう」、と。

この種のあらゆる主張において、決定的な点は、カントが言うように、知的直観は、「非推論的なもの」だということである。すなわち、本質主義の哲学者は論証をしないということである。かくして、批判的論証は使われないことになる。批判的論証は時代遅れとなり、また、これらの「技術」で育った者は、もはや論証（まったくの主張にすぎないものでない論証）や批判（まったくの不同意の主張でない批判）が、どういうことを意味するかすら理解しない。かくして、恣意性に対しては、どのようなチェックも失われてしまう。

このような恣意性は、実際にフッサールが意図したものとは、もちろんまさに正反対のものであった。しかし、それは、ハイデガーの哲学のまさに核心をなすものである。ハイデガーの哲学の方法は、

（訳27）Martin Heidegger（1889–1976）二〇世紀における実存哲学を代表するドイツの哲学者。

もはや論証のようなものではない。すなわち、それは、論理法則に従って、われわれに根拠を与えることからなる正当化では、もはやない。方法は、むしろ、言語化として特徴づけられるような何かであり、われわれに言葉を与える技法である。（推論する代わりに）われわれに言葉を与えるこのような技法は、古い名称の代わりに新しい名称を用いることで成り立つが、それは、古い連想と新しい連想とを結び付け、それらを交換可能なものにするために行われる。こうした冗語を弄する哲学者は、（略）このような仕方で、自身が新しい哲学上の洞察を手に入れることができると信じるのである（『フッサールからハイデガーへ』八六頁）。

クラフトは、上記のような技術に対して、そして、ハイデガーの哲学「体系」においてその技術が適用されていることに対して、詳細かつ説得力のある分析（八七頁）を行っている（『フッサールからハイデガーへ』八九－一〇四頁）。

しかし、彼は、上記のような直観主義哲学者の独断的な恣意性や権威主義を攻撃しただけではない。同時に、彼は、ある学派のメンバーが以前使ったような言葉で、自身の学派についても、次のように語ったのである（『フッサールからハイデガーへ』一一二頁）。「批判哲学それ自身のうちには、いささかも独断的な頑固さがあってはならない。すなわち、われわれは、われわれ自身の学派が手に入れた成果にしがみつくことすらしてはならないのである」。

同じく、彼は、別の箇所で、次のように記している（『フッサールからハイデガーへ』一七頁、注七）。

われわれは、相対主義と、人間の知識は継続的に改良される必要があると考える批判的態度とを、はっきりと区別しなければならない[14]。この批判的態度とは、人が、どのようなものであれ、何らかの成果を得た場合に、その成果を超えるものが得られる可能性を考える見方である。このような見方をとっても、われわれは、知識が真理を目指すものだということを疑う必要はない。それどころか、そのような批判的態度は、知識と真理についての非常に優れた考えなので、学問や知識が発展する段階で一定の状態にあることを、真理それ自体だと思い込むことを拒絶するのである。

クラフトの著書は、直観主義者からの理性や批判的思考に加えられた侮蔑的な反論や曲解に対する再反論であった。また、この著書の一九三二年版の最後の段落で、彼は、ハイデガーの反合理主義と、「火あぶりの論理、すなわち、信じろ、さもないと、殺す」との関係、そして、「狂信者」との関係を示した。そのような狂信者は、「放火用のたいまつを手に、さらにヨーロッパ中を徘徊するものたち」であった。だが、彼は、次のような望みを表明して、その著書を終えている。このような狂信者は、いつか遠い将来、健全で成熟した哲学に征服されるであろう、と（『フッサールからハイデガーへ』一一二頁）[15]。

その当時、クラフトは、ナチズムが、まもなくドイツを征服するであろうことを、ほとんど確信していた。したがって、彼の望みは、すべて「いつかの遠い将来」に集中した。一年後、ヒトラーが政権を掌握し、クラフトは、多くの学者と同じく、移住したのである。

彼は、オランダのユトレヒト大学で教員として受け入れられ、複数の友人や、感じのいい、眼の肥えた学生たちといった新しい仲間と出会った。彼は、六年間、ユトレヒトにとどまった。そして、彼は、友人や家族のことをたいそう心配していたにもかかわらず（彼の両親や家族はドイツにいた）、オランダでの滞在期間は幸せなものとなった。なぜなら、彼には娘が生まれたからであり、また、学生や同僚との親交や、彼らからの当を得たするどい反応があったからである。この時期に、私と彼は、オーストリアでしばしば会い、ユトレヒトでも一度会った。そして、彼は、以前と同じく、私たちの間で共有していた昔からの問題に深い関心をもっていた。彼は、二つ目の主著を出版した。それは精神科学の不可能性についての作品である[16]。それ以外にも九本ほどの論文を発表している。その中の一つであり、知識と信条についての著作は、一冊の著書として出版されている(17)。

戦争が始まったとき、クラフトは、アメリカを訪れていた。後にクラフトに聞いた話では、そのニュースが飛びこんできたとき、あるいは、その直後に、彼は、ケルゼンと一緒だったということである。彼は、ニューヨークのロチェスターで、夫人と愛娘とともに住む住居を手にした。そこで、彼は、一九四六年まで教鞭をとることになる。戦後、彼は、ニューヨーク大学で教え、ペンシルヴェニアでは、ニュースクール・フォー・ソーシャル・リサーチでも教えた。

クラフトは、アメリカにいる間、幸せではなかった。ナチスの脅威のもとにあるヨーロッパに残した両親や妹の運命に、彼が深い不安を抱いていたことが、おそらくその主な理由であったろう。その上、彼は分かりすぎるほどよく解っていた。彼の両親の悲劇――妹はドイツで奥深く身を隠して戦争を生き延びたが、両親はナチスの犠牲になった――は、世界がまったく愚かな考え、狂信、誇大妄想によって、また、よりよく事態を理解していたはずの非常に多くのドイツの知識人の裏切りによって、無道にも投げ込まれた、かの果てしない苦難の大海の一滴にすぎないこと、を。

彼が不幸だったことのその他の要因として、彼が孤立していたことが挙げられる。クラフトは、ユトレヒトにいるときを除いて、哲学に関係する同僚から、あまり評判がいいわけではなかった。そして、ネルゾンが亡くなって以降、彼は自らの見解によって孤立するようになる。その当時は、亡命した哲学者の間でも、彼らを受け入れたアメリカの哲学者の間でも、実証主義が非常に流行った時期である。また、二番人気ではあったが、亡命した哲学者のうちの現象学者も、自らの立場をなんとか保持はできた。しかし、亡命した哲学者の中に、クラフトのほかは、カント主義者やネルゾン流の合理主義者など（たとえいるにしても）ほとんどいなかった。そこで、彼は、知的に、孤独であったわけである。

一九五四年に、クラフトは、特別研究員の身分を得た。それによって、彼は、ネルゾンの遺稿に関する仕事を始めることができた。彼は、ロンドンに住居を求め、大いにうれしいことに、ロンドン・スクール・オブ・エコノミクスでの私のセミナーの常連メンバーとなった。彼は、私が不在であった一九五六－五七年の間もセミナーに参加し続けてくれた。

ロンドン滞在中に、彼はまた、二冊の自著である『フッサールからハイデガーへ』と『精神科学の不可能性』の第二版の改訂作業を行った。前者の書物には、クラフトによる新しい序文の冒頭に、彼の友人フーゴ・フォン・ホーフマンスタール（訳28）の書物から彼が選んだ非常に興味深い引用が見られる。それは、まさしくヘーゲルやヘーゲル主義に対する宣戦布告といったものである（『フッサールからハイデガーへ』七頁）。

> 哲学は、その時代の審判でなければならない。哲学が単に同時代の時代精神を表現するものとなるときには、それは不吉な前兆である。

この第二版でもまた、世界が不合理だとするJ・P・サルトル（訳29）の反合理主義哲学に対する見事な批判が見られる。クラフトは、このような反合理主義の哲学を、当てのはずれた（自分の論理が粗雑なので）落胆してしまった超合理主義者の哲学だと説明する。クラフトの指摘では、サルトルは、次のように議論する（『フッサールからハイデガーへ』一四〇頁）。

> 存在するものはすべて、偶然のものである。

（訳28） Hugo von Hofmannsthal（1874–1929） オーストリアの詩人、作家、劇作家。

（訳29） Jean-Paul Sartre（1905–1980） 実存主義の立場を標榜したことで知られるフランスの哲学者、作家。

偶然のものはすべて、不合理である。
したがって、存在するものはすべて、不合理である。

この三段論法は、論理的に妥当である。しかし、クラフトは問う。いったい二番目の前提がどうして真でなければならないのか、と。「いったい偶然のものがどうしてすべて不合理でなければならないのか。どうやら、偶然のものは、論理的に必然ではないからであるらしい。そこで、サルトルが明らかにそうしているように、論理的に必然でないものはすべて、非論理的であり、不合理であると想定するならば、確かに、偶然のものはすべて、不合理であるにちがいない」（『フッサールからハイデガーへ』一四〇頁、傍点は筆者による）。したがって、結局のところ、サルトルの反合理主義が無意識のうちに論理的な基盤とするものが、超合理主義、すなわち、過度の論理主義であることが分かる。そのような基盤は、次のような命題で表わされる。「論理的に必然でないものはすべて、非論理的（すなわち、不合理）である」、と（『フッサールからハイデガーへ』一四一頁）。

これらの数行を見るだけで、クラフトの諸研究に山ほどある論理哲学的な分析の見事な一例がうかがえる。そして、それは、単に分析すること自体を目的とするものではない。ここでの例は、人間の理性の健全さと尊さ、そして、人間が自らの合理性に自信をもつことを擁護しようと彼が苦闘していることの一部である。それは、哲学者、すなわち、合理主義的伝統をもつ哲学者や啓蒙主義の哲学者の側からの、その時代に対して知的に責任を取らない哲学者に対する闘争なのである。

一九五七年に、クラフトは、フランクフルト大学に教授として復職し、以前に一九三三年まで勤めた社会経済学部で、社会学科の学科長に任命された。彼は、亡くなるまで、この立場にとどまった。そこで、彼は、研究、教育指導や著作活動から、また、学生やピアノ、そして、『ラチオ』を通して、大変な満足を得たのである。

『ラチオ』を立ち上げる際に、クラフトには、二つの目的があった。批判的で論証的な哲学のためのフォーラムを設立すること、そして、二カ国語を使用するフォーラムを設立すること、である。彼は、次のことを確信するようになった。それは、新しい啓蒙思想は、かつてヴォルテール(訳30)の時代に一度そうであったように、イングランドから、そしてアメリカからも、大いにインスピレーションを受けるべきであろうこと、そして、アングロサクソン流の物の考え方が合理主義の伝統にとって不可欠の要素だということである。

　クラフトは、一生を研究に捧げたが、それは、このような伝統を存続させるためであり、また、戦後には、それを再生させ、再確立させるためであった。彼は、戦士として生き、そして死んだが、それは、知的責任のため、そして、合理性、真理のためだった。彼は信念をなくさず、決して望みを捨てなかった。

注

（1）［本論は、『ラチオ』（クラフトが創刊し、編集した学術誌）第四号（*Ratio*, 4, 1962.）二－一二頁に初出の論文をわずかに改訂したものである。また、これは、ポパー・アーカイブ6-8（11-18で修正あり）に基づいている。］

（2）［ユーリウス・クラフト「レオナルト・ネルゾンと二〇世紀の哲学」『レオナルト・ネルゾンの想い出』ミンナ・シュペヒト、ヴィリ・アイクラー編（Julius kraft, "Leonard Nelson und die Philosophie des XX. Jahrhunderts", in *Leonard Nelson zum Gedächtnis*, eds. Minna Specht and Willi Eichler, Frankfurt am Main and Göttingen: Verlag 'Öffentliches Leben', 1953.）一三一－一三三頁を見よ。とくに、一三三頁を見よ。］

（3）前掲書、一三三頁。

（4）ブランド・ブランシャード（Brand Blanchard）［「レオナルト・ネルゾンの『倫理学の体系』への書評」］『ラチオ』第一号、二巻、一七七－一八二頁。［思い起こすと一九七〇年代に、私がポパーと一緒に仕事していたとき、彼もまた、ネルゾンの「哲学における進歩と後退」（Progress and Regress in Philosophy）に対するアンドレア・マニュの批評を

（訳30）Voltaire（本名 François Marie Arouet）（1694–1778）フランス啓蒙主義運動の指導的立場にあったことで知られる哲学者、文学者。

非常にほめていた。『イギリス科学哲学会報』第二五号、二巻（*British Journal for the Philosophy of Science*, 25, no. 2, June 1974.）一九八－二〇六頁。ここには、ネルゾンとJ・S・フリース［訳者註：正しくはJ・F・フリース?.］についての興味深い議論が含まれている。］

(5) クラフトはさておき、それは、パウル・ベルナイス、ハロ・ベルナルデリ、グレーテ・ヘンリー、ヘルマンである。また、私は、ヴィリ・アイクラーにも一度だけ会ったことがある。また、クルト・グレリングにも会ったことがあるが、それは、彼が実証主義に転向した直後のことである。本注の原版に見られるあいまいな叙述を修正することができたのは、ハロ・ベルナルデリのおかげである。

(6) クラフト、前掲書、一三頁。

(7) 前掲書、一八頁。

(8) ［ここで、ポパーは、ルートヴィッヒ・グリュンバウムのことを指して言っている。「統率、民主主義、そして、倫理――レオナルト・ネルゾンの民主主義と統率への批判」『総合国家学雑誌』一〇七、第一巻（Ludwig Grünebaum, "Führerschaft, Demokratie und Ethik: Eine Kritik von Leonard Nelsons Demokratie und Fuhrerschaft", *Zeitschrift für die gesamte Staatswissenschaft*, 107, Band 1, 1951.）三六－八九頁。］

(9) ［『果てしなき探究』二〇節でのポパーの説明と比較せよ。］

(10) ユーリウス・クラフト「思想家の声」『土曜文学批評』第二号、一九四六年、一一月号（Julius Kraft, "The Voice of a Thinker", *Saturday Review of Literature*, 2 Novemmber 1946.）二一－二二頁を見よ。クラフトは、後に、省略された批評について私に語ってくれたのだが、それによると、その省略で、一、二箇所の文が、いくぶん歪められたらしい。

(11) 「現象学的法哲学の学問的意義について」『カント研究』第三一号（"Die wissenschaftliche Bedeutung der phaenomologischen Rechtsphilosophie", *Kantstudien*, vol. 31, 1926.）二八六－二九六頁。

(12) 『フッサールからハイデガーへ』（*Von Husserl zu Heidegger*, Leipzig: H. Buske, 1932, and Frankfurt am Main: Verlag 'Öffentliches Leben', 1957.）。

(13) ユーリウス・クラフト『フッサールからハイデガーへ』（Julius Kraft, *Von Husserl zu Heidegger*, 2nd edn, 1957.）。

(14) したがって、批判的態度とは、人間がもつ知識を証明することというよりむしろ、それを改良することということになる（この脚注は、ポパーが付け加えた）。

(15) 〔この一節で、クラフトは、ある言い回しをフリースから引いていることをほのめかしている。『哲学史』二巻（Fries, *Die Geschichte der Philosophie*, Halle, 1840, Band II）一四二頁。同じく、シラー『スペイン王フェリペ二世』（Schiller, *Philipp II, König von Spanien*〔*Werke*, Band VI, Meyers Klassikerausgabe〕）一九九頁。〕

(16) ユーリウス・クラフト『精神科学の不可能性』（Julius Kraft, *Die Unmoeglichkeit der Geisteswissenschaft*, Leipzig: H. Buske, and Zurich: Rascher-Verlag, 1934; 2nd edn, Frankfurt am Main: Verlag 'Öffentliches Leben,' 1957.）。'Geisteswissenschaft'というドイツ語は、「精神科学」や「精神についての学」を意味するが、もともとは、「道徳と精神の科学」（'Moral and Mental Sciences'）という英語を翻訳しようとしたJ・S・ミルが、ドイツにおける哲学の術語に導入したものである。

(17) ユーリウス・クラフト『認識と信条』（Julius Kraft, *Erkenntnis und Glaube*, Leiden: Verlag A. W. Sijhoff, 1937.）。

第2章　オットー・ノイラートの思い出——一九七三年[1]

オットー・ノイラート[2]という名前を私は、一九一九年よりも前（彼が三七歳で、私が一七歳のとき）に知っていた。私は、父の書斎で彼の数篇の論文（第一次世界大戦以前、あるいは、その初期の頃に書かれたものだと思うが）を偶然見つけたのである。私の記憶が正しければ、彼の論文は、ウィーン社会教育研究所で発表されたものが一、二篇あり、また、哲学会で発表されたものが、少なくとも一篇（それはシュレーダー[訳1]の『論理代数学』についてのものだったと私は思う）はあった[3]。

もちろん、その後、私は彼のことを耳にした。一九一九年の初めに、彼がミュンヘンにいた頃[4]、つまり、彼がウィーンのヨーゼフ・ポパー（＝「リュンコイス」）[5][訳2]に電報を打ったときのことである。ヨーゼフ・ポパーは、個人主義を唱えたことでも、また「半社会主義」を唱えたことでも著名であった（あるいは、ことによると悪名高かった）。彼の半社会主義というのは、自由市場である「民間部門」と、政府による最低保証実収入をすべての男女・子供に支給するよう厳しく規制された「公共部門」とからなる経済を主張するものだった。

私が思うに、ノイラートがポパー・リュンコイスと知り合ったのは、エルンスト・マッハを通じてであろう。マッハは、ポパー・リュンコイスと最も親しい友人の一人だった。ノイラートがポパー・リュンコイスに宛てた電報は、「あなたの考えは、今まさに実現されようとしている」という言葉から始まる。その電報の残りの部分

（「われわれは、完全な社会主義化に着手している」(6)）は、ヨーゼフ・ポパー＝リュンコイスを困惑させたに違いない。というのも、そこには、彼のものとはまったく異なる考え方が表明されていたからであり、また、その考えは、彼の個人主義的気質に大いに反していたものに違いないからである。

それからあまり長く経たない頃、ノイラートがミュンヘンからウィーンへと帰ってからまもなく、私は、彼に、いわゆる「アカシアの庭」で会った。そこは、戦中や戦後に、オイゲニア・シュヴァルツヴァルト博士(訳3)によって、ウィーンで組織された非営利的な食堂の一つだった。彼女は、たいそう非凡な女性で、素晴らしい行動力をもち実際的な活動を行った人道主義者であり、飢えに苦しむ戦後のウィーン（一九二〇年代初頭のウィーン）の子供や学生、芸術家、知識人たちへの援助を取りしきった人物だった。「アカシアの庭」は、たいそう心地よく静かな場所で、だれでも屋内外で飲食することができた。屋外では、人々は、美しい木々の下の開かれた場所で飲食することができたのだが、そこは、ほぼ向かい側のウィーン大学の解剖学研究所へと丘をくだる小さな脇道にあり、数学・物理学研究所からたった三、四分のところに位置していた。そして、これらの研究所からかなりたくさんの学生や教員が、そこに昼食のためにやって来ていた。当時、私は、ウィーン大学で、（非正規の聴講生、すなわち、正規の資格の課程が認められる以前の学生として）数学や物理学を学んでいた。そして、私が最初にハンス・ティリング(訳4)に出会ったのは、アカシアの庭でのことだった。それは、まさに彼が理論物理学の教授職に任命されようとするときであった。オットー・ノイラートに会ったのも、同じときのことである。そのとき、彼は、きらきらした眼をもち、大きな赤いあごひげを生やし、声の大きな、大柄で背が高く、活気に満ちた人物で

（訳１）Friedrich Wilhelm Karl Ernst Schröder（1841–1902）ドイツの論理学者。

（訳２）Josef Popper–Lynkeus（1838–1921）オーストリアの研究者、作家、発明家。

（訳３）Eugenia/Eugenie Schwarzwald（1872–1940）オーストリアの教育者、社会活動家。

（訳４）Hans Thirring（1888–1976）オーストリアの理論物理学者。

あった。その印象は、たいそう並外れて個性的な人だというものだった。つまり、彼は、自らの社会的、政治的、哲学的理論を熱烈に信じていたが、いつでも自らを笑い者にできるにもかかわらず、それだけなおいっそう自分自身の考えに自信をもっていて、また、非常に人を引きつけるが、しかし、まったくそのことを気にしておらず、さらには、自らを振り返ろうとしなかったが、ぐんぐん前へ急ぐときには、自分の前進の大股が人を打ち倒すことになってもあまり気にしない人のように思えたのだ。

数カ月の間、ノイラートは、たびたびアカシアの庭に昼食を取りにやってきたのだが、その後、私は彼の姿を見なくなってしまった。そこに行くのを先にやめたのが彼だったのか私だったのか、私には思い出すことができない。私が次にノイラートに会ったとき（それは、彼自身の社会主義的な考え方を擁護する政治的講演でのこと）には、彼は別人になっていた。

彼が、赤毛のあごひげを剃っていたという事実はさておき、彼について私が既に述べたことはすべて、依然としてあてはまっていたかもしれない。しかし、彼は非常に歳をとったという印象を私は受けた。私は、次のような感じを抱いた。それは、彼の活力は、もはやかつてのようなものではなく、本当に自然と言えるものではもはやなくなっており、彼が自らの理論についてもつ確信は、今や本質的には弁解に他ならない懸命な努力によって支えられなくてはならぬようになっており、たとえ彼自身が認めないにせよ、彼は、見た目の感じでは、情緒的に受け身の体勢にあったという感じである。また、私は、彼は自ら受け身であると自覚し、かつ、彼はそのことが気に入らず、そうした雰囲気を克服しようとしているという印象を受けた。私は、その講義で彼が何を話したかを思い出すことができない。しかし、私がよくおぼえているのは、彼が、単にファシストを非難し、自らの立場を擁護するというよりもむしろ、それ以上に建設的な何かを、われわれに示そうとしていたことである。また、私は、彼がある種の激励の標語で講演を結んだのをおぼえている。それがどのようなものであったかを、私はおぼえてはいないのだが、第一回国際科学哲学会議（一九三五年、パリ）の講演で、彼が締めくくった標語、

「新たな百科全書家万歳！」(7)に似た雰囲気や趣旨のものであった。

一九一九年以後、ノイラートは非常に変わった、と私が思った会合までの数年間に、彼に何があったのかについて思いをめぐらすのは興味深い。一九一八年に同盟国(訳5)が敗北を喫した後に、飢餓と革命の時代が続き、まもなくその反動が起こった。フランス革命やマルクス主義の理念が盛り上がり、加えて、より自由でよりよい世界を打ち立て、戦争や独裁主義を永遠に一掃しようとする気運が高まった。平和主義の名のもとに、一九一七年、ブレスト＝リトフスクで、平和主義の名において「同盟国」と講和条約(訳6)を、国内での反抗を受けつつ締結したロシア人たちも、大いに賞賛された。多くの人々の間に最高の情感を呼び起こすムードがそこにはあった。すなわち、人々は、弱者を助け、あらゆる階級の違いを取り除こうという思いをもっていたのである。

ところが、このような希望に満ちた人道主義的精神は、まもなく期待はずれとなり、わずかの期間で、オーストリア共和国は、ワイマール共和国と同じく、混乱に陥った。これは、ある程度は共産主義者の行きすぎのせいである。というのも、その行きすぎは、たちまち右翼側からの攻撃的な行きすぎた反動につながったからである。その時期に、多くの右翼団体が生まれ、イタリアでムッソリーニ(訳7)が政権を握り、また、どこかの左翼団体に

（訳5）第一次世界大戦におけるドイツ、オーストリアを中心とする「同盟国」のこと。対立する勢力は、イギリス、フランス、ロシアなどの「連合国」。

（訳6）一〇月（一一月）革命によって成立したソビエト政権が、第一次大戦末期の一九一八年三月三日に同盟国側と締結した単独講和条約。これによって、ロシア側は、ポーランド、ウクライナなどの広大な土地を割譲させられた。なおこの講和交渉は、一九一七年一二月末からブレスト＝リトフスク（現在のベラルーシのブレスト）で開始された。

（訳7）Benito Mussolini（1883–1945）イタリアの政治家。第一次大戦後ファシズム運動を展開し、一九二二年から長期にわたって独裁政治を行った。

よってほぼ毎日のように確信もない政治テロが企てられ、その結果、武装力で上回る右翼によって無情にも反撃された時代だった。中間的社会民主党は、ごまかしながらその場を切り抜け、途方に暮れ、社会主義が避けられないと言って、ほとんど、あるいは、まったく何もしないでいたのだ。

希望に満ちた人々の中でも、より知識のある人たちにとって、こうした悲しい時代がもたらしたものは、知的な、また道徳的な変化であった。そして、ずっと若い人たちは、人道主義や人類を楽観的に信頼することをあきらめたりせずに、彼らの社会主義的ドグマのほとんどを、あるいは、そのすべてを放棄することすらできたであろう。しかし、さほど若くない社会主義者たちにとって、状況はたいそう気の滅入るものであった。彼らは、政治的に、また、知的にも、つねに受け身であった。

もちろん、先ほど述べたオットー・ノイラートの態度の変化が、このような成り行きによるものなのかどうかは、私には分からない。また、彼が変わったのかどうかさえ、確実には分からない。ひょっとすると、この変化は私の想像にすぎないのかもしれない。ただ私が言えるのは、私は変化を感じ、それによって私は悲しんだということであり、また、その変化は、ここで私が示した線に沿って説明できそうだと私には思われる、ということだ。

さて、私は、それまでずっと、マルクス主義に対して、その歴史的な予言や、さらにその予言の実現可能性に関して、かなり批判的だった。そして、このような批判的な考え方を抱いたことによって、私は、知識論や科学哲学の問題、また、それらと政治的な問題との関係に関心をもちはじめた。それ故、ノイラートもまたそのような哲学的な諸問題が政治にとって重要であると感じていたことを私は知って、非常に興味深く感じたのである。(訳8)彼は、後に、政治にとって知識論が重要だと示す論文をいくつか発表し、シュリックやハーン(訳9)周辺に集まっている人々の哲学が将来有望だと述べている。

オットー・ノイラートが、まさに哲学的に政治を改良するという望みを念頭に、シュリックやハーン周辺の人々で構成されるあつまりに、より明確な形を与えようと試みた人物であったこと、そして、そのような集団を「ウィーン学団」[訳10]へと発展させるのに、おそらく他の誰よりも尽力しただろうことを、私はほぼ疑わない。この関連で述べておくと興味深いと思われるのは、ウィーン学団が、それに関係する初期の出版物で、エルンスト・マッハ[訳11]の友人によって以前に結成された学団の一種の継続ないし再結成だとして紹介されたことである（実際に、その当時、ノイラートはマッハの会を結成しており、その「エルンスト・マッハ協会」は、ウィーン学団の考え方をより幅広い人々に紹介する団体として計画された）。このことは、シュリックが学団のリーダーではあったが、哲学的にはマッハの考えに対立し、事実、マッハやそれに関連する考え方に対する非常によく考え抜かれた実に痛烈な批判（『一般認識論』第二版、一九二五年[8]の第二五、六章において）を発表していたことを考えれば、いっそう興味深い。その当時、シュリックは、実在論者であり、マッハ主義者が「要素一元論者」と記述するのを好んだマッハの現象論的（あるいは、観念論的）傾向を軽蔑しがちであった。それからしばらくたたないうちに、シュリックは、ラッセルやウィットゲンシュタイン[訳12]、また同じくカルナップ[訳13]の影響によって「要素一元論者」となったが、その一方

（訳8）Moritz Schlick（1882–1936）ウィーン学団の中心メンバーとして知られるドイツ生まれの哲学者。

（訳9）Hans Hahn（1879–1934）ウィーン学団のメンバーとして知られるオーストリアの数学者。

（訳10）ウィーン大学哲学教授であったシュリックを中心に、哲学者、数学者、科学者によって結成された集団。「論理実証主義」と呼ばれる哲学的立場の中核的組織として知られ、一九二〇年代初頭から三〇年代後期まで活動が続いた。

（訳11）Ernst Mach（1838–1916）オーストリアの物理学者、心理学者、哲学者。「要素一元論」を唱えたことで知られ、ウィーン学団の論理実証主義に大きな影響を与えた。

（訳12）Ludwig Josef Johann Wittgenstein（1889–1951）オーストリア生まれのイギリスで活躍した哲学者。とくに言語に関する論考で知られ、ウィーン学団にも大きな影響を与えた。

（訳13）Rudolf Carnap（1891–1970）既出。

で、ノイラートは「物理主義者」となったのである。

私は、これらのことを、学団のいろいろなメンバーから、とくに、ハインリヒ・ゴンペルツ[訳14]や、後に、ヴィクトル・クラフト[訳15]、ヘルベルト・ファイグル[訳16]、ハンス・ハーン[訳17]、フリッツ・ヴァイスマン[訳18]から聞いた（ノイラートは、よく私のことを、学団の「公認の反対派」として描いたものだが、私自身は、一度も学団のメンバーだったことはない）。その当時、私はノイラートに、彼が設立したウィーン市立社会経済博物館にある彼のオフィスで、二度会った（そこで、私はまた、彼の秘書であり、後に彼の妻となったライデマイスター女史とも会った。彼女の兄弟は、大学で私の教師の一人であった）。また、それ以外の様々な場所で、たとえば、エドガー・ツィルゼル[訳19]の家で、一、二度彼に会ったと思う。彼は、また、ウィーン学団の中心的教義であると私が考えていたもの――意味の「検証可能性」理論やあらゆる非科学的な言説を無意味とする説――に論評を加えた講義にも来てくれた。

このような様々な機会を通じて、私は、ノイラートという人間の力強さや生気に、よりいっそう深く感銘を受けていた。彼は、一九一九年当時にその特徴であった活力と自信の一部を取り戻してさえいた。彼は、再び未来に希望を見出し、学団の哲学的な立場でのリーダーではなかったとはいえ、学団内で強烈な個性を発揮し、自らの役目を果たしていた。

学団が有名になったのは、ノイラートの力によるところが大きい。ノイラートは、カルナップとライヘンバッハ[訳20]の編集による『認識《エアケントニス》』の創刊に影響を与えた。また、彼は、類似した国際規模のグループに協力を呼びかけた。彼は、会議を組織し、定期的な科学哲学会議を開催する計画を承認させた。さらに、彼は、「統一科学運動」や「統合科学国際百科全書」を発足させた。

ノイラートとの会話で私が知ったことは、このような様々なことに彼を駆り立てた一つの主な動機として、そのような運動が、政治の再生に役立つという信念が彼にはあったということである。そのことは、彼にとっては、社会主義の再生を意味するものであった。また、シュリックとフランク[訳21]の編集で、彼が一九三一年に出版した著書――『経験論的社会学』――は、同じような傾向を表現するものだった(9)。

新しい科学哲学は政治理論に大いに貢献できるであろうということ、しかし、その大部分は、ノイラートが依然として固執していたまさにその考え方（歴史的な予言やそれ以外の多くのこと）に対する批判として貢献することになるであろうと、私は期待した。そういうわけで、私たちが会うときはいつも、まさに彼の最も関心のある分野で、真っ向から対立した。そして、このようなことを経て、彼は、私の哲学上の考え方に疑いをもつようになった（そのような私の考え方を、彼は、「反証の擬似合理主義」という論文『認識《エアケントニス》』第五号、一九三五年、三五三－三六五頁で批判した(10)）。

たとえば、われわれは、一九三五年のパリでの会議で衝突したが（私の『推測と反駁』第一一章、とくに四節と注四四を参照）、それは主に、「新たな百科全書家」と「国際百科全書」についてであった（たとえ私が方法の統一のようなものを信じてはいたとしても、彼の言う意味での「統一科学」を信用していたわけではない）。また、さらに、コペン

（訳14）Heinrich Gomperz（1873–1942）オーストリアの哲学者。

（訳15）Victor Kraft（1880–1975）ウィーン学団のメンバーとして知られるオーストリアの哲学者。

（訳16）Herbert Feigl（1902–1988）ウィーン学団のメンバーとして知られるオーストリアの哲学者。

（訳17）Hans Hahn（1879–1934）既出。

（訳18）Friedrich Waismann（1896–1959）ウィーン学団のメンバーとして知られるオーストリアの数学者、物理学者、哲学者。

（訳19）Edgar Zilsel（1891–1944）オーストリア出身の社会学者。ウィーン学団の左派として知られる。

（訳20）Hans Reichenbach（1891–1953）ドイツ生まれの哲学者。ウィーン学団とつながりの深い経験哲学協会を設立し、カルナップとともに『認識（エアケントニス）』を編集した。

（訳21）Philipp Frank（1884–1966）ウィーン学団のメンバーとして知られるオーストリア生まれの物理学者、数学者、哲学者。

ハーゲンでの会議でも、われわれは衝突した（ノイラートの言うような、「統一言語」や「普遍的俗語」について）。そのコペンハーゲンでの出会いが、われわれの最後となった。

その後、ノイラート夫妻がイギリスに逃れたことを聞いて、私は、大いに感じ入り、安堵した。そして、私は、彼が亡くなったことを聞いて、悲しんだ。ノイラートと私は、多くの重要な問題、すなわち、歴史や、政治や、哲学上の問題について、まったく意見が合わなかった。実のところ、そのような意見の違いは、一つの例外を除いて、すなわち、知識論が歴史や政治の問題を理解するにあたって重要だという見方を除いて、われわれがともに関心をもったほとんどすべての問題[11]に及んだ。われわれは、非常に多くの重要な問題についてもまったく意見を異にしたが、とはいえ、彼が、これまで会った中で最も強烈な個性をもつ人物の一人であったことを、私はつねに痛切に感じるのである。彼は、真に独創的な思想家であり、よりよい、より思いやりのある世界を夢見た、何事にも臆することのない戦士であった。

注

（1）［初出は、オットー・ノイラート『経験論と社会学』マリー・ノイラート、ロバート・コーエン編（Otto Neurath, *Empiricism and Sociology*, eds. Marie Neurath and Robert Cohen, Dordrecht and Boston MA : Reidel, 1973.）五一－五六頁。］

（2）［オットー・ノイラート（一八八二－一九四五）は、ウィーン学団の先導的役割のメンバーで、会合や出版物などのまとめ役として主要な役割を果たした。彼は、とりわけ幅広い学術的関心をもち、マルクス主義を改訂する経験論者として活動した。］

（3）［ポパーは、エルンスト・シュレーダーの一二番目の定理、「交換法則は、同じ操作だと見なされる」という証明のことを思い出していたのかもしれない。哲学文庫、第二部、体系的哲学文庫・新版、第一五巻、第二号（*Archiv für Philosophie, 2. Abteilung : Archiv für systematische Philosophie*, Neue Folge, Band 15, H. 2, Berlin : Georg Reimer, 1909.）一〇四－一〇六頁。」

(4)［ノイラートは、それまで経済の社会主義化の計画を練り上げ続けていたので、これらの問題について取り組むよう、一九一九年にバイエルン政府から要請された。また、バイエルン社会主義共和国が、そこで宣言された後も、彼は専門的な職務に留まった。このことについては、次のノイラート自身の説明を見よ。「バイエルンにおける社会主義化の経験」オットー・ノイラート『経験論と社会学』（"Experiences of Socialization in Bavaria", in Otto Neurath, *Empiricism and Sociology*）一八－二五頁。］

(5)［『果てしなき探究』一一頁（邦訳『果てしなき探究――知的自伝（上）』森博訳、岩波書店、二〇〇四年、一一頁）で、ポパーは、ポパー＝リュンコイスが明らかに彼の遠い親類であると述べている。］

(6)［われわれは、完全な社会主義化に着手している。］

(7)［「新たな百科全書家万歳！」ポパーの原文には、'nouvelles' とある。しかし、聴衆には女性は一人もいなかったので、おそらく、これはポパーかノイラート側の間違いであろう。］

(8)［モーリッツ・シュリック『一般認識論』（Moritz Schlick, *The General Theory of Knowledge*, tr. Albert E. Blumberg, La Salle IL: Open Court, 1985.）参照。］

(9)［オットー・ノイラート「経験論的社会学」オットー・ノイラート『経験論と社会学』（"Empirical Sociology", in Otto Neurath, *Empiricism and Sociology*）三一九－四二一頁を見よ。］

(10)［「反証の擬似合理主義」オットー・ノイラート『哲学論文 一九一三－一九四六年』（"Pseudorationalism of Falsification", in Otto Neurath, *Philosophical Papers 1913-1946*, Dordrecht, Holland and Boston MA: Reidel, 1983.）一二一－一三一頁を見よ。］

(11) 私の以下の著書を参照。『科学的発見の論理』九五、九六、九七、二六二頁（邦訳『科学的発見の論理（上）』大内義一・森博共訳、恒星堂厚生閣、一九七一年、一一六－一二〇頁、『同（下）』三二五頁）、『歴史主義の貧困』一〇三頁（邦訳『歴史主義の貧困』岩坂彰訳、日経BP社、二〇一三年、一七三頁）、『推測と反駁』四〇、二六五、二六七－二六九、二七四、二七七、二八〇頁（邦訳『推測と反駁――科学的知識の発展』藤本隆志・石垣壽郎・森博訳、法政大学出版局、一九八〇年、七一二〔注五〕、五〇二、五〇五－五一〇、五一七、七五七－七五八〔注五七a〕、七六〇〔注六四〕頁)。

第Ⅱ部　ニュージーランドでの講義

第3章　科学と宗教——一九四〇年[1]

科学と宗教の間に少なからぬ緊張状態が存在していたのは、それほど昔のことではない。この緊張状態が顕著になったのは一九世紀中であり、とりわけダーウィンと進化論に関する論争以後のことだった。この一九世紀的問題はもはやいかなる真の重要性ももたないというのが、この講義での私の主たる主張である。自らの境界を越えて侵害しようとしない科学と、そして真に科学の領域に属する事柄は扱おうとしない宗教との間には、いかなる衝突もありえないことを示すよう、私は試みるつもりである。

一九世紀に起きた科学と宗教の間のいさかいは、私の意見では、双方が侵害し合うことによって引き起こされたのである。[2]どちらの陣営も責められるべきである。つまり、信仰の擁護者たちだけでなく科学者たちも。科学者たちは、彼らの関わる領域がもっぱら経験の世界に制限されていることに気づかず、そして、彼らが目撃していた科学の驚異的な発展に勢いづいて、いつの日か科学の領域に組み込まれることのないものなどわれわれの世界には存在しないのだと信じた故に、責められるべきである。他方、信仰の擁護者たちは、宗教的信仰は科学的知識とわれわれが普通呼んでいるものとは根本的に異なっていなければならないということ、そして、科学の領域に属し、科学の方法によって取り扱うことのできる問題に関して言明することは宗教の務めではないということに十分に気付かなかった故に、責められるべきである。

先に述べたように、私は、一九世紀的問題はもはや真に重要なものではないと信じているけれども、私のこの意見は決して一般には受け入れられていないということを認めなければならない。この問題についてまったく違った見方をする人たちもまだ非常に多くいるのである。だからわれわれは、現代の科学の発展は宗教的信仰を疑問に付すのではなく、むしろそれをサポートするものとして解釈できるという趣旨の言明が、ある科学者たちによってだけでなく、宗教の擁護者たちによっても唱えられるのを耳にするのだ。宗教と科学の間の一九世紀的問題について語るときに私が含意したいのは、ある人たちが考えるように、いまや科学は宗教的信念をサポートすることが判明したので、二〇世紀にはこの問題は消えてしまった、ということではない。私の論点はまったく異なるものだ。科学が宗教をサポートするものとして受け入れられると想定するならば――それ故、科学がその発展のある段階においていくつかの宗教的教説と合致することが判明し、そのことを理由にそれらの教説を採用するというのであれば、科学がその発展の別の段階において異なる見解へ達するときには、それらの教説が科学によって退けられることもまた受け入れなければならなくなってしまうだろう。

この論点をより明確に理解するために、まず、科学が発展するということと、そしてその発展する仕方を十分に見て取らなければならない。科学の発展は書庫の成長と比較できるし、ある程度類似していることが判明する、と考える人たちもいる（たとえば、ジェイムズ・ジーンズ卿）。書庫はより多くの本を蓄積していくことで成長し、そして科学の書庫はとくに、新しい本を獲得するときに古い本を捨てたりしない。そこである人たちは、われわれは、書庫につけ加えられたこれらの新しい科学の本のうちに、古い情報につけ加えられた新たな情報をもつことになるのであり、そしてこれこそがわれわれの知識が成長していく仕方だ、と考えるのである。しかし、実際の科学の成長は、これとはまったく異なっている。科学は知識の蓄積によって成長するのではない。むしろ科学は革命によって成長する。新しい知識は、実際は古い知識につけ加えられるのではなく、普通、古い知識の誤りを正し、それを打ち倒すのである。そして、科学が盛んであればあるほど、その中で起こり展開される革命はますます全面的で頻繁になる、と言うことができる。それ故、科学者は決して独断的であってはならない。彼らは、ある問題を決定的に永久に解決したなどと主張すべきではない。明日には新しい革命がまったく異なる解決へと導くかもしれないのである。

　このことは、科学の方法がよいものでないとか、問題に対する科学的アプローチは真面目に受け取られるべきでない、ということを意味しない。まったく正反対である。科学的知識は、間違いなく、われわれがもちうる最良のものであり、そして、科学はただ革命を起こすだけではなく、また進歩もする。科学はおそらく、人間の活動の中で、相当の長い期間確固とした進歩が存在した唯一の領域であろう。というのも科学者は、提示された新理論が旧理論よりも本当によりよいものであるということに完全に満足しなければ、自らの理論が革命的置換によって取って代わられること[3]を決して受け入れないからである。しかし、こういった革命が科学において生じる、という私が論じてきた事実からは、確かに少なくとも一つのことが帰結する。すなわち、それは、既に述べたように、ある理論、たとえばある宗教的教説、をサポートするものとして科学の権威を受け入れる[4]なら、その次の日には、科学の権威が宗教的教説と対立し、そしておそらくはそれを打ち倒すであろうという準備がなければならない、ということである。これは、二〇世紀の科学は、一九世紀の科学と対照的に、宗教的教説をサポートするのだと主張する人たちによって普通気付かれていないことである。

　しかし、先に述べたように、このようなサポートは真面目に主張されうるものではないと私は思う。科学理論は決して確固とした安全なものではなく、つねに新しい発展によって打ち倒されるかもしれないものである。これこそが、科学の理論はつねに仮説や推測という性格をもち続けるとわれわれが言うときに、意味していることである。たとえば、二〇世紀の物理学によって発展させられた有名な原子論のような、数多くの仮説が存在する。そして、ジーンズ[訳1]やエディントン[訳2]のような科学者が、二〇世紀の物理学は神の存在という宗教的教説をサポートすると主張するならば、彼らはこの教説を、原子の存在に関する仮説と同等のレベルに置いているのだ、と私は主張する。しかし、これが神の存在という宗教的教説が意味していることでないということは、私にはまったく明らかであるように思われる。宗教的信仰は仮説を用いて行われるのではない。それはまったく異なるレベルにある。そのことは、宗教的観点から見て信仰は価値のある賞賛されるべきものだということを考えてみれば、おそらく最もよく理解できるだろう。神を信じることはよいことと考えられ、神を信じないことは悪であると考えられている。原子の存在を信じることは誰の名誉にもならない。原子論について多くを知っていることは何がしかの名誉であるかもしれないが、しかし、それらを信じることなく、打ち倒そうとすることもまた大きな手柄となるかもしれないのである。

宗教的信仰と科学的知識は二つのまったく異なるレベルにあり、そしてそれ故、互いに衝突することもサポートすることもありえない、と言えば、私の言わんとするところを前よりももう少し明確に分かっていただけるだろうと思う。

これまでのところ、私は、科学の特性のいくつかについては多少コメントしたが、宗教の特性についてはまったく何も言わなかった。私はここで、きわめて一般的な仕方で宗教について語っているということをはっきりさせておく必要がある。私はつねにキリスト教を念頭においてはいるけれども、他のすべての宗教、とくに、仏教、イスラム教、ユダヤ教といった宗教を含むのに十分なほど一般的な用語で語りたいと思っている。これらが宗教であることには誰もが同意するだろう。しかし私は以下で、「宗教」という用語を、通常される以上にさらにより広く拡張しなくてはならないと主張するつもりである。上の様々に異なる教説のどれかを信奉しているという理由で、ある人を宗教的と呼ぶのであれば、たとえその人が種々の宗教と認められているものを何も信奉していないとしても、次の場合には、やはりその人を宗教的と呼ばなければならないだろうと私は主張する。それは、すなわち、その人が、実践的な生の問題に対する答えをその人に与えるような、何らかの信念をもっている場合である。上に挙げた様々な宗教が信者たちに与えるのも、これら実践的な生の問題に対する答えなのである。では、これらの問題はどんな種類の問題なのか。それらは根底において、われわれはいかに行為すべきかということに関わる問題、人類全体のためだけでなくまた自分自身のためにも、われわれはこの生において何を目指すべきかに関する問題である、と私は主張する。このような問いは、科学によっては決して答えられないということ、科学と科学的方法は、事実に関わる問い以外の何ものにも答えを与えようと試みることが決してできないということを明確に見てとる必要がある。すべての科学の問題は、根底において、「あれやこれやのものは、様々な状況下でいかにふるまうのか？」という形に翻訳することができる。そして科学の答えはすべて、記述的な言明の形をしている。すなわち、答えはつねに、「それはかくかくである」とか、「これらのものはかくかくの仕方でふるまう」といったものになる。このような記述的な言明から、「物事はかくかくであるべきだ」とか、「私はかくかくの仕方で行為するべきだ」といった答えが得られることは決してない。こういった言明は、完全に科学の領域の外にあるのだ。

　当然のことながら、科学の範囲を超えるものなど何もなく、それ故、「彼はこうすべきだ」という言明は、そもそも言明ではなく、意味を欠いたことばの寄せ集めを形成するにすぎない、と独断的に主張する人たちも存在してきた。私はこの問題を詳細に論じる気にはならない。なぜなら、われわれが皆、ここで記述されたような仕方で「べき」という語を用いるときに何を意味しているかを完全に知っていることは、私にはまったく明らかであると思われるからだ。そしてまた、べき－言明が意味を欠いているという彼らの主張が意味しているのは、べき－文は科学的な性格をもたないということにすぎないように思われる。実際、単にこれらの人々は「無意味」

（訳1）Sir James Hopwood Jeans（1877–1946）イギリスの物理学者、天文学者。黒体放射に関する研究などによって力学の新たな展開に貢献し、引退後は科学啓蒙書を著した。

（訳2）Sir Arthur Stanley Eddington（1882–1944）イギリスの天文学者。アインシュタインの相対性理論の意義をいち早く理解し、研究を進めるとともにその紹介にも尽力した。

を「科学的でない」の同義語として用いており、それ故、彼らの理論全体も、「べき」文は科学的でない」という言葉で表現されうる、と言うことができる。そしてこのことなら、まさに私がここで主張していることに他ならないのである。

以上の話はすべてかなり抽象的である。もう少し話を具体的にするために、簡単に次のように言うこともできよう。すなわち、われわれの実践的行為や実践的目的、そしてとりわけ道徳的な意思決定の領域、また、われわれが他者に対してふるまう仕方や、われわれが自身の生活を送る仕方など、これらすべては、ある仕方で科学の外部にある領域を形成する、と。もちろん、科学はこれらの事柄をいつでも記述することはできる。科学者は、「スミス氏の目的は何か」と問うことができる。しかしスミスの目的選択は行為であり、それは、科学によって記述可能ではあるけれども、いかなる科学の言明からも導くことのできないものなのである。しかし、宗教——たとえば上で挙げた諸宗教のような——は、まさにわれわれの行為選択や、他者に対するふるまいの選択や、そして生きていく上での行いにまつわるその他のすべての事柄に関わっている。宗教が人の生において最も重大な役割を果たすのは、間違いなくここにおいてであるし、そして、ここでは科学と宗教の間に衝突が存在し得ないのは明らかである。

宗教と科学の間の対立という一九世紀的問題と私が呼んできたものと手をとりあう、もう一つの一九世紀的問題があり、それもまた今や時代遅れなものとなっている。それは、宗教と無宗教の対立という問題である。この問題は、長い間、あれこれの宗教と認められているものを信じる人たちと、そして、自らを無神論者や自由思想家であると述べ、いかなる宗教ももたないと主張してきた人たちの両方によって、きわめて重要であると考えられていた。ここでもどちらの陣営も間違っていると私は思う。とりわけ、自分たちはいかなる宗教ももっていないと力説した人たちに関して、より強く私はそう思う。こういった人々は、多くの異なる信条を信じる人たちに宗教の所有が帰属されるのと正確に同じ意味で、間違いなく宗教的であった、と私は主張する。そしてまた、彼らが自分たちの無宗教を熱心に宣言すればするほど、自分たちが実際にはある宗教に属していることを明白に示していたのだ、と私は主張する。私のテーゼは、信仰の度合いというものは存在するし、また、ある人たちの場合に信仰が非常に強く、他の人たちの場合にはかなり弱いということはあるかもしれないけれども、信仰をまったくもたない人などいないだろうというものである。それ故、宗教を無宗教と対立させる代わりに、単に信仰の異なる種類や程度を対比させることができる。しかし、宗教対無宗教の問題の消滅に伴って、新たな問題が生じる。その問題はもはや、「あなたは宗教をもっているか否か」というものではなく、「あなたはどんな種類の宗教をもっているか――正しい種類のものか、間違った種類のものか――よい宗教か、悪い宗教か」というものである。

この問題が二〇世紀的問題であることははっきりしている。古きよきビクトリア朝時代、誰もがジェントルマンであったときには、この問題は存在しなかった。様々な宗教間の違いは、概して、宗教の道徳的な側面には影響しないような違いであると当然のごとく見なされていたのである。しかしわれわれはもはやそんなに素朴ではない。いまやわれわれは、強い絶対的な信念をもつ人たちによって支持される強力な宗教的運動でありながら、同時に、まったく非人間的で、たとえば私が上で言及したような、他の諸宗教が大事にするすべてのものを破壊しようとするような運動が存在しうることを知っている。私の念頭にあるのは、もちろん、様々な種類の全体主義や人種主義である。これらは、キリスト教のかの偉大な成果――われわれは皆同胞であり、われわれの間の違いは最終的にはそれほど重要ではないという信念、要約すれば、人類は一つであるという信念――を熱烈な信念をもって破壊しようとする運動である。

全体主義的信念は邪悪な宗教ではあるけれども、しかし一つの宗教であり、それ故、邪悪な宗教というものが存在するということを認識することが重要である。これらの邪悪な宗教についてもっと知りたいと思う人たちは皆、A・コルナイの本、『西欧との戦い』(序文はウィッカム・スティードにより書かれている)を読むべきだ。[5]この宗教が種々の異なった形で現れるのが見られるだろう。この宗教の追随者のうちのあるものたちは自らを異教徒と名乗り、そして他の者たちは、自分たちはキリスト教徒であると、そして当然唯一の「真なる」キリスト教徒であるとさえ、主張する。しかし彼らは皆、苦しむ人々を助けるという人道主義的な考え、そして人類は一つであるという考えを侮辱する点で一致する。

全体主義的信念の信奉者である二人の著作から引用してみよう。彼らはともに自らをキリスト教徒と呼んでいる。一人目は、新しい、つまりは邪教的なキリスト教道徳の宣伝者、［ヴィルヘルム・］シュターペル[6]である。「すべての偉大なる行いは名誉と栄光のために行われる」、とシュターペルは書く[7]。そして彼は、「栄光となる行いをせよ」という、新たな「キリスト教の」戒律を告げる。シュターペルは原罪の教えを利用して、人が罪を犯さないように努めることがまったく無益であることを示そうとする。「人は全面的に原罪の支配下にある」と彼は書く。「故にキリスト教徒は、［彼が］罪なしに生きることが厳密には不可能であることを知っている。……それ故彼は、道徳的な些事に拘泥しない……神はこの世界を壊れやすく創られたのであり、世界は破壊される運命にある。それなら、［その］運命に従って世界は荒廃するがよい」。「天国の望みは……服従とそして戦友たちの同士愛を意味する。神が、自らが創造した人間に対して地獄に行くよう命じるなら、神の信奉者であることを誓った者は……それに従って地獄へ行くであろう……信仰は勝利の別名で［しかない］。それは神が要求する勝利である」。

このようなキリスト教徒のもう一人は、［ハンス・］ブリューアー[8]である。「キリスト教とは」、とブリューアーは書く、

断固として貴族的な信条であり、またそれは道徳からの制約を受けず、人から教えられるものではない。……［キリスト教徒たちは］秘密の同盟を結ぶ。……キリスト教においてはたらく愛は異教徒の寺院を啓蒙するもの

であり、いわゆる人類愛だとか隣人愛といった、ユダヤ人の発明とは何らの関係もない。

私がこれらの著者たちから引用したのは、主に、邪悪な宗教というものが存在することを示すためである。そして邪悪な宗教が存在するのであれば、一方で宗教と道徳を、他方で無宗教と不道徳を同一視するのは、はなはだしい誤解である。宗教的な人間も不道徳でありうるのだから。また、自分は宗教をもたないと言う人（たとえば、偉大な英国の科学者、T・H・ハックスリーのような人）が大いに道徳的だということもありうる。

そしてまた、私がこれらの節を引用したのは、ある宗教や宗教的権威の戒律に従うだけでは十分でないことを示すためでもある。道徳的責任を他人に転嫁することはできない。われわれは、最終的に、自分の行いすべてと、そして自分の採用する宗教に対して、責任を負うのである。そしてわれわれはこの宗教を熟視し、自らの良心がわれわれに教えるところを自分に問わなければならない。「キリスト教」という名前すら人道的な教えである保証にはならない、ということをわれわれは目にした。われわれ自身の良心こそが訴えるべき最終の法廷であるという根本的な教えは、キリスト教の教えでもあるが、われわれはそれを固守しなければならないのである。

こういったすべての事柄に関して、科学がわれわれの助けになることはない。科学はそれ固有の研究領域の中にある限り、われわれが何をすべきなのかを告げることはできない。科学は、道徳や宗教の領域には口出ししないのである。しかし、科学は他のやり方でわれわれの役に立つことはできる。科学における真理への専心は、それ自身一つの宗教的態度である。それは、われわれ自身を超える目的に尽くし、そのために犠牲を払おうとする態度である。殉教者となってきたのはキリスト教徒だけではない。科学の殉教者も存在してきたのである。他者の宗教的確信、とりわけ人道主義的な宗教的確信に敬意を払う用意がわれわれにあるならば、この科学的態度にも敬意を払わなければならない。そしてわれわれは、人が自らの理性に対してもつ信仰を台無しにしようとする不寛容な宗教的教条主義者たち、たとえば、戦争のための武器を発明するというかどで科学を非難する人たちとは闘わなければならない。この世にあるよいもので、悪しき目的のために誤用される可能性のないものなど存在しない。キリスト教でさえそのように誤って用いられうるということを、われわれはたった今見たばかりである。科学もまた誤用されうるのである（そして多くの宗教戦争が生じ、十字軍のような侵略的な宗教戦争さえ生じてきたが、科学的な目的と呼びうるもののために起きた戦争はまだない、ということを忘れるべきではない）。

われわれは寛容でなければならないと私は主張した。しかしまた、この寛容には限度があると私は信じる。破壊を説くだけでなく、それに従って行動しようとする非人道的な宗教には寛容であってはならない。これらの宗教に寛容であるとしたら、われわれはそれらが行うことに対して責任を負うことになるからである。

要約しよう。科学と宗教の領域は互いに干渉しない。それらの間のどんな対立も、どちらかが領域を越えて侵害することにより起こったものである。しかし、宗教と道徳的問題の領域は、非常に広範囲にわたって一致する。しかし、このことは、宗教的であることが人を道徳的にするということを意味しない。邪悪な宗教も存在するのであり、良心に基づくわれわれ自身の決心だけが、正しいものと誤ったものとを区別する助けになることができる。

議論のための問い(9)

1　人々が自分は宗教をもたないというとき、何を意味しているのだろうか。
2　進化に関するよく知られた対立は何らかの重大な宗教的問題に触れるものである、とあなたは信じるか。
3　ある宗教のおきてを厳密に遵守する人は、必然的に、自分自身の良心に従う別の人に比べてより宗教的であることになる、とあなたは信じるか。
4　生涯を科学の研究に捧げる人が「何ものも信じない」人でありうる、とあなたは考えるか。

読書案内

バートランド・ラッセル（Russell, Bertrand）『人々を考えさせる』（*Let the People Think*, London : Watts, 1941.）

――「自由人の信仰」『神秘主義と論理』所収、江森巳之助訳、みすず書房、一九五九年（"A Free Man's Worship", in *Mysticism and Logic and Other Essays*, London : Longmans, 1918, etc.）

C・E・M・ジョード（Joad, C. E. M.）『道徳及び政治哲学案内』（*A Guide to the Philosophy of Morals and Politics*, London : Gollansz, 1938.）

A・コルナイ（Kolnai, A）『西欧との戦い』（*The War Against the West*, London : Gollancz, 1938.）

T・H・ハックスリー（Huxley, T. H.）『俗人説法、エッセイ、批評』（*Lay Sermons, Essays and Reviews*, 3rd edn. London and New York : Macmillan, 1895.）

補遺　ポパー神を語る――エドワード・ゼリンによるインタビュー（一九六九／一九九八年）[10]

ゼリン　あなたの思考のうちに、神というものが占める位置はありますか。

ポパー　私は宗教上ユダヤ教徒ではありませんが、「神の御名を濫用するな」というユダヤの戒律には偉大な叡知が含まれているという結論に達しました。組織化された宗教に対する私の反対は、それが神の御名を濫用する傾向があるということです。

神が存在するかどうか私は知りません。われわれがいかにわずかのことしか知らないかをわれわれは知ることができるかもしれませんが、しかし、そのことを、計り知れない神秘の存在についての積極的な知識へと転じたり、捻じ曲げたりしてはいけません。計り知れないほど神秘的な性質をもつものが世界にはたくさんありますが、しかし、知識の欠如から神学をつくり出したり、無知を積極的な知識のような何ものかに転じたりすることは許されることではない、と私は思います。ある種の無神論は傲慢で無知であり、しりぞけられるべきですが、不可知論――われわれは知らないということを認め、探求すること――はまったく正しいのです。

神が存在するとしたら、私は、感謝されてしかるべきある種の人物へ私の感謝の念を向けることができてうれしく思うでしょう。(11) この世界は、悪しき哲学者たちや悪しき神学者たちがそれからつくり出す混乱にもかかわらず、素晴らしい世界です。多くの戦争や多くの無慈悲に関して責められるべきなのは、彼ら悪しき哲学者や神学者の方です。

一神教は多神教より哲学的にも感情的にも優れていますが、多神教に味方して多くのことを言うことができます。多神教はその構造からして、一神教よりも他宗教を許容しやすく、一神教のように過度な狂信に至るおそれが少ないものです。一神教では、他宗教の真理のために余地を残しておくことがずっと難しくなります。

すべては神話に遡り、そして神話は真理の種子のようなものを含んでいるかもしれないけれども、真実ではありません。だとしたら、なぜユダヤの神話は真であって、インドやエジプトの神話は真でないとするべきなのでしょうか。

ゼリン　あなたは、二つの理由から宗教に敬意を払うと主張されました。つまり、①宗教についてあなたは何も知らないということ、そして②ある人々は宗教を必要とし、それ故、それは彼らにとって有益であるだろうということです。

ポパー　私は、私自身を含め、すべての人は宗教的であると考えています。われわれは皆、自分自身よりも重要で――うまいことばを見つけるのは難しいのですが――自分自身以上の何かを信じています。私には新たな種類の信仰を打ち立てようというつもりはありませんが、われわれが実際に信じているものは、私が第三世界と呼ぶものです。(12) それは、われわれを超えており、文字通りの相互作用という意味でわれわれと互いに影響を及ぼし合い[13]、そして、それを通じてわれわれが自分自身を超えることのできるような、何ものかです。それは一種のギブ・アンド・テイクですが、動物的な表現のレベルのものではなく、創造されてきた作品からの学びです。芸術がその一例です。音楽は私にとってとても大切な意味をもつ芸術です。私は音楽に我を忘れることがありますが、それは私にとって、それを通じて自分自身を改良しようとする客観的な経験です。

ゼリン　われわれは孤立したばらばらの個人ではありません。われわれの存在が社会集団に依存しているとしたら、われわれはどうすればあなたの認識論を建設的に利用することができるでしょうか。

ポパー　この言明を思い出してください……［ここで、ポパーは、ピート・ハインの『グルック』から、誤りから学ぶというテーマに関する一つの詩句を引用した[14]］。社会が必要とするものを与えるような人々はたいてい誇大妄想を抱いているものですが、私はそれほどの誇大妄想をもっていません。

ゼリン　私が論文の一つで取り上げたハシドの物語を思い出していただけるでしょう。「祈りを続ける前に、私は、『私』とは誰であり、『あなた』——神のことを意味します——とは誰であるかを知りたい」。ハシドが知る以前に人生は終わってしまうかもしれません。さしあたっては、人生を生きていかなくてはいけません。そして私の気掛かりは、こうです。「私はどうやっていくのか。どうすれば私は思索者であることから探し求める者へと転じることができるのか。私はどんな想定を、少なくとも一時的にであれ、テストするために立てればよいのか」。

ポパー　そう。あなたは行動しなければならない。そして行動するためには、ある事柄を信じなければならない。たとえそれらの事柄が時には真でないとしても。行動するためには、受け入れなければならないのです。後になって、ひょっとすると、あなたは信念を修正することができるかもしれません。もっとも実際のところあなたには、十分な時間がないかもしれませんが。

ゼリン　私の理解するところ、権威主義に代わる選択肢は、現状維持の保守主義でも勝手気ままな自律でもなく、責任ある自律です。――責任が意味するのは、参与すること、計算されたリスクとチャンスを受け入れることです。

ポパー　〔再びハインから、われわれは誤るが、時を経るにつれ誤りは少なくなるということに関する短い詩句を引用する。〕

ゼリン　そう、より少なく、であってほしいものです。

ポパー　しかしそうであるかどうかわれわれは知りません。計算されたリスクというのは、その限度しかわれわれが知らないリスクのことです。

もし真理の基準があったら、われわれは事実上全知だったでしょう。事実を突き止めたいときには、何度も何度も試しては誤らなければなりません[15]。にもかかわらず、知識が不十分であっても、われわれは自らの態度を決めなければならないのです。

ゼリン　なぜあなたは神に関して同じ態度をとることができないのですか。

ポパー　最良の宗教とは、神について、テスト可能なはっきりした具体的な何かがあるとは言い難いくらい、きわめて曖昧にしか語らないものですし、またそれで正しいのです。最良の宗教はただ、われわれの感情に訴えるだけです。宗教がテスト可能である限り、それは誤りであるように思えます。これは批判ではありません。なぜなら宗教は科学ではないのですから。むしろ、これは、宗教をあたかも科学であるかのように進んで扱おうとする神学者たちへの批判です。

私は、科学を科学ではないものから区別するために、反証基準というタームを導入しました。しかし、何かが科学でないからといって、それが無意味だということにはなりません。

われわれは神の前では裸です。ある意味ではそれでまったくよいのです。この領域において、学識ある賢い人々――キリスト教の公式では、パリサイ人と律法学者――だけが成功するのだとしたら、それは残念なことでしょう。

神に関する議論はどんなものであれ、ともかくある意味で不愉快なものです。私が生の賜物と呼ぶものに目を向けるとき、私は、神に関する何らかの宗教的な観念と調和するような感謝の念を覚えます。しかしながら、そのことについて語るだけでも直ちに、私は神に関して語ることで、神に対し何か間違ったことをしているのではないかという困惑を感じるのです。

ゼリン　あなたの主要著作は、『歴史主義の貧困』(一九五七年、他)、『推測と反駁』(一九六三年、他)、『開かれた社会』(一九四五年、他)、『科学的発見の論理』(一九五九年、他)です[16]。あなたの思想の核心を見出すには、何を読むことをお勧めになりますか。

ポパー　私の認識論の最も簡潔な定式化は、ピート・ハインの本『グルック』の中に見つけることができます。私自身の著作では、「知と無知の源泉」と名付けられた、『推測と反駁』のイントロダクションをお勧めします。

ゼリン　個人的な質問をしてもよろしいでしょうか。ご家族はいらっしゃいますか。

ポパー　子どもはいません。私たちはヒトラー主義の最悪だった時期に結婚しました。妻もユダヤ人ではないのですが、私たちは子どもをもたない決心をしました。臆病だったかもしれませんが、一面では正しい決断だったと思います。このことは、神に対する反論となる事柄の一つです。人が最悪の条件下でも勇気をもち続けることができるなら、そのことは、神を支持する論証となるでしょう。私は、魂をこわしてしまう強制収容所の責め苦に耐えることができる人などいないと思います。ある人々は実際に耐えたのですが、しかし彼らは他の人たちと同じように扱われたわけではありません。

ゼリン　戦争の間あなたはヨーロッパにはいらっしゃいませんでした。

ポパー　強制収容所が始まったとき、私はヨーロッパにいました。そして、何が起こりつつあるのかに気付いたのです。私の本当に仲のよい友人の中にも、強制収容所にいたものがいます。そして、一七人ほどの親類──おじ、おば、いとこ──が、強制収容所で殺されました。

ゼリン　それは彼らがユダヤ人だったから？　それともリベラルだったから？

ポパー　彼らはユダヤ人でした。私は三人を収容所から出しました。

ゼリン　私の記憶では、あなたは戦争の間大部分をニュージーランドですごされました。『開かれた社会』を執筆なさっていたときです。

ポパー　ええ、そうです。

ゼリン　世界の中の悪の問題をどのように扱われますか。

ポパー　それはどうしようもない事柄です。

ゼリン　ですが、それをどのように理解されているのですか。

ポパー　悪だけでなく、──カントが導入した用語ですが[17]──「根本悪」の可能性もあります。根本悪が人に対してするのは、最も勇敢で最もよい人でも魂の崩壊なしには耐えることのできないようなことです。カントは自らが語っていることについて何らの理解ももっていなかった、と私は思います。ヒトラー以前には、根本悪が何を意味するのか、私には分かりませんでした。

ゼリン　悪の存在をどのように説明なさいますか。

ポパー　説明することなどできません。私を神に反対させ、神やそれに似た何かが存在するかどうかを私に疑わせるもの、そして人は神について語るべきではないとさらにいっそう強く私に確信させるもの、それが悪です。

ゼリン　人は「根本悪」にどう対処すべきであると思われますか。

ポパー　対処する？　それはむちゃな言葉ですね。私には分かりません。われわれにできるのは、どんな代価を払っても暴力と残虐を回避すべきだということを、理性的な手段によって、そしてまた、巧妙に感情に訴えるといった完全に理性的とは言えない手段によって、人々に気付かせるようできる限りやってみるということだけです。

注

（1）［これは、「ディスカッション・コース」、「宗教――いくつかの現代的問題と発展」の一部としてポパーが行った四つの講義の一つ目であり、そしてそのコースは、一九四〇年にニュージーランドのクライストチャーチでの大学公開講座の一部となったものである。資料は、フーバー研究所のポパー・アーカイブ366-20の中にあり、そこに保管されている灰色のフォルダーには、鉄筆で切った原紙で謄写された一二の講義が収められている。

1　宗教とは何か？　Ｌ・Ｇ・ホワイトヘッド助祭長
2　科学と宗教　Ｋ・Ｒ・ポパー博士
3　文学としての聖書　Ｆ・シンクレア教授
4　神の言葉としての聖書　Ｊ・Ｍ・ベイツ牧師
5　キリスト教的人間観　Ｊ・Ｍ・ベイツ牧師
6　道徳的な人間と不道徳な社会　マーリン・デイヴィス牧師
7　道徳的な人間と不道徳な社会Ⅱ　Ｋ・Ｒ・ポパー博士
8　キリスト教社会という考え　マーリン・デイヴィス牧師
8a　社会における理想と現実　Ｋ・Ｒ・ポパー博士
9　キリスト教的歴史観　Ｊ・Ｍ・ベイツ牧師
10　歴史に意味はあるか？　Ｋ・Ｒ・ポパー博士

11　教会の今日とこれから　W・M・デイヴィス牧師

　現在の資料は、鉄筆で切った原紙で謄写された講義からなるが、それには後にポパーによって手書きの修正が加えられている。その修正によって文体は変わったが、話の実質は変わっていない。その見出しは、「ディスカッション・コース　宗教――いくつかの現代的問題と発展、講義2・科学と宗教、K・R・ポパー（注　ニュージーランド、クライストチャーチにて、K・R・ポパーが著作権をもつ原稿として複製された）」となっている。

　ページの上部には、ポパーによる手書きで、「神学と信仰の不在」と記されている。ページの下部には、再びポパーによる手書きで、「この講義は、一九四〇年、ニュージーランド、クライストチャーチの大学公開講座の一部となった、ディスカッション・コース『宗教――いくつかの現代的問題と発展』の中で行われた」と記されている。マラカイ・ハーコーヘンが指摘したように、ポパーの講義の一つに付された参考文献で、ラッセルの一九四一年の著作が引かれていることは、鉄筆で切った原紙で謄写された資料が少なくともそれ以後のものであることを示している。

　この論文で展開された議論は、ポパーが『開かれた社会』の第二四章の注三四と本文で簡潔に述べている見解を説明し、それを擁護するのに役立つ。

（2）［ここのあたりで、「……である、ある宗教的神話に固執する国教会の傾向が主たる原因となって」（in the main due to a tendency in the established churches to stick to certain religious myths which are）という不完全な追加がタイプ原稿に加えられているが、それがどこに挿入されるべきかは明らかに指示されていない。］

（3）［テキストはここで「革命」となっていた。］

（4）［テキストはここで、「われわれは今日それを受け入れる」と読むよう書き換えられていた。］

（5）［アウレイル・コルナイ『西欧との戦い』（Aurel Kolnai, *The War Against the West*, London : Gollancz, 1938.）］

（6）［このシュターペルからの資料は、コルナイの本から引かれている。一つ目の引用は二九二頁からのもので、コルナイは、「栄光」（glory）という語に注解をつけ、使用されているドイツ語の単語（'Ruhm'）は「名声」（renown）という含みをもつと指摘している。二つ目の引用は二五五頁から、五つ目は二五六－二五七頁から、六つ目は二五七頁からである。コルナイは、特定の引用元に関する情報を与えておらず、文献表だけを与えている。その文献表は、シュターペルについては、六つの異なる本を挙げている。この資料は後に、『開かれた社会』の第一二章の本文とそして注八三と八六において、ポパーにより引用されている。]

(7)　[ポパーはここで、コルナイの「栄光のためになされた」から訳を少し変えている。]

(8)　[この資料は、再びコルナイの本の七四頁から引かれたものであるが、ハンス・ブリューアーの『ナザレのイエスの英雄的行為』(Hans Blueher, *Die Aristie der Jesus von Nazareth*, Prien, Kampmann & Schnabel, 1922.) からコルナイによって引用されている。ポパーはまたこの資料を『開かれた社会』の第二四章、注三三でも引用している。]

(9)　[このような問いと文献案内は、この講義シリーズに共通の特色である。]

(10)　[エドワード・ゼリンは、一九六九年にポパーがブランダイス大学の客員教授であったときに、ポパーと会い、一九六九年の一一月に二回にわたってポパーにインタビューした。ポパーはインタビューを受けるにあたって、インタビューからの資料が彼の死後でなければ公刊されないことを条件としていた。そして、このインタビューは一九九八年に、*Skeptic*, 6, no.2, 1998, pp.46–49. においてゼリンによるディスカッションとともに公刊された。このインタビューはニュージーランド講義と類似のテーマを扱っているため、補遺として収録することにした。]

(11)　[このテーマについては、ポパーの「私は哲学をどのように見るか」と比較せよ。それは現在、『よりよき世界を求めて』に収められている。]

(12)　[ポパーは後に、「世界三」へと用語を変えた。これについては、彼の『客観的知識』を見よ。]

(13)　[この点については、『自我と脳』へのポパーの寄稿を見よ。]

(14)　[ピート・ハイン『グルック』(Piet Hein, *Grooks*, Cambridge MA : MIT Press, 1966.) 三四頁を見よ。ポパーはハインの『グルック』の一篇を、自身の知識観を例証するものとしてとくに好んだのだが、それを引用する許可を得ることができなかった。]

(15)　[ここで、「試す」(try) と「誤る」(err) の間にコンマがあったのかどうか、校訂者には分かっていない。]

(16)　[インタビュアーは、言及した本について様々な年代を付している。]

(17)　[I・カント『単なる理性の限界内における宗教』第一巻、一五節 (I. Kant, *Religion within the Limits of Reason Alone*, book 1, section 15.) を見よ。]

第4章　道徳的な人間と不道徳な社会——一九四〇年(1)

先のマーリン・デイヴィス師（the Reverend Merlin Davies）による講演と、私のこれからの講演に同じ論題を選ぶことにわれわれ二人は同意した。それは、教会と、「ヒューマニズム」ないし「人道主義」という、それぞれの取り扱い方の対比点はもちろん、一致点も示そうと願ってのことである。非常に喜ばしいことに、実質的に重要な問題のほとんどについて、私自身、先のデイヴィス師の講演と意見が同じだった。実際のところ、デイヴィス師による講演の中にあった次の一文は私自身の講演のモットーとして採用してもよいくらいだ。つまり、「われわれのような社会では、キリスト教徒は非キリスト教徒と力を合わせねばならないことは明白なのである」。この文は根本的なものである。私が信じるに、協力の精神は、キリスト教徒と非キリスト教徒の間だけではなく、白人と有色人種、マオリとパケハ（Pakehas）(2)、学者と非専門家、老人と若者の間のものであり、現在のわれわれの世界より少しでもよい世界の建設に向かって足を踏み出すために必須のものなのである。このような協力の精神は、「私が誤りであなたが正しいかもしれない、力を合わせればより真理に近づける」という態度であり、私が合理主義の精神と呼ぶところのものである。それは、一人一人の個人の中に善きものを見出そうとし、そして批判であれよき助言であれ、どんな人からでも進んでそれを受け入れようとする態度なのである。これと正反対の態度は、「私は分かっている、私にものを言える人はいない」という態度、つまり石頭の独断主義者の態度、人間理性（おそらくは、自分自身の人間理性は除くのだろうが）を軽蔑する態度である。それは、他人の意見もはばからず何の正当化の必要も感じず、批判を無視するすべての態度である。つまるところ非合理主義の態度なのである。

さて、われわれの主題「道徳的な人間と不道徳な社会」に話を進めることにしよう。この論題は（ラインホールド・ニーバー（訳１）に負うのだが(3)）、個人と社会との間の関係、とりわけ、その道徳的側面を扱わねばならないことを示す。しかし、この論題はそれ以上のことを示している。この論題は個人の道徳性を社会の不道徳性に対置しており、「道徳的な社会と不道徳な人間」という論題に真っ向から反対なのである。この後のほうの「道徳的な社会と不道徳な人間」という論題は、プラトン、アリストテレスそしてヘーゲルといった哲学者をその主唱者としており、非常に長い歴史をもつ一つの哲学的立場を表現している。これらの哲学者の教説では、国家はすべての道徳性を体現しており、国家はその市民の道徳の面倒を見ねばならないのである。ニーバーの論題「道徳的な人間と不道徳な社会」が示すのは、社会とその組織化された政治権力、つまり国家に力を与え崇拝さえするこの哲学に反対する、まったく別の哲学である(4)。このもう一つの哲学は、国家つまり組織化された政治権力を、一つの悪、必要悪だと考える。それはある程度はわれわれの制御の下に置かれる悪かもしれないが、それでも悪には変わりないのである。それはトマス・ホッブズによって最初に表現された哲学であり、国家を危険な獣「リヴァイアサン」として描くものである。もう一つの選択肢である無政府状態、つまり、無秩序な社会は「リヴァイアサン」以上に悲惨である。ホッブズは、そのため必要とされる悪として国家を描くのである。一方では無政府社会、他方では強力な国家としての「リヴァイアサン」という二つの悪に直面し、ホッブズは後者を選んだ。つまり、ホッブズは二つの悪からより悪くないほうを選んだのである。ニーバー自身の立場は幾分違ったものであ

（訳１）Reinhold Niebuhr（1892–1971）アメリカを代表するキリスト教神学者。

る。ニーバー自身がファシズムとナチズムに反対したことが、ニーバーの立場に強い影響を与えている。ファシズムとナチズムの両者は、われわれ自身の時代において、リヴァイアサンに内在する危険性をかつてないほど明白に示したのである。そして同時に、ファシズムとナチズムは、プラトン、アリストテレスそしてヘーゲルの哲学を、つまり、国家（そしてその代表者）が唯一の道徳的権威であり、それ自体が崇拝されるべきだという主張を再び肯定したのである。

ここで指摘してもよいだろうが、国家の道徳的権威を認めることや、その権威に頭をさげることを拒否するという、先の主張と正反対の主張は、初期キリスト教の教義の一つであった。古代ローマ国家と初期キリスト教徒との間の衝突、殉教と教会の建設へとつながってゆく衝突が生じたのは、ただ、A・J・トインビー（訳2）が言う(5)「ローマに従う人々に良心とは逆の行為を強いる権限がある」というローマの主張の受け入れを、キリスト教徒が拒否したことによるのである。道徳上の事柄において、国家の主張が自分自身の道徳的良心を超えるさらに高い権威だということを、キリスト教徒たちは受け入れることを拒否したのである。このことによって、キリスト教徒たちは、自らの良心が国家の法律に対して正義の基準を定めるのであって、その逆ではないと主張したのである。強さ（権力 might）は正しさ（正義 right）の基準ではない。疑いもなく、初期キリスト教徒の強靱さと、彼らが示した手本がもつ大きな道徳的影響力は、最終判断においては外的権威ではなく自分自身の良心に従わねばならない、という信念を守り通したその道徳的勇敢さにあるのである。もう一人の殉教者、ソクラテスを鼓舞したのも、これと同じ道徳的勇気であった。ソクラテスは紀元前三九九年にアテナイで死ぬが、それは、その良心が話せと命じたとき、強さ（権力）に屈し口を閉ざしてしまうのを拒否したからであった。強さ（権力）が正しさ（正義）の基準を定めるという主張を拒否したキリスト教殉教者たちは、ソクラテスが死ぬことになったのとまさに同じ大義に殉じたのである。

われわれの主題が今扱っているのは、一つの根本的問題である。つまり、誰が道徳的な決定の拠り所であるべきか、という問題である。個々の人間とその良心なのか、あるいは社会、つまり国家といった、個々の人間の外にある社会的ないし集団的権力なのか。受け入れるべきは、道徳的個人主義なのか、もしくは道徳的集団主義なのか。

次の用語、すなわち、個人主義と集団主義という用語［ここにポパーは「of」を入れて「個人主義と集団主義の用語」(the terms of individualism and collectivism) としている］をまず解明することから始めようと思う。これは大切なことである。というのも、国家の崇拝者たち、とりわけ、プラトンやヘーゲルといった哲学者たちは、個人主義はちょうど利己主義のように何か悪いものであり、集団主義はちょうど利他主義のように何か善いものだと、つねにわれわれを説き伏せようとしてきたからである。

ちょっとした表が議論の助けとなるだろう。次のように区別できよう。(6)

（a）個人主義　（に対立するものは）　（a′）集団主義
（b）利己主義　（に対立するものは）　（b′）利他主義

オクスフォード辞典によれば、「個人主義」という言葉はときに、二つの異なった意味で用いられる。すなわち（a）集団主義の反対語としてと、（b）利他主義の反対語つまり利己主義という意味での二つである。（a）の意味を表現する単語は他にないが、（b）の意味を表現するのには、利己主義や自分本位といった多くの単語があるので、（a）の意味のために用語「個人主義」を取っておくほうが便利である。そこでこの用語をもっぱら

(訳2)　Arnold Joseph Toynbee（1889–1975）イギリスの歴史家。経済学者のA・トインビー（Arnold Toynbee：1852–1883）は叔父。

そのように使うつもりだ。

さて、四つの用語（a）、（a′）、（b）、（b′）は、ある態度・要求・道徳的決定・道徳律を記述する。これらの用語は事例を挙げれば容易に説明できる。集団主義から始めよう。集団主義が最もよく例示されるのは、個人はつねに集団全体や共同体、たとえば、都市・国家・部族・あるいは他の集合体の利益に役立たねばならないというプラトンの要求である。「部分は全体のために存在するが、全体は部分のためには存在しない……。あなた自身も全体のために創られたのであり、あなたのために全体が創られたのではない」とプラトンは書いている。[7]この引用は、集団主義の例示というだけでなく、感情に強く訴えるものももっている。それは、たとえば、集団や部族への帰属願望といった様々な感情に訴えるのである。そして、このように訴える要因の一つは、疑いもなく、利己主義や自分本位（b）に反対するという道徳的に訴える力である。プラトンが示唆し、後の集団主義者すべてがプラトンに従った点は、もし全体のために自己利益を犠牲にできないのなら、その人は自己本位な人物であり、道徳的に堕落しているということである。

しかしながら、上述の小さな表を少し眺めれば分かるように、そうではないのである。集団主義は利己主義と対立しないし、利他主義や自分本位でないことと同一でもないのである。集団主義者は集団利己主義者でありうる。集団主義者は、他のすべての集団と対立して、自分自身の集団の利益を自己本位に守るかもしれない。集合的利己主義ないし集団利己主義（たとえば、国家利己主義や階級利己主義）は非常にありふれたものだ。そのようなものの存在によって、集団主義が自分本位と対立しないことが申し分なく明確に示される。

他方、個人主義者たる反集団主義者は、同時に利他主義者でありうる。つまり他の個人を助けるために進んで犠牲になれるのである。人は他人すなわち他の個人に、その人たちの喜びや悲しみに、そしてその希望と涙に関心をもちうるのである。このように他の個人に直接関心をもつことは、共同体や集団への関心を必要としない。個人主義者だということが意味するのは、すべての人間個人のうちに見出すのが、たとえば国家の利益といった、さらに別の利益にとっての単なる手段でなく、目的そのものだということである。個人主義者だということは、自分自身の個人性を取り立てて深刻に考えることを意味しないし、他人の利益より自分自身の利益をより（あるいは同程度にですら）強調することも意味しないのである。

さて、われわれの小さな表をもう一度見ると、四つの立場の組合せのうち、二つが不可能だと分かる。つまり、（a）と（a′）の組合せと、（b）と（b′）の組合せである。この組合せが不可能なのは、個人主義を反集団主義として、集団主義を反個人主義として定義したからだ。そして、同じように、利己主義を自分本位として、利他主義を非自分本位として定義できるだろう。しかし、他の組合せはすべて成り立つのである。

つまり、（a）と（b）を結び付けて利己主義的な個人主義が作れ、あるいは、（a）と（b′）を結び付けて利他主義的な個人主義を作れるのである。そして、同じようにして、（a′）と（b）を結び付けて利己主義的な集団主義を作れ、さらに、（a′）と（b′）を結び付けて利他主義的な集団主義を作れるのである。

ここに四つの立場があり、その一つを選ばねばならない、このことを理解するのが非常に重要である。プラトン、そしてほとんどの集団主義者たちはプラトンと同じく、つねにこの事実を曖昧なままにしておこうとした。つまり、個人主義と集団主義という二つの可能性しか存在しないかのように語ったのである。しかも、（a）かつ（b′）という立場を無視し、集団主義を唯一の利他主義的態度、したがって唯一の道徳的態度だとして褒めたたえ、個人主義を利己主義とつねに同一視したのである。しかし、集団主義について語るとき集団主義者たちが念頭にしているのは、利他主義的集団主義（つまり、自分自身の共同体ではない他の共同体の権利の承認）ではなく、利己主義的集団主義、つまり、自分たち自身の共同体の重視であった。このようにして、利他主義へ向かう道徳的衝動は、集団主義へと向かう衝動へとねじ曲げられたのである。集団主義者はわれわれのもつ道徳的利他主義に訴えるのだが、それを自らの集団利己主義的な目的のために使ったのである（そして同じことが、ファシストと共産主義者によってなされた）。

これまで話したことから明らかであろうが、私は個人的にはこれら四つの可能性のうち、（a）かつ（b′）、つまり個人主義と利他主義の組合せを採用すべきだと、つまり、利他主義的個人主義を採用すべきだと信じている。実際のところ、ソクラテスの時代よりこの方、この利他主義的個人主義は多くの人の信条であった。思うに、これはまたキリスト教徒の態度でもあり、ここで、キリスト教がもつ個人主義を例証する一節を、マーリン・デイヴィス師の講演から引用してもよかろう。マーリン・デイヴィス師はこう書いている。「まず第一に、神によって創られ、キリストによって贖われたのだから、人間の人格は永遠の価値をもつものだという確信をもって、キリスト教徒は政治に携わらねばならない」と。[8]

このことが意味するのは、政治や社会へのわれわれの関心が、人間個々人に対するわれわれの関心に、彼らを助けようと案じることに、そして彼らに対するわれわれの責任に、完全に基づいていることである。これは、明確な個人主義——もちろん利他主義的個人主義——である。これは、（プラトンが、ファシストと同じく要求したように）国家のために個人が存在すべきというのではなく、国家は個人のために存在すべきという要求につながるのである。

私は、国家は個人のために存在すべきだという要求について語っている。その理由は、国家はその真の本性に依ってかくかくであるなどと主張する理論の包み紙にわれわれの願いをくるんで隠してしまわず、この場では政治的要求について語ることが、より明確でより率直だと信じるからである。「国家とは何か、その真の本性は何か、その真の意味は」と問うのではなく、また「国家の起源はいかなるものか、そしてその運命や如何」と問うのではなく、次のように問わねばならないと、私は信じる。つまり、「われわれは国家に何を要望しているのか、われわれは国家にどのように統治されたいのか」と。われわれの根本的な要求を見つけるため、次のように問うことができる。「なぜわれわれは、国家なしに、つまり無政府状態で暮らすより、秩序ある国家で暮らす方を選ぶのか」と。このような仕方で問いを立てることは、国家の真の本性ではなく、国家に関わるわれわれの願い、われわれの道徳的要求を見つけ出す助けとなるだろう。

今、われわれの問いをこのような仕方で問うなら、キリスト教徒の返答は、人道主義者やヒューマニストの返答と同じく、次のようになるだろう。国家に要求するのは、私自身を保護するだけでなく、他の人たちをも保護することである。私自身の自由に対する保護と、他の人たちの自由に対する保護を私は要求する。より大きな拳骨やより強力な銃をもつ人の意のままにされて生きることは望まない。言い換えれば、他の人からの攻撃に対して保護されることを望む。攻撃と防御の間の差異が承認され、防御は組織化された権力、つまり国家によって支援されることを望む。私自身の行動の自由が、国家によっていくばくか縮小されても、もし残りの自由の保護を獲得できるのなら、それをまったく進んで認める。というのも、自らの自由をある程度は制限することが必要だと分かっているからである。たとえば、もし、私への攻撃に対する防御の支援を国家に望むのであれば、私が攻撃をする「自由」を放棄しなければならない。それでも、国家の根本目標が見失われないように私は望む。根本目標で私が意味するのは、他の市民に危害を加えない限りでの自由の保護である。したがって、国家によって市民の自由を制限することは、できるだけ平等に、そして必要以上にならないようにせよとキリスト教徒たる私は要求するのである。

これと同じようなことが、人道主義者・平等主義者・個人主義者の要求であろう。まさにこの要求によって、われわれが政治問題に合理的に、つまり、技術者のようにきわめて明確で限定された目的を視野に入れて、取り組めるようになれるのである。

このような目的は十分明確にかつ限定して定式化できる、という主張に対して、多くの反論が提起されてきた。自由は制限されねばならないと認めてしまったら最後、自由の原理全体が崩壊してしまう、また、どのような制限が必要で、どのような制限が不当なのかは合理的に決定できず、ただ権威によってのみ決定可能なのだ、そう言われてきた。しかしこの反論は一つの混乱による。つまり、この反論は、われわれが国家に何を望むかという根本的問いと、われわれの目的を実現する途上にある重大な技術的困難とを取り違えているのである。国家が保護することを責務とする自由を危険にさらすことなく、市民に残しておける自由の度合いを厳密に確定するのは確かに難しい。しかし、その度合いを近似的に確定させることが可能なことは、経験によって、つまり民主国家の存在によって証明されている。事実、この近似的確定という作業は、民主主義国家における法律制定の主な任務の一つである。それは、難しい作業ではあるが、その困難のために根本的な要求の変更を［われわれに］強いる作業でないことは確かである。手短に述べれば、われわれの根本的な要求とは、国家を、犯罪つまり攻撃の防止のための一つの共同体（society）だと見なすべきだ、ということだ。かくして、どこで自由が終わり犯罪に変わるかを知ることは難しいという反論全体は、原理的には、次の有名ならず者の話によって答えられる。市民は自由なのだから、自分の拳骨を好きな方向へ動かしてもよいと抗議したならず者に対して、裁判官は、賢明にも次のように返答したという。「拳骨の運動の自由は、汝の隣人の鼻の位置によって制限される」と。

私が素描した国家観は「保護主義」と呼んでよいだろう。「保護主義」という言葉は、自由に反対する傾向を表すのに使われることが多い。たとえば、経済学者は、保護主義ということで、ある産業上の利益を競争から保護する政策を意味する。そして、倫理学者が保護主義ということで意味するのは、国家の官吏は住民に対する道徳的な後見・監督（tutelage）を確立すべしという要求である。私が保護主義と呼ぶ政治理論はこれらの傾向のどれにも結び付かず、むしろ基本的には自由主義の理論の一つなのである。しかしそれでも、保護主義という名前は、それが自由主義的だとしても、自由放任（laissez faire）政策とは何ら関わりがないことを示すのに使ってもよいと考える。自由主義と国家の干渉は互いに対立しない。逆に、いかなる種類の自由も、国家によって保障されない限り、明らかに不可能なのである。たとえば、育児放棄（neglect）によって子どもが自らの自由を守れない恐れがあり、その育児放棄から子どもを保護すべきなら、教育においても国家によるある程度の管理は必要である。また、すべての教育施設はあらゆる人に開かれているように取り計らうべきである。しかし、教育問題における国家の行きすぎた管理は、思想教化（indoctrination）にどうしても至ってしまうため、自由にとって致命的に危険である。既に示したように、自由をどのように制限すべきか、という重要かつ困難な問いは、月並みな常套手段では解決できない。しかも、つねに境界例が存在するという事実は、歓迎されねばならないのである。というのは、この種の政治闘争という刺激がなければ、市民が自らの自由のために闘うという心構えはすぐに消え失せてしまうからである。政治闘争のおかげで、市民の自由がある（こういった観点から見れば、言われるところの自由と、安全つまり国家によって保障された安全との衝突というのは、自由と安全という二つが合体した怪物キマイラであることが分かる。というのは、国家によって保障されなければ、自由は存在しないからであり、逆に言えば、自由な市民によって制御された国家だけが、市民に相応の安全を提供できるからである）。

　このように定式化されたとしても、保護主義の国家論は、国家が保護主義的な目的をもった個人の共同体に起源を有するなどとも言っていないし、ある歴史上の現実の国家が、かつてこの目的に意識的に従って統治されたとも言っていない。つまり、国家の真の本性についても、自由に対する自然権についても、何も語っていないのである。さらに、国家が現実に機能する仕方についても何も主張していない。保護主義の国家論は一つの政治要求を定式化している。しかしながら、国家をその成員の保護のための共同体（「社会契約」）に起源をもつものと記述する人々の多くは、誤解を招くようなまずい仕方で表現してはいるが、まさにこの要求を表現することを意図しているのではないかと私は思う。その成員の保護が国家の本質的機能だと主張すること、あるいは、国家は相互保護のための共同体と定義されるべきだと主張することは、この要求の表現の仕方としては同じように誤解を招く。これらの理論はすべて、真面目に論じられるようにするには、論じる前にまず、いわば、様々な政治的決定を要求する言語に翻訳されなければならない。さもなければ、単なる言葉上の終わりのない議論が不可避だからである。

　そのような翻訳の一例を挙げることができる。私が保護主義と呼ぶものへの典型的批判の一つが、アリストテレスによって提供され、バークや多くの近代のプラトン主義者によって繰り返されてきた。この批判が主張するところによれば、保護主義は国家の責務をあまりにも低く見ているのである。（バークの言葉を用いれば）[9]、国家は「格段の崇敬の念をもって仰ぎ見られるべきものである。なぜなら人間ははかなくいずれ消えてなくなるという本性をもつ野蛮な動物であり、国家はそのような存在だけに役立つような事柄での協同事業ごときではないのだから」。言い換えると、国家は合理的目的をもった共同体以上のより高次のより高貴な何か、つまり、人間の崇拝の対象なのである。国家には、人間存在とその権利の保護を越えた、より高度の責務がある。とりわけ、国家には、道徳的責務があるのである。「徳に配慮することは、国家のその名に真に値する仕事なのだ」とアリストテレスは言う[10]。

さて、この批判を政治要求の言語へ翻訳してみると、批判している人たちは次の二つのことを望んでいるのが分かる。

第一に、この人たちは、国家を崇拝の対象とすることを願っている。われわれの見解から、このような願いに反対して言うことは何もない。それは宗教の問題であり、国家崇拝者は、どのようにしたら自分たちの信条を第一戒律[訳3]に結び付けることができるかを、自分たちで解決しなければならない。

第二の要求は政治的である。それは、国家の官吏は、人々の保護のためだけでなく、その道徳生活の管理のために、その権力を使うべきだ、という要求なのである。言い換えれば、適法性の領域、つまり国家が強制する規範の領域は、道徳性固有の領域、つまり国家によってではなく自分自身の道徳的意思決定によって強制される規範の領域を犠牲にして、増大されるべきだ、という主張なのである。しかし、そのような要求をもち出す人たちは、このことが、個人の道徳的責任の終焉であり、したがって、すべての道徳性の改善ではなく破壊であることをどうやら理解していないようだ。それは、人格の責任を、部族のタブーと個々人の全体主義的無責任に置き換えてしまうだろう。このようなあらゆる態度に反対して、個人主義者は、国家の道徳性（そんなものがあるとして）は、平均的市民の道徳性と比べてかなり低いことが多く、その結果、市民が国家の道徳性を管理するほうがはるかに望ましく、その逆ではない、と断言しなければならない。われわれが必要とし望むものは、政治学の道徳化であり道徳の政治化ではない。

言っておかねばならないが、保護主義の観点からは、現存する民主国家は、完全からはほど遠いとはいえ、合理的な社会を建設する点において、あるいは言うなれば、正しい種類の社会工学（social engineering）において、非常に注目すべき成果を示しているのである。多くのタイプの犯罪、つまりある個人による他の個人への人権攻撃は、事実上制圧されているか顕著に減少しているかであり、裁判所は多くの難しい利害衝突においてきわめて成功裏に裁きを行っている。これらの方法を国際犯罪や国際紛争に拡張するなどは、空想主義の夢にすぎないと考える人が多い。しかし、現在国内の治安がきわめて成功裏に維持されている国々において、かつて犯罪者の脅しに苦しんでいた多くの人にとって、国内の治安維持のための有効な行政組織が空想主義的に見えたのは、さほど昔のことではない。国際犯罪の制御という技術的問題は、いったん真正面から合理的に取り組めば、実際にはさほど困難ではない、と私は考える。というのも、もし問題が明確に提示されれば、保護制度が、地域規模と世界規模の両方において必要だと、人々に同意してもらうのは難しくないからである。国家崇拝者には、国家を崇拝し続けさせればよい。しかし、［われわれは］社会的な技術者つまり社会制度の工学者たちが、その内部機構を改良するだけでなく、国際犯罪の防止のための組織を立ち上げることも認めるように要求することにしよう。

問　い

１　より多くの道徳的権威を国家に与えれば、個々の人間の道徳性は改善されると考えるか。

（訳３）　モーセの十戒の最初「あなたには、わたしをおいてほかに神があってはならない」のこと。

2　一方で、保護的な国家は、道徳的危険から子どもを保護すべきだという要望に同意するか。

3　道徳的後見・監督にやりすぎなどありえるか。

読書案内

C・E・M・ジョード[訳4]『道徳哲学、政治哲学入門』(C. E. M. Joad, *A Guide to the Philosophy of Morals and Politics*, London: Gollancz, 1938.)

B・ラッセル『人々に思索を』(B. Russell, *Let the People Think*, London: Watts, 1941.)

A・ジマーン[訳5]編『現代の政治学説』(A. Zimmern, *Modern Political Doctrines*, London: Oxford University Press, 1939.)

注

(1) [ポパー・アーカイブ366–20。ポパーの手によるいくつかの訂正がある複写されたタイプ打ち原稿。この資料は次の見出しである。

「討論コース宗教――いくつかの現代の諸問題と展開。講義七 道徳的な人間と不道徳な社会Ⅱ K・R・ポパー博士

(注：手書き原稿として複写された。著作権所有K・R・ポパー、クライストチャーチ、ニュージーランド)」

この講演は「道徳的な人間と不道徳な社会」という表題の二つの講演のうち、二番目のものである。マーリン・ディヴィス師による最初の講演では、以下のように論じられた。個人のレベルと社会においての両方で罪というものは明白であり、だからこそ、この世界について判断を下し一つの前向きな指針を提供することによって、この世界に関わることが、キリスト教徒及び教会の義務である。しかしながら、政治の土俵では様々な見方の相違が見られるだろう。とい

(訳4) Cyril Edwin Mitchinson Joad (1891–1953) イギリスの哲学者、ラジオパーソナリティ。BBCのラジオ番組 The Brains Trust で人気を博した。

(訳5) Sir Alfred Eckhard Zimmern (1879–1957) イギリスの古典学者、歴史家、政治学者。国際関係論が専門。

うのも、この政治という領域では倫理上の問題と技術上の問題の両方が関わってくるからだ。デイヴィスはこう論じた。キリスト教徒は非キリスト教徒と協力すべきだ。しかし、キリスト教徒の動機は非キリスト教徒とは違っている。キリスト教徒は、人間の人格の絶対的な価値への配慮によって導かれるであろうが、何が遂行可能かについては現実主義にも教えられている。なぜなら人は堕ちた存在だからであり、しかも同時に、人は一定の客観的基準ないし尺度を政治にもち込むからである、と。ポパーの講演の題材と『開かれた社会』第六章の間には、以下で示す通り、重複するものがある。『開かれた社会』の対応する一節を踏まえて、場合によっては、ポパーの英語を少し変えた。］

（２）［ヨーロッパ系の非マオリを表すマオリの言葉。］

（３）［ラインホールド・ニーバー『道徳的人間と非道徳な社会――倫理学と政治学の一研究』(Reinhold Niebuhr,[訳6] *Moral Man and Immoral Society: A Study in Ethics and Politics*, New York and London: C. Scribner's Sons, 1932.) など。］

（４）［ここに、あまり意味のない文体上の訂正がある。元の文章のままにしておいた。ポパーの原テキストは次の通りである。「国家。このニーバーの論題に反するものとしての」、さらにわれわれのこの注四のところで「哲学：国家を注視する哲学」。］

（５）［A・トインビー『歴史研究』[訳7] Ⅵ (A. Toynbee, *A Study of History*, VI, London: Humphrey Milford/Oxford University Press, 1939.) 二〇二頁。この引用は、『開かれた社会』の第一一章でポパーが使っている。注五七を参照せよ。］

（６）［ここから『開かれた社会』第六章、Ⅴ節とⅥ節との重複がいくつかある。］

（７）［プラトン『法律』[訳8] 九〇三c。］

（８）［デイヴィス講演の謄写版印刷の五頁（ポパー・アーカイブ366–20を参照せよ）[訳9] は以下の通り。「まず第一に。神によって創られ、キリストによって贖われたのだから、人という人格は絶対的な価値をもつものだという確信をもって、

（訳６）邦訳『道徳的人間と非道徳的社会』大木英夫訳・佐々木毅解説、白水社イデー選書、一九九八年。

（訳７）邦訳『歴史の研究』「歴史の研究」刊行会、経済往来社、一九七〇年。

（訳８）邦訳『プラトン全集一三』森進一・池田美恵・加来彰俊訳、岩波書店、一九七六年。

（訳９）ポパーの引用では「絶対的価値」ではなく「永遠の価値」となっている。

キリスト教徒は政治に携わらねばならない。」

（9）［エドマンド・バーク『フランス革命の考察[訳10]』（*Reflections on the Revolution in France*, 1790.）。次を参照せよ。F・W・ラフティ（Raffety）（序）『エドマンド・バーク閣下著作集』Ⅳ（*The Works of the Right Honourable Edmund Burke*, IV, London, etc.: Oxford University Press, 1907.）一〇六頁。］

（10）［アリストテレス『政治学[訳11]』Ⅲ、九、6ff。（126 a）。］

（訳10）邦訳『フランス革命の省察』半澤孝麿訳『エドマンド・バーク著作集三』みすず書房、一九七八年、新版一九八九・一九九七年。

（訳11）邦訳『アリストテレス全集一五』山本光雄訳、岩波書店、一九六九年。

第Ⅲ部　『開かれた社会』について

第5章　公的価値と私的価値——一九四六年？[1]

I

この論文で詳しく論述する予定の主張は、とても単純なので、瑣末にすぎないと感じる人がいるかもしれない。その主張とは、不幸は公共政策にとって問題だが、幸福はそうでない、というものだ。[2] この定式化から、私が取り組もうと試みる中心問題が何なのか分かるだろう。私が究明するつもりなのは、公共政策の検討課題（*agenda*）に属すると見なされるべきなのは何であり、何がそうでないかである。

公共政策の検討課題と非検討課題というこの問題を解決するための一歩として、私が提案するのは、大雑把に言えば「積極的価値」と「消極的価値」との区別、もっと簡単に言えば善と悪の区別である。そして、私の論点——不幸は公共政策の問題と見なすべきだが、幸福はそうではない——は、おそらく次のように言い直せるだろう。つまり、回避可能な不幸といった回避可能な具体的悪に対する闘いは公的義務と見なされるべきだが、同程度に具体的な積極的善の実現はそうではない、と。

価値のプラス目盛りとマイナス目盛りという区別は、さほど明瞭な区分でも不変な区分でもないと認めねばならない。とはいえ、最初に明らかにしておきたいが、この区別は単なる言葉上の問題ではないのである。確かに、悪の除去は善の実現ということになる、あるいは悪の除去は善と同一である。したがってわれわれの言う区分など存在しない、と言おうと思えば言うこともできる。しかし、私が提案するのは、これとは違った仕方で問題を見ること、私の主張では、完全に具体的な仕方で問題を見ることである。飢餓・苦・陵辱・不正・搾取・その他多くの、非常に多数のきわめて具体的な悪が存在し、そういった悪に現在苦しんでいる人々がおり、これまで苦しんできた人々がいること、そしてこれらに対する闘いは、非常に明確なものだと考えることを私は提案するのである。健康・富・幸福など、より具体的には生活や仕事での喜び、さらにまた具体的には音楽の喜び、望むらくは討論の喜びといった、そのような積極的善もまた存在すると考えてはどうか（私は、これらの「善」が悪に比べほんの少しだが、明確でも具体的でもないように感じざるをえないが、この点を突き詰める気はない）。私はまた、先に触れた具体的な悪に対する闘いが「善の産出」でありうると、抽象的で哲学的な意味で言えると認めるのに、まったくやぶさかでない。しかし私が確実だと感じるのは、悪との闘いが善の産出だと言うときには、先に具体的な積極的善や消極的悪について語っていたときに比べ、はるかに抽象的な仕方で「善」という言葉を使っているということである。そして、悪の除去を善の実現と記述できると認めたとしても、不幸のような具体的悪の除去と幸福のような積極的善の実現（この善はおそらく具体性に劣るにせよ）とは、きわめて明確に区別可能だという事実を消し去ることにはならない。このことは確実だと私は感じている。

善と悪の間のゼロ・ラインとでも言うか、境界線が変動しやすいということは、善悪の間の区別の有無とはまったく別問題である。アメリカ人やニュージーランド人が質素だと感じることが、インド人やオーストリア人にとっては贅沢に見えるかもしれない。そして、境界線がそのように変動しやすい場合、さほど明瞭な境界は到底ありえない。したがって、公共政策における検討課題と非検討課題を区別するために提案された原理は、多少曖昧だと言ってよいだろう。それは確かにそうではあるが、しかし、それ以上に厳密な原理は、窮屈で耐え難くなりがちだと私は断言する。今のような場合には、ある程度の曖昧さは、望ましく、必要ですらあるのである。

II

公共政策の検討課題と非検討課題の区別という問題に貢献すること、つまり、倫理学の問題ではなく政治学の問題に貢献することが私の主目的なのではあるが、この中心問題からしばらく脱線して、倫理学の状況に関して一言、二言、言っておくほうが有益であろう。ただ、強調しておきたいのだが、私の政治的な提言は、どれほど倫理学上の考察に密接に関連しているとしても、それとはまったく独立に判断できるし、そうされるべきである。

倫理学の問題についてのほとんどの哲学者による思弁に、私は長らく不満であった。とりわけ、善の本性や価値の客観性の本性などといった問題についての議論は、あきれるほど不毛に見えた。倫理学で必要とされていることの少なくとも九割は、「困っている人を助けよ」や「不正に苦しんでいる人のために闘え」、あるいはお好みなら、黄金律のような単純な原理や命法で対応できるように思えた。しかし、善の本性や価値の客観性の本性などを扱うこの種の哲学は、これらの単純な原理や命法とは、実践上まったくもって無関係であった。

そうはいうものの、倫理学の問題に抽象的思索は余計で、不毛でしかないと私は言いたいわけではない。逆に、われわれの思索が産み出すべきものを忘れない限り、倫理学の問題を考えることは非常に重要だと私も実際感じている。われわれの思索が産み出すべきものは、先に触れたような実践的原理や命法のよりよき理解であり、これら原理間における緊急性の一種の階層序列（hierarchy）、つまり、そのような原理間で衝突があった場合に、拠り所として役立ちうる序列なのである。

さて、階層序列の存在といった考え方は、先に触れた倫理学の理論家たちの下でつねに大きな役割を演じてきた。彼らは究極善ないし最高善という考えを手に入れ（通常はそれをラテン語の名スムム・ボヌム（*summum bonum*）と呼ぶことでさらにいっそう高尚で善きものにするのだが）、下位に置かれる善はすべてこの最高善に何らかの仕方で依存しており、この最高善から導き出せると信じた。そして、最高善の実現が最も緊急度の高い義務であり、より劣った善の実現は緊急度が低いと信じたのである。

お望みなら、この倫理哲学の完全な裏返しとして、私自身の見解を記述できる。

最も大きく最も具体的な悪と闘うことが最も緊急度の高い義務であり、より小さい悪に進むにつれて緊急度は減少し、積極的善に進んだとき確実に緊急度は減少すると私は考える。最高善が（「存在する」という言葉の何らかの興味のもてる意味において）存在するのか否か、私は知らない。しかし存在するのなら、その実現は、私の観点からは、この世で最も緊急度が低いだろう。私にとって、最高善は、他と比べれば、むしろ贅沢品という特徴を帯びているといえる。そして、とりわけ、最大善の実現は大きな犠牲に値する、つまり大きな悪を我慢するに値するという考え方は、端的に有害だと思える。緊急度の高い具体的悪と闘うために必要とあらば、われわれは犠牲を、とくに積極的善を犠牲にするよう要求できる。しかし、遠くにある善のために、犠牲を要求したり、具体的な悪を我慢したりするという、代償を払うべきではない。

善の理論と呼べるものと、倫理学に関する私自身の見方を大雑把に比較すること以上に、このことについて話し続けられることはないと思う。そこで、この善の理論と私の見方の間の論争とはまったく独立に私の提案を判断して頂くようお願いする。ただ、明らかにしておきたいが、私は積極的価値を重要でないと見なしているのではない。それどころか、希望や夢、美的理想や宗教的理想以上に重要なものは、人生にまず存在しないのである。私の主張は、これらの価値の世界は私的な世界、親しい友人と共有する世界であり、これらの価値を公的な世界に強制しようとするなら、それらを堕落させ破壊してしまうのだというものである。積極的価値は私的価値なのである。悪に対する闘いは公的な事柄である。もしある人が通りで転んで足を骨折したら、その人を助けることは、疑いもなく、そこに居合わせた人すべての義務なのである。しかし、隣にいる人がビールを楽しめるよう保障してやることは私の義務ではないし、ビールよりよいものがあると説得することも私の義務ではない。もちろん、その隣の人がとても親しい友人だとすれば、まったく違ってくるかもしれないが。

積極的価値に結び付いた公共政策の唯一の責務は、われわれの選択の自由を見守ること、つまり誰でも自分の意見を胸にしまい込むことを強制しないようにすることだと思われるのである。

III

これまでのところ、私は議論という名に本当に値するような議論を一つもしてこなかった。私がしたのは、ただ対人的な（*ad hominem*）議論だけである。つまり、ある問題について私と同じように考え感じるよう促すことを期待して訴えただけである。ただ、それ以外のことをするのは難しく思える。というのも、われわれの扱っているような問題、つまり公共政策の検討課題の境界設定問題（demarcation）は、国家や政治の本性についての議論や私生活と公共性の本質的な差異についての議論によって、解決できるとは思えないからである。逆に、最初に漠然と主張などと私が呼んだものは、実は主張でも何でもなく、むしろ政治的要求や要請なのだと断言してしまわなければならない。そして要求や要請について、それが真だと論じることは不可能なのである。

しかし、理性的な議論がまったく不可能というわけでもない。重要で広く受け入れられている道徳的な信条（creeds）や政治的な信条と両立可能かどうかという観点から、われわれの要求をより詳細に探究することはできる。もし主要な信条のうちに、とりわけ、問題となる論点で意見を異にするように見える信条のうちに、われわれの要求にとって受け入れ可能なものがあることを示すことができれば、われわれの要求が単なる個人的解決以上のものだと見なせるのである。

公共政策の検討課題と非検討課題の区分というわれわれの問題の場合、最も重要な政治的信条の二つが自由主義と社会主義であるのは明白である。これら二つの信条の衝突が、現在の論点のまさに中心に位置することは疑いない。

私が提示しようする解決が、解決の一つだと見なしてもよいと考えるのは、それが自由主義者と社会主義者の両方が受け入れ可能だという意味においてである。そのような解決を見つけられる見込みは、一見したところ、かなり薄そうに見える。また、私が受け入れを提案している要請が、この問題の最終決定であり続けることなど、ありそうにないと私も認める。しかし、そうだとしても、私の要請は自由主義者と社会主義者が一致しうる共通の土俵と見なしうると私は考えている。

Ⅳ

さてここで、私が念頭に置いている自由主義者と社会主義者の考え方の特徴を、手短に示すことにしよう。もちろん、自由主義者と社会主義者にはきわめて多くの共通点がある。政治的自由、つまり、自由選挙・出版の自由・結社の自由などを両者ともに大切にし（もっとも、これらの政治的自由の評価に程度の差があるのだが）、また、機会の平等への配慮をともに望んでいる。とりわけ、ともに暴力行為から、つまり、他の市民による、また国家そのものの（あるいは海外の強国の）政治権力による、虐待・強制・脅迫から、市民を保護することが国家の機能だという要求に両者ともに賛同し、また、ともにある制限内で市民がその自由を享受できることをともに願っている。

ここまでが両者に共通の出発点である。両者が違ってくるのはこの後である。

社会主義者は、政治的自由だけでは不十分だと主張する。なぜなら、政治的自由の恩恵を享受できるのは少数者だけで、その一方で、ほとんどの人は困窮のうちに生活するか、困窮に怯えているかであり、そのため政治的自由を享受できないからである。このような耐え難い事態は、貧しすぎて自由の分け前を享受できない人々の経済的努力によっては変えられず、政治的な手段、つまり国家の介入によってのみ変えることができる、そう社会主義者は断言するのである。たとえば、暴力行為から、つまり物理的ないし政治的な力の濫用から市民を保護するだけでなく、国家は市民の物理的かつ経済的な福祉に責任をもつべきだと、社会主義者は要求するのである。そしてほとんどの社会主義者は、さらに進んで、次のことまで要求するのである。人間の社会環境は急激に変化し、変化への適応は困難でしばしば個人の努力の範囲を越えている。このような事実から生じてくるすべての問題に対する解決もまた、公共政策の守備範囲だとさえ要求するのである。

これらの見方は、自由主義者には受け入れられない。自由主義者が見るところでは、権力の蓄積は、つねに政治的危険の源泉になる。国家は、必要悪とはいえ、悪なのであって、社会主義者の次のような暗黙の期待を自由主義者は共有しないのである。つまり一度、国家権力を飼いならしてしまえば、リヴァイアサンは、行儀のよい犬・ペット・あるいはむしろ乳を搾れる牝牛のようなものとなり、決して再び危険にはならないという社会主義者の暗黙の期待である。自由主義者も、一定の制限された量なら、国家の干渉を認めるにやぶさかでないだろう。しかし、自由主義者は次のように主張するだろう。つまり、社会主義は、国家の検討課題をとんでもない範囲にまで増大・複雑化させ、国政の民主的制御を成功の見込みのない空しい希望にすぎなくしてしまっている、と。制御されなければ、政治権力は増殖する傾向があり、その結末はおそらく全体主義国家と見分けがつかないだろう。自由主義と社会主義という二つの考え方とは手短には、以上である。問われるべきは、私の提案によってどの程度まで両者が和解できるかである。(3)

V

最初に、両者の和解がまったく不可能とはいえない理由を示すことにしよう。「自由主義の議論に対してどう言うべきか」と、社会主義者に聞いたとしよう。「全体主義に対する自由主義者の嫌悪は共有しない」とか、「社会主義のために全体主義を我慢すべし」などと言うのはまず聞かないだろう。むしろ、「そんな危険性は現実のものと考えない」、あるいは「それには対処できる」と、社会主義者は言うだろう。同じように自由主義者にも聞いたとしよう。「『自由主義が意味するのは不幸・不正・搾取、そして平等な機会の欠如だ』と社会主義者が断言するのを聞いてどう言うべきか」と。「自由のために我慢すべきことだ」とは自由主義者はまず言わないだろう。むしろ、「これらの危険性は自由主義で対処できる」と言うだろう。

言い換えると、両派のメンバーのほとんどは、全体主義が引き起こす不幸への嫌悪と同じく、搾取が引き起こす不幸への嫌悪をも共有しているのである。両派の違いが主に生じてくるのは、それぞれがお気に入りの天敵のようなものをもっており、この敵をやっつけてしまえば他のすべての困難はたやすく手なずけられると、いささか無邪気に望んでいる、という事実からなのである。この違いはさほど重要なものだとは思えない。全体主義と搾取という両方の悪と闘うと合意すれば、この違いは乗り越えられるはずだ。

しかしながら、これでは問題の表面をなぞっただけにすぎない。というのも、理屈の上での議論とは別に、疑いなく、両派には感情の上でのこだわりがあるからである。つまり、それぞれのお気に入りの敵についてだけでなく、それぞれが描く社会の形について、よりいっそうの感情的なこだわりがあるのである。このようなこだわりは、これまでに並べてきた議論では、消し去ることができないのである。

自由主義者と社会主義者の双方は、よりよき世界への展望をそれぞれもっている。そのような展望をもってはならない、などと言うつもりはさらさらない。逆に、そのような展望に鼓舞されずに達成された社会改革がまずないことは、疑いない。だが、展望、つまり夢は、さほど理性的とはいえない。美しい夢が社会の改革者たちを鼓舞し続けてもかまわないが、いうなればもち場をわきまえるべきであり、気付かれないうちに理性的な議論に美しい夢が介入し社会改革をより困難にしてしまうべきではない、と要請しても正当だろう。

VI

自由主義者と社会主義者のどちらも、それぞれの空想主義的な夢をもっている。最小規制を支持する自由主義者の夢は、「法がなくとも自発的に信義や正義が行き渡っていた」黄金時代にまったくそっくりである。[4] もとはといえば、社会主義者の空想主義的な夢もこれと同じであった。もっとも、おそらくはそこには、今ではもっと大きな「国家」が、いわば、母親が子どもの世話をするように市民の世話をこまごまとする国家が、存在するのであるが。私がそのような夢に反対して言おうと思うのは、夢はその真の姿どおりに認識されるべきだと要求することだけである。つまり、それらの夢は、行動を鼓舞はするが重大な政治問題を扱うには悪しき導き手なのだ、と。

VII

疑いもなく、これらの夢には説明を与えることができる。これらの夢はわれわれの社会環境への不満や失望の帰結であり、とりわけ、社会改革（social adaptation）の要求を示す徴候の一つなのだ。

幸せな家族に囲まれた家庭にいる子どものように、完全にくつろげる原始社会がかつて存在したように思える。この原始社会は崩壊し、それ以後ずっと社会生活は問題だらけの緊張状態となってしまったのである。原始社会という失われた楽園を取り戻すことを真面目に望めるだとか、社会改革のすべての問題を解決してしまえる段階にいつか辿り着けるなどと私は思わない。地上に天国を作るなど望みえないと認めねばならない。部族的楽園（それがかつて存在したとして）は永遠に失われたのである。しかし、失われた後ずっと、地上の天国や千年王国が夢見られてきた。美しくまた鼓舞してくれる夢だが、その夢がわれわれの計画に影響するのを認めてしまうと、危険な夢になってしまう。地上に天国を建設しようとする人は、めでたく地獄を樹立してしまうのがつねだからだ。

これらの夢の危険性は、すべての人が幸せである本当に美しい世界を、これらの夢が見せてくれるように見えることにある。しかし、人々の幸せを願うことで鼓舞されることは危険なのである。善意の暴君は、悪意の暴君より危険なのである。(5)

Ⅷ

われわれの原理が要求するのは、「人々を幸せにせよ」ではなく、「具体的苦痛、具体的社会悪と闘え」ということだ。われわれの原理は、空想主義の危険な部分を的確に取り除き、美と幸福という私的な夢想が公的な事柄の中に侵入するのを避けるのに役立つと思われる。しかし、この原理の貢献の中心は、民主的かつ現実的な政策策定に役立つことにある。多少とも遠い将来に実現されるべきよい社会の構想について同意するより、漸次的手段で今すぐに闘うべき緊急の社会悪のリストについて同意する方が、はるかに容易である。また、他人に犠牲を要求しようとする誘惑は、多少なりとも大きい方の悪に対する闘いに対してではなく、はるか遠くにある目標の実現に対して［なのである］[6]。

社会主義者は、次のことを十分満足して認めうると私は信じている。すなわち、自由主義とその欠点に反対して社会主義者がこれまで示した議論はすべて、苦痛が存在するという事実に、そしてわれわれはその苦痛に対しもっとやるべきことがあるという事実、つまり国家が介入すべきだという事実に基づいていたということを。そして、この議論は妥当である。われわれの原理も、実際、苦痛を社会で共有することを要求しているといってもよい。だがしかし、われわれの原理は、同時に、快や幸福を社会で共有することの危険性に対して警告を与えるのである。

自由主義者も、苦痛を社会で共有するという考えに反対できないと私は信じる。たとえば、すべての公的病院を国家の管理下に置くことに反対してもよいが、公的病院そのものには反論できない。また、国家に完全雇用の責任があることにも反論できない。しかし、ひとたび自由主義者が苦痛を社会で共有することを原理上受け入れるなら、権力集中の危険性に関する自由主義者の議論や、国家に必要以上の権力を与えることに対する自由主義者の警告は、はるかに容易に聞き入れられるだろう。とりわけ、全体主義の危険性は社会主義者が考えがちなほどありえなくは決してない、このことを示す事実によって自由主義者の議論が裏付けされる場合には、そうである。人々はもっと自由主義者の議論に耳を傾けるだろう。

さらに、搾取を防ぐため国家は介入すべきだという社会主義者固有の要求も、自由主義者自身の信条の帰結として導き出せるとまでわれわれは主張できるだろう。自由主義者にとって、虐待や脅迫から市民を保護することは国家の最重要機能の一つである。経済的強者は、まさに物理的脅しを使っているかのように経済的弱者を虐待し脅迫するかもしれないという、社会主義者の主張をひとたび認めれば、自由主義者は、その予防が国家の合法的な機能の一つだと認めねばならないのである[7]。

こうすれば自由主義者と社会主義者との差異が消えてしまうと言いたいのでもなく、そのことが望ましいと感じているわけでもない。そうではなく、一つの敵意が消える、つまり、相手側は自分たちの天敵をかくまって育てあげていると考えることからの帰結として明らかに生まれる敵意が消えるだろうと言いたいのである。そのかわりに、経済的不幸と専制政治という二つの敵が承認され、共通の敵だと認識されうるのである。

かくして、社会主義者は、消極的価値、つまり公的価値の分野で勝利する。(8) 同じように、自由主義者は、積極的価値、つまり私的価値の分野で勝利すべきである。この分野では、公共政策は、自由の保護に、つまり自由競争と選択の自由の奨励に、いうなれば積極的価値における自由市場の保護に、限定されるべきなのである。

Ⅸ

非合理的な空想主義の要素をその信条から除去するのにいったん成功してしまえば、私の主張は、自由主義者と社会主義者にだけでなく、功利主義者にも受け入れ可能なはずだ。ここでもまたいったん空想主義の要素をその信条から除去してしまえば、功利主義者が実際に意味するところだけでなく、最高善は快だという功利主義の理論(未熟な理論、見当違いの理論だと私は信じるが)もまた、私の主張によって非常に正確に定式化されるとさえ主張してもいいだろう。というのは、「快の最大化」という功利主義の原理をより控え目な「苦の最小化」という原理に置き換えるべきだと言うことで、われわれの要求は功利主義の言語に翻訳できるからである。このことは、功利主義の観点から見ても、功利主義自身の原理の論理的帰結であり、したがって反対不可能なのである。功利主義者が言えるのは、われわれの原理では不十分だということだけだ。これに対して、われわれが指摘できるのは、われわれの原理を超えて人を幸福にしようとすることは、危険であり、苦ですら最小化されない事態に往々にして至ってしまう、ということである。さらにまた、われわれはこう主張すべきである。つまり、快や幸福は苦と差引勘定できるという功利主義の教説を利用して、善の実現と引き換えに悪の残存という差引額の犠牲を進んで支払うべしという見方を正当化してはならない、と。

われわれの原理は、功利主義の原理に比べ要求することが少ないから、より広範囲の見方とも両立可能であり、受容可能に違いない。「苦の最小化」は功利主義者にも受容可能なはずだし、同時に、古典的な功利主義を受容できないと感じる多くのキリスト教徒にも受容可能であろう。言い換えると、われわれの公式（formula）「苦の最小化」は古典的公式「快の最大化」に比べより寛容である、つまり、より多くの異なった見方に余地を残しているのである。(9) けだし、このことは、われわれの公式は古典的公式に比べより全体主義的でない、ということを意味するのである。

関連して思い出してほしいのは、古典的原理「快の最大化の原理」がすべての政治論争における暗黙の前提だ、という功利主義者の論点である。つまり、意見が相違する場合に、その理由が問われるならば、自分の意見は相手側の意見に比べより大きな幸福をもたらすという主張につねに帰着するだろう、という論点である。(10) さて、「快の最大化の原理」がこのような仕方ですべての政治論争の根底にあるという論点は、明らかに真ではない。たとえば、人々はただ真理を告げられるべきだというためだけに、つまり他の功利性を考察することからまったく独立に、あるいは功利性に反対してさえも、あることがらの公表を支持しうるのである。同じように、ある一つの方策について、それが苦痛を引き起こしかねないという理由で、つまりわれわれの「苦の最小化の原理」に基づいて、その方策と闘うこともできる。この両方の場合において、同じ意志決定が、古典的原理からも出てくるかもしれない。がしかし、古典的原理が暗黙のうちに前提されねばならないというのは真ではない。というのも、古典的原理より論理的に弱い原理でこと足りるからである。

われわれの解決に対し多くの反論があることを認めないまま終わるわけにはいかない。最も重要だと思えるのは、次の反論である。つまり、われわれの解決は公共政策から文化に関する問いを除去してしまい、そうすることによって教育もまた除去してしまっているように見える、という反論だ。しかし、文化と教育のいずれの場合でも、われわれの解決は自由主義的な政策と呼びうるようなものに至るだけだ、と言ってもよい[11]。つまり、国家が干渉するのは、自由を保護し損害を避けるためだけであるという政策だ。新たな世代の成員が自由な選択の機会をもてるようにすることは、国家の教育政策の一部であるべきだ。思想の自由は思想の自由競争を意味し、私が信じるに、これが知的進歩・科学の進歩にとっての唯一の道なのだ。進歩のための計画を立てるなどというのは、進歩の終わりしか意味しないのである。

補遺　空想主義と『開かれた社会』[12]

司会者、そしてお集まりの皆様

私の本『開かれた社会とその敵』に関連したテーマで、何か講演するよう招待を受けたとき、迷うことなく引き受けました。しかし、最近になって、軽はずみであったと悟るようになりました。筋の通った議論に基礎を与えるだけでも、二巻もの本を書かねばならなかったのです。そのような話題について、何か言うに値することを一回だけの講演で話すのは、私の力量を超えているのではないかと危惧しています。そういったことを実際にできる人がいるのは分かりますが、どうされているのか私には分かりません。次の［二つの］可能性があるように思えます。つまり、話題を狭く限定するか、あるいは、より広い話題の概略だけを素描するかです。しかし、この両方の道はともに、先をふさがれているように見えます。というのも、政治哲学の分野では、狭い話題ですらとても多くの根本的な論点と深く結び付いているからです。その結果、もし議論のための共通基盤のようなものがあらかじめ確立していなければ、その話題だけを孤立させて論じようとしても、必ず不満足なものになってしまうのです。かたやもう一方、より広い問題に取り組むのは、とりわけ議論のためのそのような共通基盤を用意するという問題のように、より広い問題に一回の講演で取り組もうとするのは、表面をなぞるだけになるに違いありません。私が見つけられる唯一の出口はとても不満足なものです。つまり、多くの前提をそのまま認めて、話をしてしまうことです。

したがって、とても気が進まないのではありますが、空想主義の問題を論じることに話を進めましょう。

1　ここでは詳しく検討できませんが、議論の前提の一つは、政治では、次の二つの違った問いを区別すべきだということです。つまり、次の二つについての問いです。

（a）社会科学（たとえば、権力の社会学）によって扱われる、社会学的な事実。

（b）倫理的な考察に基づいているか、他の意思決定に基づいているかのいずれにせよ、政治的な目標。

われわれの最初の命題は、目標や意思決定は事実と関係はするが事実から導き出すことは不可能だ、ということです。目標や意思決定を事実から導き出そうとするどのような試みも誤りです。たとえば、何人も奴隷となってはならないと、意思決定したり、このことが実現した社会を目標としたりすることはできます。しかし、この決定や目標は、すべての人は自由に生まれるという事実と称されるものからは導き出せません。というのも、もしすべての人が自由に生まれるということが事実だとしてさえも、なお人々を奴隷にすることを目標にできるからです。また、もしすべての人が鎖につながれて生まれてくるとしてさえも、なお、人々を解放すべきと要求できるからです。言い換えると、どのような一連の事実を考慮に入れても、つねに多くの目標や意思決定、たとえば、それらの事実を変更するとか、そのままにしておくとか、そういった目標や意思決定が可能なのです（もし問題となる事実が変更不可能なら、そのときこれらの特定の事実に関してはいかなる目標も設定できません）。

目標や意思決定は事実に還元できないという主張は、しばしば異議を唱えられてきました。たとえば、意思決定の仕方は、事実に、つまり、教育やそれと同じような影響に依存している。あるいはまた、目標や意思決定もそれ自体が事実である。したがって、目標や意思決定と事実が、このように厳格で揺るぎない区分だとするのはばかげている、などと言われてきました。この場でこれらの反論に答えることは不可能ですが、私の本の中で、これらの反論には十分に答えていると考えます。ここではこの目標や意思決定は事実に還元できないという主張を当然としていただくようお願いしなければなりません。

2

目標や意思決定は還元不可能だという主張を受け入れるなら、政治とは、政治目標とその実現方法の選択であると見なさねばなりません。われわれは、そのような目標を実現可能なものとして選択するでしょう。それらの目標が実現可能かどうかは事実の問題であり、社会科学によって探究されるべきことです。そしてそれらの目標を実現する方法もまた、社会科学によって探究されるでしょう。しかし、可能かつ実際に実現可能だという制約の中で、われわれは自由な選択をする、つまりわれわれが自分たちの目標を自ら決定するのです。

この見方は、われわれの目標は歴史的ないし経済的必然性によって決定されると信じるすべての見方、ここでは論じるつもりのない見方に反対しているのです。

3

ここで私が描き出した政治の考え方は、実は私がしりぞけようとする一つの帰結に結び付いているように見えます。しかし、そうだとしても、私はこの考え方を固く維持するつもりです。その見かけ上の帰結とは次のことです。

もし政治が自由に選択された目標の実現なら、政治が取りうる唯一の合理的方法は以下のものです。すなわち、最初にわれわれは自分たちの究極目的を決定しようとする、つまり、最初にわれわれが（可能で実際に実現可能な社会のうちで）どのような種類の社会を最も好むかについて合意に辿り着こうとします。そして次に、この社会を実現する最上の方法を見つけようとする、というものです。

ここで描き出した見方に、「空想主義」という名前を付けることにしましょう。理想社会が不可能だとか、実行不可能だということは、この種の空想主義に対する妥当な反論ではないことを理解することが重要です。不可能なあるいは実行不可能な社会を夢見ることは、ここでは関係のないことです。というのも、そのような社会は不可能だ、あるいは実行不可能だと容易に批判できるからです。私が批判を試みるのは、はるかに重大なことなのです。つまり（その選択が可能性と実行可能性の制約に制限されることは理解されているとしても）、「どんな種類の社会をもちたいかをまず最初に決めましょう」などと言って政治問題にアプローチする、見かけは合理的な方法、そのような方法の批判を私は試みるのです。

［この箇所で草稿は終わっているが、以下のいくつかのメモ書き、及び構想も存在する。］

社会問題の改革：人生の展望と生き方の相互調整の問題

われわれは事実から始めねばならない　　目標は事実に還元不可能

　われわれは事実の評価から始めねばならない

目標は事実に還元可能　　われわれは目標から始めねばならない

4　自由・正義・平等といった形式的原理ではなく、具体的社会、一連の新しい制度、社会生活の様式。一連の新しい制度、社会生活の様式は……

5　実行不可能性が問題ではなく、そのアプローチが全体主義的であり、そして全体主義は怪物キマイラである。一連の新しい社会制度の帰結をすべて思い描くことはできない。空想主義的計画に対立するのは……

6　（本からの）さらなる批判。変数を定数にする。変化の抑制や変化の制御

7 悪に対する漸次的な（Piecemeal）闘い

同意

8 功利主義

9 なぜ最小限の要求か

10 開かれた社会の考え方は……であるのか［削除された項目］

空想主義と開かれた社会［削除された項目］

11 いわゆる「人間を変質させる問題（'Problem of Transforming Man'）」（訳1）［削除された項目］

12 空想主義と歴史主義と閉じた……［削除された項目］

13 空想主義の出自

閉じた社会の崩壊

改革の問題。完全改革（Complete adaptation）は不可能であろう。大規模な一括改革（Wholesale adaptations）は事実不可能である。

注

（1）［ポパー・アーカイブ39-17。この論文にはいくつかの版があるが、最新と思えるものを用いた。ポパーは一九四四年一〇月二四日、ゴンブリッチ宛の手紙に、これが書こうと計画している論文だと書いている（ポパー・アーカイブ300-3）（訳2）。ポパー・アーカイブ2-5の中の出所の分からない一枚のLSEの便箋に、企画された論文集『社会的自由論集、あるいはおそらくは自由の論理』（*Essays on Social Freedom or perhaps The Logic of Freedom*）に含まれるべき、日付のない論文一覧が書かれている。この論文は、その一覧の中で、「歴史主義の貧困」「弁証法とは何か」「全体主義の理論」そして論文「合理主義、真なるものと偽なるもの」と並んでいる。この論文には、「全体主義の理論」の序文と似たような流れの序文もあり、この論文を何らかの形で、一九四六年のマンチェスター文学・哲学協会での講演や同じような機会での講演に使うことをポパーが考えていた可能性がある。それ故、この論文の日付が一九四四年の終わりから一九四六年の間だと推測してもよかろう。注はすべて編集者による。」

（2）［この考え方は、一九四〇年に「社会における理想と現実」（この本の第六章）で論じられている。］

（3）［最後の二つの文は、以前は以下の通りであった。「これが、手短には、少なくとも部分的にでも、私の提案によって調停しようと試みた二つの見方である」。これが本文にあるように訂正されたが、削除されるべき言葉のうちそのまま残ったものがあるという意味では、訂正は不完全なものであった。］

（4）［この引用は、オウィディウス[訳3]の『変身譚』（*Metamorphoses*）一八八－一九〇頁にある黄金時代の特徴付けからである。次を参照せよ。A・D・メルヴィル（Melville）による翻訳（Oxford and New York: Oxford University Press, 1986.）。

黄金、縛られざりし最初の時代よ
全身全霊、いかなる法[訳4]に従わずとも
誠意と高潔に誉れあり

（Golden was that first age which unconstrained
With heart and soul, obedient to no law
Gave honour to good faith and righteousness）］

（5）［この箇所で、資料の一部が削除されている。そのうちには後でこの論文で再使用されたものもある。この資料をできるだけ筋の通った形にするため、この論文の様々な版を用いた。］

（訳1）「人間を変質させる問題」については、以下を参照せよ。K・ポパー『歴史主義の貧困　社会科学の方法と実践』久野収・市井三郎訳、中央公論社、一九六一年、第三二節「進歩に関する制度的理論」。

（訳2）Ernst Gombrich（1909–2001）既出。

（訳3）Ovid, Publius Ovidius Naso（43 B.C.–17?A.D.）ローマの詩人。

（訳4）邦訳、オウィディウス『転身物語』田中秀央・前田敬作訳、人文書院、一九六六年、第二版　一九八四年。

さてここで、先に告げた解決の定式化、つまり、公共政策の検討課題と非検討課題を区別する助けとなる政治的な要請の定式化に話を進める。考え方は至って単純である。私の提案は、よく知られ、どことなく陳腐な功利主義の公式「快の最大化」ないし「幸福の最大化」を改め、それを「苦の最小化」ないし「苦痛の最小化」に置き換えることである。そして私の提案するのは、公共政策の検討課題を、大雑把に言えば、苦痛や他の具体的悪に対する闘いに限定し、幸福や他の善の実現にまで戦線を広げないことである。

最初見たときには、この公式が期待はずれに見えるに違いないという事実を、私はちゃんと意識している。なんとも面白くない衒学的な「快の最大化の原理」と比べてさえも、「苦の最小化の原理」は明らかに改善されたものには見えず、逆に、退屈で間違いなくつまらなく見えるのである。選挙のためのよいスローガンではありえない。

にもかかわらず、「苦の最小化の原理」には、数多くのかなり考慮すべき利点があることを示そうと思う。この原理を擁護するため、それが完全な社会哲学を含んでいるとか、あらゆる問題を解決するのに役立つなどと私は主張しない。社会哲学の分野は疑いもなく味気ない石ころだらけなのではあるが、私はこの分野で哲学者の石(訳5)を見つけられるとは信じていない。言い換えると、公共政策においては、他のすべての原理を除外して、独断的に苦の最小化の原理に執着せよと私は提案しているわけでは決してないのである。だが、その利点を示すことにしよう。

まず、元の功利主義の公式と比べてみよう。古典的な功利主義の観点からは、苦の最小化の公式は、快の最大化の公式のうちに含意されている。というのも、功利主義は、寒暖計や銀行口座の貸借にたとえられる、快苦の物差しをわれわれがもっていることを前提とする。ちょうど、「暖かさの最大化」や「貸付の最大化」という要求が、「寒さの最小化」や「借入の最小化」の要求を論理的に含意し、それ以上のことを意味するように、古典的功利主義の原理も、われわれが言うところの「苦の最小化の原理」を含意し、それ以上のことを意味するのである。

［ポパーの原文は、ここで、本文の九節に出てくる「われわれの原理は要求することが少ないから……」で始まる二

つの段落を含んでいる。」

しかし、これまでの形式的なだけの考察に比べ、おそらく、より説得力のあるのが、次の考察である。もしある人が窮地にあるとすれば、たとえば、ある人が転んで足を折ったとすれば、その人を助けることは、たまたまそばにいた人すべての義務だと感じられる。しかしながら、もし誰かがロールス・ロイスに乗るという快に憧れているとしても、その願いをかなえるためにその人を助けてやり、わざわざ何かをすることが私の義務だとは感じない。おそらく、親密な友人や直接責任をもつ人々とは話が違うのである。しかし、親密な友人を除けば、ジャズにではなくクラシックに、あるいはビールにではなくタバコに、お金を使うように促すことがわれわれの義務だとは言い難いのである。これらの価値のうちのどれかの優位性や劣等性をどれだけ強く確信していても同じなのである。災難や不正、危害の危険性や個人の自由に対する干渉の危険性がなくなるところで、われわれの直接的な公的義務もなくなるように思われる。

したがって、価値のプラス目盛りとマイナス目盛りには程度の差だけではなく、種類の違いがあるように見えるのである。ゼロの点とプラスとマイナスの部分をもつ共通の物差しという功利主義の考え方が示唆するように、困窮や苦は単なる快の欠如ではなく、快や幸福も単なる苦の欠如ではないのである。われわれが実際にある快とある苦を比較することがあることは真である。たとえば、ある快のために、苦しい状況の下で稼がなければならなかったお金を支払う場合である。しかし、このことは価値のプラス目盛りとマイナス目盛りが一般的に通約可能であるとは示さない。とくに、なんとか乗り切ることができたものの、プラスの経験によって決して埋め合わせられない、そのようなマイナスの経験というものが存在するのである。もちろん、快苦の物差しという考え方全体が、まったく非現実であり、素朴で原始的な心理学の症候にすぎないのである。

(訳５)　卑金属を金に変える魔法の石。

われわれの主張は、手短に言えば、苦痛（と苦痛の危険性）やそれに似た悪に対しては、すべての人によって、そして必要とあらば国家によって闘われるべきだが、しかし、積極的善の実現、とりわけ芸術的価値の実現や幸福の実現は、公的に企てるべからず、というものだ。それらは私的価値であり、われわれとわれわれの友人に関連するだけである。

認めなくてはならないが、われわれの基準はつねにさほど明確だとは限らない。その基準が破綻する場合もある。しかし、この基準が表現しているのは、一般的に言って、無意識のうちに従っていることが多く、しかも目覚ましい成功を収めている原理であるように思える。たとえば、もし食糧が非常に欠乏し、そのため人々が飢餓の危険にあるとしたら、自由市場が維持されるべきだと主張する自由主義者はほとんど存在せず、ほぼすべての人が食糧の配給に賛成するであろう。

実例の助けを借りて、この原理が維持できる場合と、この原理が破綻する場合を、分析することは重要であろう。この原理が破綻するほとんどすべての事例で、破綻とされるのは見かけの破綻にすぎないと私は確信しているが、この点にこだわるつもりはない。

その代わり、手短に、空想主義の問題に戻りたい。」

（6）［この箇所で、次の短い段落が削られている。

最終的には、私の出発点に、つまりわれわれの原理は自由主義者と社会主義者の両者に受け入れ可能で、運がよければ、おそらくゆくゆくは両者に実際に受け入れられるだろうという主張に、戻ることを私は願っている。］

（7）［次の段落は、手書き原稿の最新版では削除されている。］

(8)［手書き原稿ではここに「私的な」がある。］

(9)［興味深いことだが、この作品が書かれたであろうときからさほどときを経ていない一九四七年の、モンペルラン協会の最初の会合における議論の中で、ポパーが次のように言っていると報告されている。「自由主義者とは、次の二つの価値によって物事を処理する人のことだ。一方で、自分自身の意見をもつ。他方で、他のすべての意見に寛容であり、合意のための何らかの共通基礎を見出すことを望む」そして、「われわれ全員が功利主義者というわけではない。したがって、議論においては、功利主義者は全員が功利主義者とは限らないことを自覚し、功利主義を、他の人々にもより受け入れやすい他の何かに置き換えるよう試みねばならない」。次を参照せよ。『モンペルラン協会紀要』(*Proceedings of the Mont Pelerin Society*) の未訂正の複写、モンペルラン協会アーカイブ、フーバー研究所アーカイブ、スタンフォード大学 Box 14。］

(10)［『功利主義』第一章における、カントは帰結主義の議論を利用しているとするJ・S・ミルの批判を参照せよ(訳6)。］

(11)［「よりよき世界のために」(この論文集の第二一章)において、ポパーはこの点についての自分の見方を変えている。］

(12)［ポパー・アーカイブ39–17。リーズがポパーを空想主義の一形態だとしていると、「社会制度と個人の責任」でポパーが不満をこぼしていることを考え合わせると、ここでのポパーによる空想主義の特徴付けは興味深い。この資料は、他の断片的なメモ書きも含んでいるが、掲載しなかった。］

(訳6) 邦訳「功利主義論」『世界の名著四九　ベンサム・J・S・ミル』関嘉彦編、井原吉之助訳、中央公論社(中公バックス)、一九七九年、世界の名著三八、一九六七年。

第6章　アイザイア・バーリンへの手紙
――一九五九／一九八九年[1]

I　ポパーからバーリンへ（一九五九年二月一七日）

写し
一九五九年二月一七日
サー・アイザイア・バーリン教授
ヘディントンハウス（Headington House）
ヘディントン、オクスフォード

親愛なるアイザイア

頂いていた『就任講演』[2]をちょうど読み終えたところです。ずいぶん前に、しかも「著者の献辞付き」でいただいていながら、お礼もまだ言っていませんでした。

政治哲学に関してこれまで読んだもので、これほど、重要な論点すべてにわたって、まったく完全に私と意見が一致したものはありません。実際、これらの論点はとても重要なものばかりです。感心したのは、消極的自由（negative freedom）と積極的自由（positive freedom）と呼ばれるものの明快な区分。それとなく触れておられるだけですが、隠すことなく力のこもった、消極的自由に対する信仰の告白。積極的自由のイデオロギーの危険性を詳しく述べるところ。五七頁［『四論集』（*Four Essays*）一七二頁、『自由論』（*Liberty*）二一七頁［訳1］］での、道徳的歴史観（moral historism）や歴史主義（historicism）への対峙。社会問題は原理的に解決可能なはずで、すべての（「現実的な」）善はすべて両立可能で互いに調和するはずだという前提に対する警鐘。そして、とりわけ、五一頁［『四論集』一六五頁、『自由論』二一〇頁［訳2］］での人権の絶対性の宣言などですが、これらすべての事柄について、われわれ二人の間では完全に意見が一致しています。さらに、これらの考えを議論し提示する仕方も素晴らしいと確信しています。

それにもかかわらず、批判点がいくつかあり、実際、長い項目が並ぶこととなりました。

そのうち、二つの点だけに触れようと思います。

第一の点は、あなたが描く合理主義の姿に結び付いています。三九頁［『四論集』一五四頁、『自由論』二〇〇頁［訳3］］で、ある種の合理主義がもつ基本前提について述べておられます[3]。さて、私がこう言ってもあなたは信じて下さるだろうと確信していますが、私はそれら四つの前提を一つとして受け入れようと思ったことは生涯で一度もなく、それどころか、それらの基本前提を理解できるようになってこの方、つまりおよそ一七歳になってからずっと、恐れをなしてそれらの前提を避けてきたのです。にもかかわらず、私は、自分のことを合理主義者だと呼ぶ

（訳1）　邦訳、三九〇頁。
（訳2）　邦訳、三七九－三八〇頁。
（訳3）　邦訳、三五八－三五九頁。

のです。さらに、「ヒュームが正しく、ソクラテスは誤りなのでは」[訳4]と言われますが、ヒュームがこの四つの基本前提をしりぞけることには同意しますが、ソクラテスがそれらの前提を受け入れるとは、私にはまったく確信がもてません。

ただし、私はヒュームに敬服していますが、ヒュームは、ルソーともども、非合理主義の創始者でした。取り急ぎ言葉を足さなければなりませんが、ヒュームはルソーと比較にならないほどましであり、空想家（a romantic）でないことは間違いありません。それでも、ヒュームの非合理主義は失望した合理主義者の非合理主義なのです。そして、失望した合理主義者とは合理性に期待しすぎる人のことなのです。

三八頁の一番下（脚注）〔『四論集』一五三－一五四頁、『自由論』一九九－二〇〇頁〕[訳5]であなたは、「この文脈で『理性』が何を意味するのかまったく理解できなかった、と認めねばならない」と言われています。私もまた理解できませんでした。しかしこの一節は、反合理主義者であることの宣言のように読めないでしょうか。そして、反合理主義、つまり非合理主義は、少なくとも、無批判な合理主義と同じくらい強大な敵ではないでしょうか。

私の見たところ、あなた自身が合理主義者の完璧なお手本なのです。私にとって、「合理性」が意味するのは、批判や議論に対して、つまり、自分の思想や言葉への他人からの批判に対して注意を払い、そして自分自身の見方や偏向に対して、きわめて批判的であろうとする心構えなのです。

第二の点は、あなたが描く積極的自由の姿です。それは、自分自身の主人であるという考え方を驚くべき姿に仕上げたものです。しかし、まったく別のきわめて単純な積極的自由の考え方が存在しないでしょうか。つまり、消極的自由と互いに補完し合うことができ、必ずしも衝突しないようなものが存在しないでしょうか。私が言っているのは非常に単純なことで、その人自身ができるだけよい人生を過ごすという考えです。それは、その人自身のやり方で、しかも他人（とその人の自分とは異なった価値）を十分尊重して、自分が最も価値を置くものを実験すること、つまりその実現を試みることではないでしょうか。そして、真理の探求——あえて賢明たれ[訳6]

（*sapere aude*）[4]――は、自己解放という積極的考えの一部とならないのでしょうか。あえて賢明たれに反対される理由が何かあるのですか。疑いもなく、誰もが賢明であると考えるのは危険であり矛盾もしています。しかし、なぜあえて賢明たれが権威主義的だと解釈されるのでしょうか。私には、それは反権威主義的だと感じられます。ソクラテスが『弁明』で、批判的議論を通じた真理の探求は一つの生き方（事実、ソクラテスの知る最上の生き方）であると言うとき、このことに反論できるでしょうか。

言い切ってしまいたいのですが、このようなソクラテス的生き方を多少なりとも採用した人にしか、消極的自由というような考え方は十分に理解できないのです。そのような人たちだけが、あなたが非常にうまくされているように、消極的自由の考えを詳しく説明することができるのです。

いつもあなたのカール（ポパー）［より］

Ⅱ　ポパーからバーリンへ（一九五九年三月二一日）

一九五九年三月二一日

親愛なるアイザイア

（訳4）邦訳、三五九頁。
（訳5）邦訳、三五七－三五八頁。
（訳6）邦訳、三三七頁。

今日、お手紙届きました。おかげで大体のことが解読できました[訳7]。本当にありがとうございます。ペン[5]においでになれるのなら、大変嬉しく思います。そうでなければ、ロンドンでお会いできるでしょう（四月二一日以降、おそらく水曜日が最善です）。科学主義とハイエク[6]への言及にとりわけ興味をもちました。というのも、科学についての私自身の仕事（『科学的発見の論理』（*Logic of Scientific Discovery*）のことを言っているのですが）は、科学主義を攻撃することが最も必要とされる（そしておそらく最も興味深い）場面での、つまり科学それ自体の中での、科学主義に対する攻撃の一つだと表現できるからです。

次のように言えば、私の主張の中心は要約できます。つまり、科学はいかなる権威ももたないし、どのような権威も主張できない。科学に、あるいは科学の名に権威を要求する人たち（医者、技術者）は、科学を誤解しているのです。

科学は合理的批判以上のものではありません。

これらの主張によって、それは［ママ］帰納の問題を完璧に、しかもヒュームを論駁することなく、解決することが許されるのです。帰納の問題は、次のように指摘することで解決されるのです。つまり、科学においてわれわれは、知っていると主張はしない——徹底的に批判されテストされてきたと（そこまで言えるなら）主張するだけである、と。

私がこんなことをあれこれ言うのは、私の認識論に関心をもっていただきたいからなのです。私の認識論は、批判的合理主義にとって必須の背景なのです。知っていると主張することなく合理主義者であるために、つまり、権威を授けることが可能な知識などいささかももっておらず、またもつことが不可能なことを理解しながら、それでも知識に関心をもつ、しかも、情熱的に関心をもつ、そのために必須の背景なのです。

これらすべてがとても重要なのは、科学に対する、つまり真理探求に対する敬意というものがなければ、われわれはやってゆけませんが、その敬意が過剰（科学主義）でもやってゆけないからです。かくして、正確な分割線を見出すことがきわめて重要なのです[7]。しかも、その分割線がうまく合うことが、驚くべきことなのです。

いつもあなたの［カールより］

Ⅲ　ポパーから作家協会へ（一九八九年二月二四日）及びアイザイア・バーリンへ（一九八九年三月五日）[8]

［一九八九年二月二三日、ポパーは、作家協会（the Society of Authors）の書記長、マーク・レ・ファニュ（Mark Le Fanu）から、サルマン・ラシュディ（Salman Rushdie）に関する「世界声明（World Statement）」への署名を依頼された。ラシュディの小説『悪魔の詩』（*The Satanic Verses*）は多くのムスリムの怒りを買い、イランのムスリム急進派の指導者、アヤトラ・ホメイニ（訳8）は、一九八九年二月一四日、この本の著者、そしてその内容を知りながら出版に関わった者に死刑を宣告するファトワー（fatwa）（訳9）を発した。ポパーはこの「世界声明」の見方に反論する手紙をレ・ファニュに書き、その写しを作家連盟（the Author's Association）の評議会の一員だったアイザイア・バーリンに送った。バーリンはポパーに返事を書き、ポパーは、以下に再現された二つ目の手紙でそれに返答している。］

教授　サー・カール・ポパー名誉勲爵士、王立協会会員、英国学士院会員
136ウエルカムズ・ロード（Welcomes Road）、ケンリー（Kenley）、サリー（Surrey）CR2　5HH

（訳7）　原文には「decipher most of it」とあるだけで具体的に「it」が何を意味するか不明。

（訳8）　the Ayatollah Khomeini（1902–1989）アヤトラ（the Ayatollah）イスラーム・シーア派での指導的法学者の称号。

（訳9）　ファトワー（fatwa）とはイスラームの指導者による正式な法的裁断のこと。

一九八九年二月二四日
マーク・レ・ファニュ殿
書記長
作家協会
84、ドレイトン・ガーデンズ（Drayton Gardens）
ロンドン　SW10　9SB

親愛なる書記長

「世界声明」（この手紙では「声明」と呼びます）が同封された、昨日付けの手紙を落手致しました。今朝電話でお話ししましたのも、「声明」の立案に至る意図には共感するのではありますが、「声明」は誤っており、しかも非常に悪い帰結につながりかねないと考えているからであります。

第一に、「声明」には、事実と意図の両方において虚偽が含まれています。それは、第二段落最後の「われわれ、署名者は……自らもまたその出版に関わっていることを明言する」の部分です。

「声明」に署名するつもりの人々の多くが、かくも多くの人々の怒りを買っている節を削除するようにラシュディに忠告なさっていると私は希望しますし、事実そうされていると確信しています。

しかし、あなたの「声明」の中の、先の引用符で括った部分は、署名者、つまり「全世界」の知識人は、全員、ラシュディが書き、出版した侮辱的な一節について、ラシュディを支持していると、読めますし、腹を立てている人たちはきっとそう読むに違いありません。

もちろん、あなたがそのようなことを意味しようとしてないのは分かっています。しかし、腹を立てている人たちにとっては、そのことを意味しうるだけで、他の何も意味しえないのです。

これは恐ろしいことです。認めなくてはなりませんが、アヤトラやその殺人の煽動に弱腰で対応しようなどと望む人はいません。この点について、アヤトラは、ラシュディが宗教を信じる者に対して犯してしまった侮辱、そして（レバノンで人質となった人たち、そしてイランの「穏健派」に対して）加えてしまった危害を擁護しようと望む人もまずいないのです。

しかし、この「声明」は（おそらくは意図しないで）侮辱と危害を付け足してしまうのです。

ラシュディは謝罪しており、穏健派はその謝罪を受け入れています。あなたの「声明」は、「この本の内容を是認するか否かにかかわらず」と言うことで、この謝罪を無視してしまっています。そう言ってしまうことで、あなたの「声明」はラシュディの謝罪を無意味だと見なしていると解釈されるでしょうし、そのことによって、妥協しない態度に見えてしまい、ラシュディ個人の危険を増大さえするでしょう。

緊張を鎮められず、高めるだけの、そしてラシュディが生き残るチャンスを増やすことができず、減らしてしまうような、そのような「声明」に人々を駆り立てることに私はまったく賛成できないのです。

それでも、もし「声明」が公表されるなら、それは、私の意見では、署名した者は（出版の自由のような）すべての自由が、義務を含むことを理解している、と最初に言わなくてはなりません（他人を、とりわけ罪のない人を傷つけない、という義務。これが、アヤトラのテロリズムをわれわれが拒絶する根拠となる原理です）。そして、「声明」は続けて、ラシュディが今や自らが引き起こした心の痛手を理解しており、そのことを謝罪していると言わねばならないでしょう。

その後でやっと、抗議の話を続けられるのです。

個人的な観点から、私は「声明」を批判するつもりはありません。なぜなら、私は「声明」を書いた人たちに共感しているからです。しかし、団結を英雄的な身振りで示しても、（意図しておられるように）ラシュディを助けることにならないのです。数を頼みにして安心を得ようとするのは、まったく英雄的ではありません。

出版社がラシュディの本が含んでいた意味をほとんど分かっていなかったのは疑いないのですが、今ではわれわれはその意味を知っているのです。したがって、団結をうたう声明は有害で攻撃的な行為なのです。

よろしくご検討頂ければ幸いです。

カール・ポパー

追伸この手紙は、手遅れになる前に声明について再考して頂こうと期待して、当然ながら、取り急ぎ書いたものです。

136ウエルカム・ロード
ケンリー、サリーCR2　5HH
5－3－89

我が親愛なるアイザイア

手紙を書いたときには、返事は期待していませんでした。あなたが作家連盟の評議員をされておられますので、お知らせするべきだと感じただけでした。

もちろん、われわれの価値の多くが衝突します。しかし、この衝突が本質的なところで、価値の否定（disvalue）の衝突であることを危惧します。

われわれが知る限り、アヤトラのほうが間違いなく重大な犯罪者です。また、もちろん、ラシュディは警察によって保護されるべきです。われわれは、ラシュディを気の毒に感じさえします。しかし、私は、この衝突で殺されてしまった人たちのほうをはるかに気の毒に思います。

すべての自由が義務を含んでいる、と私は強く信じています。たとえば責任をもって自由を用いるという義務です。そうしない人は自由を殺してしまいかねません。すべての自由は、誤用もできます。そして、われわれの先祖たちは、ヴォルテールもカントもミルも、この苦闘の中で、われわれが文明化され、この明白極まりない要求に応えて生きてゆけるようになる、と信じたのです。

お手紙本当にありがとうございます。幸せをお祈りしています。

いつもあなたの、

カール

注

（1）［最初の二つの手紙は、ポパー・アーカイブ276-10に保管。第一の手紙の写しは、ポパー・アーカイブ529-13にも保管。］

（2）［アイザイア・バーリン『自由の二つの概念——就任講演』(Isaiah Berlin, *Two Concepts of Liberty : An Inaugural Lecture*, Oxford : Clarendon Press, 1958.)。現在では、以下を見よ。バーリンの『自由についての四論集』（*Four Essays on Liberty*, London etc. : Oxford University Press, 1969 etc.)、そしてヘンリ・ハーディ編『自由論』（*Liberty*, ed. Henry

Hardy, Oxford University Press, 2002.)。最初のものより容易に利用可能なので、これらあとの二つについても参照頁を示した[訳10]。]

(3)［バーリンは以下のように書いている。
「第一に、すべての人間は一つの目標、そしてそれだけをもつ。つまり理性的な自己決定という目標である。第二に、すべての理性的存在者の目的は、ある単一の普遍的で調和の取れた範型（pattern）に必然的に当てはまらねばならない。そしてその範型をある人たちは他の人たちよりもっと明確に識別できるかもしれない。第三に、すべての紛争（conflict）、したがって、すべての悲劇は、理性と、非理性的なものないし十分に理性的でないものとの間の衝突にのみ起因する。つまり、個人のものであれ共同体の（communal）ものであれ、人生における未熟で未発達な要素に起因するのである。そして、そのような衝突は、原理上、回避可能であり、理性的存在者には起こりえないのである。最後に、すべての人間が理性的に作られてきたのなら、人間の本性はすべての人間にとって一つの同じものなのだから、すべての人間は人間自身の本性である理性の法に進んで従うだろう。それ故、すべての人間は、法に完全に従いながら同時に完全に自由なのである」。

（『二つの概念』三九頁、『四論集』一五四頁、『自由論』二〇〇頁[訳11]）]

(4)［あえて賢明たれ（Dare to be wise）。イマヌエル・カントの「啓蒙とは何か」を参照。たとえば、以下に収録。H・ライス編『カント政治著作集』（H. Reiss (ed.), *Kant's Political Writings*, Cambridge: Cambridge University Press, 1970.）、五四頁[訳12]。]

(5)［つまり、バッキンガムシャー（Buckinghamshire）のペン（Pen）。このとき、ポパーが住んでいた場所。]

(6)［フリードリッヒ・ハイエク「科学主義と社会研究」（"Scientism and the Study of Society"）を参照せよ。たとえば、以下に収録。ハイエクの『科学によるの反革命』（F. A. Hayek, *The Counter–Revolution of Science*, Glencoe IL: Free Press, 1952.）[訳13]。]

(7)［ポパーのメモ］利己的な下心、戦闘的な下心があるということを忘れてしまって、いや実際知らないで、分割線を探究すること。

(8)［レ・ファニュとの手紙のやり取りは、「作家協会」という表題で、ポパー・アーカイブ563-10に。バーリンとの手紙のやり取りは、529–13に。バーリンは、ポパーから送られたレ・ファニュへの手紙の写しに、一九八九年三月二日付けで返事を出している。〕

(訳10)『自由についての四論集』の邦訳、I・バーリン『自由論』みすず書房、一九七一年初版、一九七九年新装版、二九五‐三九〇頁に「二つの自由概念」生松敬三訳があり、参考にした。読者の便宜を図るため、訳註に該当頁を示した。

(訳11) 邦訳、三五八‐三五九頁。

(訳12) カント『啓蒙とは何か』他四編、篠田英雄訳、岩波文庫、一九七四年改訳、七頁。「敢えて賢こかれ」の出典はローマの詩人ホラティウスの『書簡』である。カントは、『啓蒙とは何か』において、啓蒙という考え方に、このホラティウスに由来する「敢えて賢明たれ」という標語を結び付けた。この標語は、後世、多くの大学や研究機関が掲げるものとなり、権威や後見などからの理性による自己解放、躊躇せずに自らの理性を信じよ、という意味で用いられるようなる。ただ、ポパーとバーリンで、意見が分かれているように、『啓蒙とは何か』における「敢えて賢明たれ」については、様々な解釈がなされている。

(訳13) 邦訳『科学による反革命――理性の濫用』佐藤茂行訳、木鐸社思想史ライブラリー、二〇〇四年。

第7章　歴史的説明　インタビュー――一九六二／一九六六年(1)

Q　歴史的説明に含まれる法則とはどんな種類の法則なのでしょう。たとえば、異邦人の侵入によってローマ帝国の衰退が引き起こされたと言うべきだとしたら、これにはどんな法則、もしくは諸法則が含まれているのでしょうか。

A　それは誤って立てられた問いだと思います。論理的に筋の通った見解は次のようなもの、すなわち、歴史的説明であってもなくても、すべての説明において法則が暗に想定され、当然のものとされるけれども、それらの法則は、通常、歴史的説明においてわれわれの関心を引くものではないし、歴史的説明に特徴的なものでもないのは確かである、というものです。これら両方の論点についてコメントさせてください。つまり、①法則が当然のものとされるということと、そして②それらは、普通、われわれの関心を引くものではないし、歴史的説明に特徴的なものでもないということです。

①異邦人によるローマ帝国への侵入はいくどかあったが、それらはいずれもそれほど深刻でなく、事実、周辺的な出来事でしかなかったと、とりあえず想定しましょう。さらに、それらの出来事は、ローマの権力政治の観点からは実際には有益であったと想定しましょう。なぜなら、それが刺激となって、たとえば、元老院の

用心深さや、人々の団結、軍隊の修練によい影響を与えたからです。状況がこのようなものであったとしたら、ローマ帝国の衰退が異邦人の侵入によって「引き起こされ」た、と主張しようなどと誰も思わないでしょう。あるいはもっと正確に言い直せば、もしローマ人たちが、異邦人による侵入が権力政治の観点からよい刺激としてふるまうのが通常であるような世界に生きていたとするなら、彼らの帝国の衰退に関して提案されたその因果的説明は不合理であるだろう、ということです。

同様に、チャールズ一世の死に関する次のような説明、すなわち、彼は首を切り落とされたために死んだという説明を取り上げてみましょう。さて、人々が時々首を切り落とし、その後ただリフレッシュしたように感じるだけで、また新しい首が生えてくるのが普通であるような、そんな世界では、この説明は、「彼は髪を切ったために死んだ」という説明がわれわれの世界で満足の行かないものであるのと同じように、満足の行かないものとなるでしょう。

すべての説明は、歴史的説明であってもなくても、一定の規則性をもつ世界――コスモス、世界秩序――を想定しており、そしてこの限りで、因果的諸法則をある種のバックグラウンドとして想定しています。しかし、これらの法則を探究し、定式化し、批判するのは、理論科学だけであって、歴史科学ではありません。歴史家は、(理論家以外の) すべての人がやるように、それら法則を当然のものと見なすのです。

歴史的説明は、被説明項――歴史家が説明しようとしている歴史的出来事――へと導いた状況を再構成するという方法によって機能します。

②この状況の再構成は、もっとも興味深くそして創造的な仕事です。なぜなら、それは、必然的に過度に単純化された状況を再構成すること、そしてそれ故、仮説を提案することにあるからです。その仮説とは、つまり、ある出来事や、あるいは、ある状況の側面が、説明されるべき歴史的な出来事に対して関連する、もしくはそれに対して「責任のある」ものであったという仮説です。歴史家は通常、状況を再構成する際に、関連す

る多様な人々の行動目的や計画がその状況の一部を形成することになるような仕方で再構成しようとします。そしてまた、その人たちの知識や、とりわけその人たちが直面していた問題や困難も状況の一部を形成することになります。歴史家は、この状況を提示する際に、もし関連するすべての人が、その状況の一部を形成していた計画や意図や関心に従い、そしてその状況の一部を形成していた知識をもってふるまったと想定するなら、歴史的な被説明項——歴史家が説明したいと思っている出来事——がその状況の記述から導かれるような仕方で、提示しようとするのです。このような仕方で行われる歴史的説明を、「状況論理」の方法を用いる説明と私は呼んでいます。

状況論理に関して特徴的なことは、それに関するすべてが原理的には客観的にテスト可能であるという意味で、客観的であるということです。様々な人々が置かれていた状況が、歴史家が記述する通りのものであったか否かは、原理的にテストすることができるのです。

Q　あなたの状況-分析理論の観点からは、コリングウッドによる歴史の説明はどのように批判されるのでしょうか。

A　コリングウッド(訳1)の説明を私の説明の主観的なバージョンとして、あるいはむしろ、私の説明を彼の説明の客観的なバージョンとして、記述することができるかもしれません。(2) コリングウッドによれば、シーザーを理解するために、私はシーザーになろうと努めなければなりません。そして本当にシーザーの身になれば、シーザーが何をし、なぜそうしたのかを私は確かに知り、それ故私は彼の状況を理解することになるというわけです。私は、この説は主観的で独断的であるため、非常に危険であると考えます。重要なのは、客観的な状況の再構成であり、そしてこれはテスト可能であるべきです。たとえば、われわれの再構成は新たな証拠によってしりぞけられる可能性があるのでなければなりません。歴史にとってきわめて重要なのは、そこから新たな証拠の存在が演繹されるような再構成です。

　歴史的説明の主たる特徴は状況分析であるということを見てきました。しかしそれですべてではありません。被説明項――われわれが説明の必要を感じる何ものか――がなければ説明というものは存在しません。そもそも歴史的問題をもたなければ、歴史的説明を始めることはできないのです。人がスタートするときに手にしているのは、つねに問題です。

Q　歴史家に特有なものとなる傾向のある説明の特徴について論じていただけますか。

A　多数の側面があります。一つ目のポイントは、歴史家たちは、コリングウッドが彼らの方法を記述しているとおり、状況を直観的に理解しようと試みるということです。彼らはこの直観的な試みと、そして、おそらくはこの直観的な試みに基づいて、一つの理論――すなわち客観的状況に関するテスト可能な分析――を彼らは提示しなければならないという事実とを区別できていません。おそらくは、歴史家が自分たちを科学者というよりも芸術家であると考えるのは、このことが理由です。彼らは、どんな物理学者も彼の主題を直観的に理解する試みにおいて芸術家でありうるということに気付いていないのです。

　各々の点で、完全な対応を見出すことができます。歴史家が歴史について美しい本を書くとしても、そうするのは著述家としてであって、歴史家としてではありません。彼が歴史家としてふるまうのは、歴史的問題を解決しようとするとき、すなわち、ある事実の史実性を疑うときや、何か事実を説明しようとするときです。

（訳1）Robin George Collingwood（1889–1943）イギリスの哲学者、歴史家。オックスフォード大学教授。

解決や解決に対する反論を提案し、そしてまたそれらについて批判的に議論することによって、歴史家も科学者も説明をテストし、それらのうちのどれが最良であるかを見出そうとします。これは、最良の結果を生み出す可能性のある様々な説明の間での競争であり、まさに科学と完全に類比的です。

歴史的な説明に関して指摘されるべき他のポイントは次のようなものです。すなわち、人々はつねに問題－状況の内部で行動しているのであって、それ故、歴史的状況とはつねに問題－状況であるということを理解することが、きわめて重要だということです。それ故、歴史家の問題――それは、ある歴史的出来事を突き止めたり説明したりすることですが――と、歴史の舞台に立つ役者である人々の問題とを区別しなければいけません。(3) 彼らの問題を理解することは、実際には歴史的状況を理解することです。なぜそれらの問題が役を演じた人々にとっての問題であったのかを示すことができる程度において、人はよい歴史家になることができます。当事者にとっての問題を理解することが歴史において重要であるというこのことが、科学史が歴史的説明を学ぶのにとくに適した領域となる理由です。というのも、ここでは役者――科学者――は特定の科学的問題に直面しており、そして彼の問題が何であったかを、われわれは非常に明確に知ることができるからです。彼の状況を記述するために、われわれはその時代の科学理論を――そしてそれらの理論がなぜこの特定の科学者を満足させなかったのかを記述します。ここには、状況分析、ないし状況論理の非常にシンプルな例が見出されます。

歴史的説明についての私の理論が、ある種の人々が論じてきたものとはどれだけ遠く隔たっているかを理解していただけるのではないかと思います――その人たちが論じてきたものとは、普遍的法則に関する、論理的に妥当ではあるけれどもまるで面白くない主張のことです。(4) 実際、普遍的法則のバックグラウンドの問題に関して私が述べたことを巡ってなされた議論は、私には大変まずいものに思えたので、私は批判者たちに答えることすらしませんでした。ここで述べたことは、彼らに対する私からの初めての公式の答えです。もっとも、

『歴史主義の貧困』と『開かれた社会』の両方で、私はこの状況分析ないし状況論理の理論を手短に記述はしたのですが。

Q　それでは、コリングウッドの誤りは二つのタイプの問題を混同したことだ、とあなたはおっしゃるのでしょうか。つまり彼は、人は解決しなければならないある問題をもつときにだけ、歴史を書くことができると言う点では正しかったが、しかし彼は、歴史を書く人が解決しなければならない問題と、問題の状況に置かれた人々が解決しなければならない問題とを混同したのだ、と。

A　必ずしも彼はこの二つの問題を混同していたと言うべきではないでしょう。コリングウッドの強みは、われわれ——歴史家——が問題をもたなければならないこと、そしてまた、われわれが記述している状況の中の人々もまた問題をもたなければならないことを彼が理解したということにあります。確かに、シーザーの問題は私の問題にならなければならないという彼の要求のために、おそらくここにはある種の混同があるだろうということを私は認めますけれども。しかし、そのことよりもいっそうまずいのは、第一か第二の準備段階のステップであると私が見なすものを、コリングウッドは最後のステップであると考えたということです。私が実際に、シーザーが何をし、なぜそうしたのかを理解していると感じるとしましょう。このことは私の理論を真なるものとして確立するであろう、とコリングウッドは信じました。しかし彼がそう信じたのは間違いです。というのも、私は次に理論を定式化し、テストすることに取り掛かり、それから誰か他の人に向けて、「シーザーになるよう努めてみて下さい。あなたは別のシーザーになることもできたと思いますか」と言わなければならないからです。そして私は、彼のシーザーが私のものと同じだけ、あるいはそれ以上に、よいものでないかどうかを見出そうとしなければなりません。もちろんこのことは、相対主義を含意するわけではありませんが、競合する理論はお互いに照らして比較考量されなければならないことを意味します。シーザーを直観的に理解しようと努めることでは十分ではないのです。それは始まりであるとすら言えないでしょう。われわれはその後になって初めて、本当にスタートするのです。

Q　それはおそらく、コリングウッドが、通常理解されるものとしての歴史はそれほど重要な主題ではなく、自己 - 知識に至る手段としてのみ歴史は重要であると考えていたからでしょう。彼にとって重要なポイントだったのは、シーザーであるとはどのようなことであるかをあなたが感じるということではなく、シーザーであるとはどのようなことであるかをあなたが感じることだったというわけです。

A　ええ。非常にうまい定式化です。そしてこの定式化は、コリングウッドの一般的な誤りの一部を暴露していると思います。それはつまり主観主義です。これはきわめて重要な問題です。われわれの誰もが望んでいるのは、客観的な説明を構築することです。客観的な説明とは、すなわち、自らの足で立つことができて、そしてまさにそれ自体として批判されたり是認されたりしうる説明です。歴史的説明についてはこれくらいにしておきましょう（それが、普遍的な法則に関する不毛な議論とはまったく別物であることがお分かりいただけたのではないかと思います）。

私が触れておきたいさらにもう一つの論点があります。人々はしばしば、歴史上のある一定の年代期間という概念を使ってやってきました。そして、それを単にゲームの中で用いざるをえない得点計算用のコインのようなものにすぎないかのように見なしてきました。しかしわれわれに必要なのは、「歴史上の年代期間［歴史上、特色のある時代］」と呼ばれるものが存在するという、人を当惑させる事実についての説明です。この事実は、ある時代の問題状況のような何かあるもの、すなわち、その時代を生きる人々に共通の問題状況のような何かが存在するであろうという考えの助けを借りて、説明されるべき事柄です。

Q　一般的な質問をさせてください。過去についてのわれわれの知識は、どの程度現在についてのわれわれの知識に寄りかかっているものなのでしょうか。とりわけ遠い過去のある時代を再構成するとき、われわれは、広い意味では現在の経験であるようなものに基づく経済学的及び社会学的一般化に、大いに頼っています。

A　それは非常に重要な問いだと思います。第一に、われわれの現在は部分的に過去の要素からなっている、ということを考慮しなければいけません。そしてそれからまた、いつの時代にも、歴史的な問題に対して提案された解決について、進行中の絶え間ない議論や批判が存在します。こうして、歴史家は過去の経験とさらなる議論から学び、そしてまた、彼自身の時代の経験をもつのです。これらのことはすべて、過去に関する新たな可能性を彼に示し、それを再-評価する機会を彼に与えます。それ故、各世代はある点で過去を理解するためによりよい状況にある、あるいはいずれにせよ、異なる状況にあることになります。しかしまた各世代は、異なる問題やあるいは問題の異なる側面に興味をもつことにもなります。たとえば、ナチス・ドイツの台頭によって、私は、プラトンのある側面に興味をもちましたが、それは、そうでなければ興味をもたなかっただろうし、現在ではもうそれほど興味をもっていないような側面です。そういうわけで、各世代はある意味で歴史を書き換える権利をもつだけでなく、そうする任務を負っています。

Q　過去を再構成する際に、経済学的、社会学的一般化にしばしば頼るとしたら、われわれは循環に直面してしまうように思えるのですが。というのも、たとえば社会学的な探求を行うときには、われわれは過去に関する知識のいくつかを用いるでしょうから。

A　私には循環の危険があるようには見えません。もしわれわれが何かを証明することを欲していたとしたら、循環の危険があったでしょう。しかしわれわれは何かを証明したいと思っているわけではないのです。われわれがやりたいのは、理論――ないし歴史的仮説――を提案し、そして反対‐理論を請うことです。あなたが興味深い歴史的問題と興味深い解決を提示するなら、他の人たちは他の可能性があるかどうか見てみようとするでしょう。そうして、あなたがたは議論を始めることになります。証明の可能性がないのだから、循環の危険もありません。人は自分が興味をもっているものしか過去の中に見ないという危険は、おそらくあるでしょうが、しかし、これは人間の関心がもつ一般的な限界の一部です。人間の関心はある物事に集中的に向けられるようになるものです。われわれは、いつか過去をすべて知るであろうなどとは言いません。歴史は本質的に選択的です。なぜ歴史が、われわれはもっとも興味を引くものを選ぶという意味で、選択的であってはならないのでしょうか。実際のところ、われわれはまったく率直に、他の人たちに対しては、彼らの興味を最も引くトピックに取り組むよう促すべきだ、と私は思います。

Q　以上のことは、過去に関する言明をいかに正当化するかという問題についてのあなたの見解とはどう関係するのでしょうか。

A　私は正当化というものを信じません。これはまさに私の主要な論点の一つです。われわれの課題は正当化することではないと私は考えています――われわれの課題は、推測を提案すること、そしてその後は自分自身の理論に関してきわめて強く批判的であることです。これらの理論のうちの最良のものをわれわれは公刊するでしょうし、そしてそれらは他の人たちによって批判されるでしょう。この相互批判から、そしてわれわれの誤りから、また新たな可能性を見てとることから、われわれは学んでいきます。しかしわれわれは何かを正当化するわけではありません。科学や歴史が正当化のために存在すると信じるのは誤った見解です。われわれはもちうる限りのすべての証拠をもつことを望みます。しかし、最良の証拠ですら、われわれの興味深い理論を正当化しないのが普通でしょう。われわれは決して確固とした岩盤の上に立つことはできないのです。このことは、すべての理論を信じたり、受け入れたりすべきだということを意味しません。われわれは批判的、きわめて強く批判的でなければいけません。そして、われわれの仕事の価値は、刊行する以前にそれに向けた批判の量におよそ比例するでしょう。

Q　歴史には無数の可能な解釈があるが、それらのうちのいくつかは他のものより実り豊かである、とあなたはおっしゃいました。正確に言うと、それによってどういうことを意味されているのでしょうか。

A　私が言いたいのは、解釈のうちのあるものはより多くの問題、そしてより興味深い問題を示唆するということです。ある解釈、たとえば有神論的な歴史解釈は、おそらくいかなる歴史的問題も示唆しないでしょう。「そうなったのは神がお望みになったからだ。神の理由はわれわれにはあまりに深遠だ。それらを理解することなどできない」というわけです。なぜ神は水爆をつくることをわれわれに許したのか、とあなたが有神論者に尋ねても、彼は、それほど満足のいく答えをあなたに与えることができないでしょう。それ故、この種の解釈はそんなに実り豊かであるとは思えません。それは真であるかもしれない——しかし、それは実り豊かではないのです。私は、歴史的観点からは、興味深い歴史的問題を提起するようにわれわれを導く解釈が価値あるものだと思います。歴史家の問題選択には、天才の手際が見出されるでしょう。真に興味深い問題を見出す人は、それだけで既に、自らの才能を示しているのです。資本主義の勃興というマックス・ウェーバー[5]の問題を取り上げてみます。それは非常に興味深い問題ですが、私なら、必ずしもウェーバーが正しかったとも、また必ずしもトーニー(訳2)が正しかったとも言わないでしょうし、さらには、ウェーバーは最も重要な問題を選択したとさえ言わないでしょう。おそらくより興味深い問題は、産業化の勃興でした。(6)なぜなら、様々な形態の「資本主義」が生じたのは、第一次産業革命以前のことであり、そして、現代の資本主義とより古い形の資本主義――インド的な資本主義と呼ぶことにします――とを区別するものは、資本の蓄積ではないからです（資本の蓄積なら多くの場所で見出すことができます）。その二つを区別するのは、むしろ、この資本が機械装置に投資するために用いられたということなのです。言い換えれば、産業主義の勃興は資本の形成そのものの単なる結果ではないのです。ウェーバーがこの問題へと導かれたのは、彼がマルクスに強く影響されたからです。(7)もっとも彼は同時にマルクスの批判者の一人でもあったのですが。マルクス主義は歴史解釈にとってきわめて重要である、と彼は感じていました。マルクス主義は多くの点で非常に実り豊かでした。マルクス主義が正しいと私は言いたいのではありません。ご存知の通り、それは正しくないと私は考えています。しかし、マルクス主義が、それ以前には問われていなかったような数多くの問いを示唆した、ということは否定できません。

Q　それ故、解釈の実り豊かさは、解釈が真であることとは結び付かないと？

A　有神論、マルクス主義、アクトン(訳3)による人間の自由の歴史としての「歴史」解釈といった、これら様々な大規模な解釈は説明ではありません。そして、説明の場合とは対照的に、それらが真であるかどうかという問題は生じません。それらは、いかなる意味ももたないかもしれないものに意味を見出し、歴史に関する何らかの一般的な見方を得ようとする試みです。しかし、ストーリー全体に意味を見出そうとするこれらの試みが、有意義な歴史的問題を見出すためにはほとんど必須であると言ってもよいのです。またそれらは、われわれが世界を理解したいと欲する場合に必要になります。われわれはカオスに直面することを望まず、したがってカオスには秩序をもたらそうとするからです。そして、カオスに秩序をもたらそうとするこれらの試みの中で、歴史家の観点から見て真に重要な唯一のもの、それが解釈の実り豊かさなのです。解釈の実り豊かさとは、つまり、解釈が歴史家に対して興味深い問題を示唆するかどうかという問題です。歴史全体を説明しようとする試みは、歴史家の説明と呼ぶべきものではありません。歴史家の説明は、ある意味でローカルなもの――ある特定の場所、特定の時代、特定の人々に関わるものでなければなりません。[8]

Q　プラトンについていくつか質問してもよろしいでしょうか。『プラトンを擁護して』というレヴィンソンの本[9]に、あなたはお答えになりましたか。

A　ええ、答えました。それは、私の『開かれた社会』の第四版［とそれに続く版］の補遺として、数週間のうちに公刊されるでしょう。

Q　ヘーゲルに関するあなたの主要な論点は、誰かの応酬によって反駁されたとお感じになりますか。それとも、今もまだそれらの論点を固持されているのでしょうか。

A　『開かれた社会とその敵』[10]の第二巻の補遺の中で、私は新しくヘーゲルについて書きましたが、そこでは、とくに私の批判者の誰にも答えてはいません。決して十分に理解されていないし、そして誰も反駁していない

（訳２）Richard Henry Tawney（1880–1962）イギリスの経済史家。著書に『宗教と資本主義の興隆』（*Religion and the Rise of Capitalism*）がある。

（訳３）Harry Burrows Acton（1908–1974）イギリスの政治哲学者。マルクス主義の批判者。

ことは、価値の規準とは単に事実のことである――規準と事実の二元論は存在しない――という理論によって、ヘーゲルがドイツの自由主義を殺した、という私の告発です。これが私の主要な告発です。この告発は、もしかすると本の中で明々白々に現われてはいなかったかもしれませんが、それでもかなりはっきりと指摘されていたと思います。ヘーゲル哲学の主要な目的が、規準と事実のカント的二元論を排除することであったということは、誰も否定できません。ヘーゲルが真に欲していたのは、規準が事実の部分となり、事実が規準の部分となるような、ある種の一元論的な世界観に到達することでした。これは、倫理学における実証主義と通常呼ばれているもの――すなわち、実定法だけが法であり、そして実定法を判断するためのものは存在しないという信念――です。ヘーゲルは、未来の法に照らして現在の法を判断できるかもしれないということなら、確かに示唆したかもしれません。これは、マルクスによって発展させられた理論です。ですが、これはうまくいかないだろうと私は思います。あなたは規準をもたなければならない。すなわち、世界に起こるすべてのことがよいわけではなく、そして、事実の外部に、われわれが事実を判断し批判することを可能にするような何らかの規準が存在するのだ、という考えをもってやっていかなければならないのです。人がこの考えをもたなくなると、自由主義は衰退を余儀なくされます。なぜなら自由主義とは、すべてのことがそのままで十分によいわけではない――われわれはそれを改良したい――という運動としてしか生きられないものだからです。そしてこれこそまさに、ヘーゲルが破壊しようとしたもの、もしくは、同一哲学によって超えようとしたものなのです。理性と現実の同一性とは、現実の外に理性はないということ、理性は現実に内在するということ、理性は現実と同一であるということに他なりません。それ故同一哲学は、われわれの最も偉大な功績の一つであると私が感じている規準と事実の二元論を破壊しようとするものです。そして、この破壊に、ドイツの自由主義も巻き込まれたのです。これが、ヘーゲルに対する私の主要な告発です。そして、誰もこれには異議を唱えなかったと私は思います。事実と規準のカント的二元論を超えること、これが自身の生涯の課題についてのヘーゲルの見方でした。ヘーゲル主義者たちは、これが彼の偉大な功績であると信じています――彼らは、ヘーゲルが規準と事実の二元論を超えようとしたというそのことについて私に異議を唱えないでしょう。なぜなら、彼らはこの論点に関してヘーゲルに同意しているからです。彼らは依然として、理性が世界に内在することを見てとることがきわめて重要であり、きわめてよいことであると信じています。ヘーゲルは神義論と存在論的論証を取り上げ、これら二つの考えを現実に適用し、世界とその善さ――内在的な善さ――の存在に関する一種の存在論的な証明を与えようとしました。私は、世界は悪であると言っているわけではありません。もし人がこれらの法の外に規準を立てることを自らに許さなければ、全体主義的な権力への道を突き進むことになると言っているのです。社会や政治の世界で最重要の事実は、権力がつねに正しいわけではないということです。権力は決して正しくないだろうという見込みすらあります。そして実際これはヘーゲル主義の反対です。根底において、ヘーゲル的な理性と現実の同一性が意味するのは、権力と正義の同一性です。自由主義者はこの同一哲学とともに生きることはできません。この哲学の行き着く先は力への追従です。実際ドイツでそうなったように。そして実際この哲学は、そこで起こったことのために厳しく責められるべきなのです。

注

（1）　これは、*Cambridge Opinion* のためのインタビュー記録（に若干の改訂を加えたもの）の写しである。私は望んでいたほど完全には写しを改訂することができなかった。それ故、これはそのままでは、注意深く準備された言明としてではなく、私の見解を砕けた会話調で論じたものと見なされるべきである。これは初め、*Cambridge Opinion*, 28, Cambridge, 1962, pp. 20–25. において公刊された。そこでは、「K・R・ポパー教授、マイケル・タナー、ジョン・ダン、アリスター・ヤングのインタビューを受ける」と題されている。

［誰がどの質問をしたのかは示されていない。この（改訂）バージョンは、ポパー・アーカイブ5–2に基づいており、6–8のバージョンを含む、他の様々なバージョンに照らして訂正のためのチェックを受けている。改訂バージョンは、

「歴史的説明・カール・ポパー卿へのインタビュー」というタイトルで、*University of Denver Magazine*, 3, no.4, June 1966, pp.4–7. において公刊された。［　］内の注記は編者による。］

（2）［「歴史哲学への多元論的アプローチ」（『フレームワークの神話』所収）での、彼の見解とコリングウッドの見解との関係に関するポパーの議論とも比較せよ。］

（3）［また現在これについては、ポパーの『客観的知識』の第四章、「客観的な心の理論について」と比較せよ。］

（4）［ここでポパーが言及しているのは、歴史における演繹的説明のいわゆる「ポパー－ヘンペル」モデル、もしくは説明の「包摂法則」モデルに関する文献である。］

（5）［マックス・ウェーバー『プロテスタンティズムの倫理と資本主義の精神』（Max Weber, *The Protestant Ethic and the Spirit of Capitalism*, tr. T. Parsons : for example, London : Routledge, 1922.）を参照せよ。］

（6）［R・H・トーニー『宗教と資本主義の興隆』（R. H. Tawney, *Religion and the Rise of Capitalism*〔Holland Memorial Lectures, 1922.〕, London : John Murray, 1926. etc.）を参照せよ。］

（7）［ポパーの「認識論と産業化」『フレームワークの神話』（"Epistemology and Industrialization" in *Myth of the Framework*, pp. 185–209.）も見よ。］

（8）［この箇所に、ポパーがレヴィンソンの『プラトンを擁護して』に対して答えたかどうかに関連する問いと応答があったが、後に削除された。応答の中でポパーは、その当時近刊だった『開かれた社会』の第四・第五版への補遺に言及した。これは、原稿の最新版において削除された。おそらく、そのときまでに、より詳細にレヴィンソンについて論じている補遺が公刊されていたからであろう。とくにレヴィンソンに関してコメントするに先立って、ポパーはここで次のように書いた。「私は、これほど多くの人たちの感情を害するということを考えなかった故に、私にも責められるべき部分があると考えている。多くのプラトニストたちは、本当に、私が神聖なものを汚していると感じたのである」。本文のここで与えられている短いバージョンは、ポパー・アーカイブ6-8のものに従っている。］

（9）［R・B・レヴィンソン『プラトンを擁護して』（R. B. Levinson, *In Defense of Plato*, Cambridge MA : Harvard University Press, 1953.）］

（10）［『開かれた社会』第二巻の第四版とそれに続く版の補遺一「事実と規準と真理――相対主義の再批判（一九六一

年）」に収められている。第一七章「ヘーゲル再論」を見よ。」

第Ⅳ部　冷戦とその後

第8章　開かれた社会と民主国家——一九六三年(1)

私は政治家ではなく、哲学者でしかない。だから、私がここで論じることができるのは、単なる一般論でしかない。だが、私が一般論ということで何を意味しているのかを、手短に説明させてほしい。私は次のようなことを意味している。人は賢くない。そして賢さへの最短の道は、ソクラテス(訳1)がかつて言ったように、自分自身の限界を知ることだ。この言葉は、その陳腐さにもかかわらず、政治の分野ではかなり一般的に通用する。

政治というこの分野で、われわれはたとえば二つの態度を区別できる。第一の態度は、次のような政治家の態度である。彼は、自分のすることはすべて立派になされたのであり、われわれの抱える問題はどれも自分の失敗のせいではなく、むしろ避けがたい不運であるか、悪人である政敵の陰謀によるものだと考える。それと反対の態度は、自分が誤りうる存在であることを自覚しているので、誤りから免れえないことを知っている人の態度である。そのような人は、自分が誤りを犯さないよう油断なく警戒することを、経験から学び利益を得るための唯一の方法であると分かっているので、絶えずそのように警戒しており、自分の論敵による批判が、自分の誤りを

(訳1)　Socrates (469 B.C.–399 B.C) 古代ギリシアを代表する哲学者。「無知の知」で有名。自身は著作を残さず、その言行は弟子であるプラトンの初期対話編やクセノフォンの『ソクラテスの思い出』(*Memorabilia*) などによって伝えられる。

発見するのに役立つと信じている。

この批判的でしかも自己批判的なアプローチは、開かれた社会――より正確に言えば、開かれた社会と民主国家との関係――という問題のようなわれわれの時代の重大な問題のいくつかを論じようとしている私自身の場合には、きわめて適切なものである。というのも、私は、今まであまりうまくやってこなかった世代に属しているからである。それは、自由と平和のために、世界を安全なものにするという任務と希望をもって、二つの世界大戦を生き抜いてきた世代なのだ。だが、私の世代は、その任務に失敗した。そして二度の大戦――第一次世界大戦と第二次世界大戦の両方――の後、われわれは、われわれの希望を実現させる（それらが実現されうるかぎりにおいてだが）大きな機会を一度ならず逃してしまった。そして最終的に、われわれは、世界を完全にひどい窮地に陥らせてしまった。それ故、私は、自分の世代の一員として、何らかの権威のようなものでもって何ごとかを語る権利はないと感じている。

われわれの失敗の理由は何だったのだろうか？　よくある説明――そしてそれは、考え方の上ではバートランド・ラッセル（訳2）やローマ教皇ほど離れている人々によって受け入れられている説明――は、人は利口だが、邪な動物だというものである。

人間の最近の発展において、その知的な発展は、その道徳の発展を追い越してしまったと言われる。つまり、われわれは、原子爆弾を作ることができるほど利口であるが、それを管理する方法について同意できるほどには十分に道徳的ではないと言われるのである。こうして、われわれは利口だっただろう、おそらくは利口すぎたのであろうが、しかし邪でもあった、と言われ、そして、このように利口さと邪さを混ぜ合わせると、なぜわれわれが困難に陥ってしまったのかが説明されると、言われるのである。

私は、この広く受け入れられた説が正しいと信じていない。私は、それが当たらずと言えども遠からずだ、とさえ信じていない。

私は、自分の世代をそれほど深刻に捉えないようにと提案する。そしてまた私は次のように提案する。すなわち、われわれの邪悪な利口さという幾分大げさな説を、その正反対の説によって、つまり、それほど大げさでないだけでなく、あらゆる点でより有望な説だと私には思える仮説によって、置き換えようと提案する。それは、われわれの善良なる愚かさという仮説である。

私の作業仮説は、私の世代は、かなり善良で、かなり気立てがよく、善意の持主であり、少しそうでありすぎるほどではあるが、しかしまた、知的には怠慢で、ぼんやりしていて、まったくもって、かなり愚かであるというものだ。そして、なぜわれわれが困難に陥るのかを、少なくとも部分的にでも説明するのは、善意と愚かさがこのように混ざり合っているということなのである。

われわれが善良であるが愚かであるというこの仮説は、われわれが利口であるが邪だという仮説よりも、いささか真実に近いと、私は考えている。そしてまた、これまでに起こったことを説明するための、より有望な作業仮説だとも、私は考えている。

例として、第二次世界大戦の勃発に至った諸々の出来事を取り上げよう。それらの出来事は、ウィンストン・チャーチル（訳3）の素晴らしい著作である『英国が眠れる間に』と『大英帝国の嵐』(2)の中で描かれている。もしあなたがそれらの本を読まれたならば――愚かではなかったわずかな人の一人である――チャーチルが、ドイツで起こっていることを見てとり、理解し、ヒトラー（訳4）を止める時間がまだある間に、どうすればヒトラーを止められる

（訳2）　Bertrand Russell（1872–1970）既出。

（訳3）　Sir Winston Leonard Spencer-Churchill（1874–1965）イギリスの政治家、作家。第二次世界大戦から戦後にかけてイギリスの首相を務めるとともに、ノンフィクション作家としても活躍した。一九五三年にノーベル文学賞を受賞。

（訳4）　Adolf Hitler（1889–1945）既出。

かを彼が示していたことが分かるだろう(3)。

私の世代［の人々］はどのように［チャーチルに］反応したのだろうか？　その大半は、チャーチルが、反ドイツ的な感情を引き起こそうとする古い主戦論者ではないかと危惧した。そして彼らは、彼ら自らの善意と寛容さに訴えるものをもつ、歴史上の根拠のない話に騙されたのだ。私が根拠のない話ということで意味しているのは、ドイツが、第一次世界大戦後の平和条約で冷遇されたという話であり、そして、ヒトラーは、ドイツに対する公正さを得ようとしていただけだという話のことである。そして、チャーチルは、彼の主張を、見事に、辛抱強く、力強く、明晰に述べ、それを公に宣言したのに、それにもかかわらず彼の言葉に耳を傾けようとする人はほとんどいなかった。

これが、第二次世界大戦の勃発に至った諸々の出来事の背景を形成している善意と愚かさの混在である。そしてこれは、私の作業仮説を例証している(4)。もちろん、この例証は、私の仮説それ自体と同じように、ひどく単純化しすぎたものであろう。明らかに、この話をもっと完全に話すためには、まるまる一冊の本にする必要があるだろう。

さて、もしも私の世代の主たる問題点が愚かさだという点で、私が正しいならば、あるいは部分的にでも正しいならば、今の世代は、われわれよりもうまくやるために、少しばかりわれわれほど愚かではないようになろうとしなければならない、言い換えるならば、われわれの誤りから学ぼうとしなければならないことは明白である。

自分たちよりも先に生きていた人々の誤りから学ぶことは、それぞれの世代にとって最も難しい仕事の一つだと思う。実際には、それは歴史から大事なことを学ぼうとしなければならないということを意味している。そして、このことは、記録に残された歴史的出来事の混乱の中で、何があなた自身の問題に重要であるかを見つけられたときだけ可能なのだ。このようにして、それぞれの世代が、歴史を理解し、再解釈しようとしなければならないが、それは、歴史の中で関係のあるものを――その世代が直面している問題の中で最も切迫したものにとって重要なもの――を見つけようとしなければならないという意味においてなのだ。

『開かれた社会とその敵』(訳５)という題名の本を私が書いたのは、われわれの世界に起こっていたことを理解しようとする試みにおける、このような精神においてである。私は、それまで二つの戦争の間の何年間も、この本の中で論じられている問題についてずっと考えていた。しかし、私が、この本を書くことをついに決心したのは、ヒトラーが（私の生国である）オーストリアに侵入したという知らせを私が受け取った、一九三八年の三月になってである。第二次世界大戦をほとんど避けられないものにしたのは、この侵攻だった。この本の第一版は、戦争がまだ続いている間にロンドンで印刷され、そして一九四五年、戦争の終わり頃に出版された。

私の本の題辞として、私は、偉大なるモラリストであり、社会批評家であるサミュエル・バトラー(訳６)の有名な書である『エレホン』(訳７)からの一文を使用した。バトラーは、この個所で、見事な皮肉を込めて、われわれが道徳的に善良だが、いささか愚かだという考えを表現している。また彼は、どこにわれわれの主だった愚かさがあるのかを示している。それは、次の事実のうちにある。すなわち、われわれは道徳的感情へ訴えられると、容易にそれに動かされて、われわれが哲学の理論とその論理的帰結だと思うものを――それらを受け入れる前に、それらの議論や結論について熟慮するように、常識がわれわれに命じたとしても――、考えもなく受け入れてしまうという事実にあるのである。

バトラーは、このように書いている。(5)「エレホン人たちは、おとなしく、辛抱強い人々であり、哲学者が彼らの中に現れて、エレホン人の現存する慣習が、道徳性の最も厳密な原理に基づいていないのだと、彼らを納得さ

(訳５)『開かれた社会とその敵』内田詔夫・小河原誠訳、未来社、一九八〇年。
(訳６) Samuel Butler（1835–1902）イギリスの作家。進化論批判を行う。
(訳７)『エレホン――山脈を越えて』山本正喜訳、岩波文庫、一九五二年。

せ、彼らを夢中にしてしまうと、容易に、すぐに操られて、常識を論理学の聖地に生贄として捧げてしまうのである」。

　もちろん、バトラーのこれらの言葉は、直接的に道徳性に向けられたものではなく、それらは道徳的な熱狂がもつ危険への警告である。こういった危険は、歴史からよく知られている。少なくとも、マホメット[訳8]の時代以来、われわれの大きな戦争のほとんどは、そして大衆の戦争として描かれるすべての戦争は、なんらかの道徳的あるいは宗教的問題についての闘いである。そしてさらに言えば、すべての革命、すべての内乱、すべての宗教的あるいは人種的迫害や不寛容の行動もそうなのである。

　われわれは、自分たちの現在の困難[6]、つまり、おそらく人類の歴史の中で最も重大な困難が、今述べたことに大変よく似た性質をもったものだということを理解するべきだ。それらは、歴史の中の最も偉大で、輝かしい革命の一つの間接的な結果である。それは、ルネッサンスと宗教改革とともに三世紀以上も前に始まり、アメリカとフランスの市民革命へと至った運動である。ヒトラーやスターリンの冷酷さの前にはロベスピエールの冷酷さがあり、ナショナリズムと共産主義という破壊的な現代の考えが、自由と兄弟愛という偉大な考えの単なる不幸な副産物でしかないということを忘れてはならない。現代のナショナリズムと共産主義は、うまくいかなかった善良な事柄の、二つの驚くべき例を表している。それらは、自由で開かれた社会への探求が、間違ったほうへといってしまった二つの重要な道筋なのだ。もしも現在の状況を理解したいのならば、われわれはこのことを決して忘れてはならない。

　もちろん、私の仮説は、ヒトラーとスターリン[訳9]——ナショナリストと共産主義の大指導者である——が、善良な愚かさの犠牲者だった、つまり、彼らは道徳的には善意のもち主なのだが知的には鈍かった、というものではない。だが、ナショナリストと共産主義者の信条は、もともと、高い道徳的な理念から生じたのであり、彼らの根本的な誤りは、道徳的なものというよりも、むしろ知的なものである。ナショナリストと共産主義者は、精緻な理論――それは知的で哲学的な体系なのだが――を発展させてきた。それらの体系を彼らは、単に正しいだけではなく、明らかに正しいと信じていた。それに同意しない人々は、単に間違っているだけではなく、明らかな真理を受け入れることを、悪意から拒否していることになる。つまり、そういう人たちは、明らかな真理に対する敵である。[7]

こうして、ナショナリズムと共産主義の指導者たちは次のように信じた。あらゆる人々が、彼ら［指導者たち］の行動に喜んで同意するよう、彼ら［人々］に要求する資格が［自分たち指導者に］道徳的にあり、言い換えれば、同意を喜んで与える用意がないすべての人々を、服従させたり、押さえつけたりする資格が道徳的にあるのだ、と。

完全に統制された、全体主義的な社会を作ることが、ナショナリズムと共産主義という二つの運動の目的を共有するという結果になったのである。それは、均質な住民からなる社会であり、同じ信念、同じ目的、国家の絶対的な権威に、完全に、そして心から服従するという精神によって動かされる男女からなる社会なのだ。それは一つの国家であり、国家の福祉に訴えることによって――その福祉とは、その国家が申し立てている福祉だが――、自分自身の市民に対して暴力を用いることが必要あるいは好都合になるときにはいつでもそのようにする、絶対的な権利を与えられている国家である。

これらの全体主義的な考えは、多くの人々にとって、心に奇妙に訴えかける力と、奇妙な魅力をもっている。ある共同体、ある部族、ある緊密に結び付いた集団に属しているという考え、ほかのすべてのメンバーによって守られ、［自らも］その守りに参加している共同体の一部であるという考え、部族の指導者に服従することで、安

（訳8）Muhammad（約570-632）イスラム教の開祖。イスラム教では最高の預言者とされる。

（訳9）Joseph Stalin（1878-1953）ソビエト連邦の政治家であり、軍人。一九二四年のレーニンの死後、ソビエト連邦の最高指導者となるが、次第に独裁色を強め、党内の粛清や国外への侵略へと向かっていった。

全で、道徳的に是認されているという考え、このすべての考えは、弱者に道徳的で知的な安全を与えるようであり、そしてこういうわけで、自由で、開かれていて、競争のある社会で不幸だと感じている人々にとってかなり魅力的なものとなるのである。そして、もともとの部族がずっと前に消え去ってしまったところでは——ほとんどあらゆるところでそうなっているように——、部族に属しているという考えは、ときどき、部族的な、あるいは半部族的に閉じた社会に戻るという考えによって置き換えられる。それは、オオカミの群れに参加し、それに受け入れられるという考えであり、ほかのオオカミたちとともにいて、その自尊心を共有するという考えである。指導者に従い、その巨大な力と制限なき権威によって、また活動を共有することによって守られるという考え、この考えは、より開かれた社会に適合することに困難な人々、おそらく、彼らの地位が、盲目的な服従、指導者への賛辞、指導者の命令を実行するときの冷酷さにのみ依存している、閉じた、全体主義的な社会に重きをえることを夢見る人々には、魅力的に思えるようである。

だが、二〇〇〇年以上の前に、ギリシアにおける民主主義の成長と、アテネとスパルタの間に起こった二八年もの間続いた宗教戦争めいた恐るべき戦争は、社会についての——自由で開かれた社会についての——非常に異なった考えを生み出した。それは、異なった宗教的な考えや慣習が、ともに栄える社会という考えであり、人や世界についての理論が、互いに競い合ってよい社会という考えである。

開かれた社会という考えは、多くの変遷を被ったが、それにもかかわらず生きながらえた。それは、アウグストゥス(訳10)やアントニーヌス(訳11)たちのような人々のローマ帝国時代に強く影響を与えた。それは、(奴隷以外にとって)幸福な時期であり、その時期の記憶はヨーロッパでは、完全には拭い取られることがない、広範な宗教的・哲学的寛容によって特徴づけられた時期だった。ヨーロッパの中世には、開かれた社会という考えは、ほとんど忘れられていた。だが、プロテスタント(訳12)の宗教改革の後に続く凄惨な宗教戦争の結果として、それは再発見された。それは、ジョン・ロックのような人によって定式化され、この形体において、アメリカの独立戦争をもたらした。

人は、開かれた社会という考えを、互いの疲弊によってしか終わらなかった、長く続いたヨーロッパの宗教戦争――ペロポネソス戦争のような、あるいは、三〇年戦争のような――によって引き起こされた人間の大いなる問題を解くための試みと見なしてよい。それ〔開かれた社会という考え〕は、人々の誤りから、そしてその祖先の誤りから学ぼうとした人々によって展開され、維持された考えなのだ。

しかし、開かれた社会という考えは、部分的には絶望から生じたのだが、それ以上のものがそこにはある。ヨーロッパにおける宗教戦争と宗教的迫害は、次のような理解へとやがて行きついた。それは、真実かつ誠実に保持され、自由に採用された信仰だけが、何らかの人間的かつ宗教的な価値をもつという理解である。人々を一つの教会へと強いる試みは役に立たないことが分かっただけではなく、無意味だと分かった。というのも、次のことが明らかになったからだ。それは、その圧力に抵抗した人々は、より善き人々であり、より善き信者であり、信仰の初期の証人である教会の殉教者に似ている一方で、暴力の重圧と脅威に屈し、同意へと駆り立てられてしまうような人々は、いつも少しばかり軽蔑され、せいぜい、疑いの目で見られながら受け入れられた、ということである。それで、最後には、力によって人々を改宗させようとする試みは、無益であり、自滅的であり、

（訳10）Imperator Caesar Divi Filius Augustus（63 B.C.–14 A.D.）暗殺された養父カサエルのあとをついで、地中海世界を統一し、ローマ帝国初代皇帝となった。

（訳11）Titus Aelius Hadrianus Antoninus Augustus Pius（86–161）第一五代ローマ皇帝。学問や芸術の保護に努めたことで知られている。

（訳12）John Locke（1632–1704）イギリス経験論を代表する哲学者。認識論・社会契約論に関わる大著とともに、『寛容に関する書簡』（*A Letter Concerning Toleration*, 1689.）によっても知られる。政治学や経済学にも大きな影響を与えた。

持続できないものであることが、そして、われわれは、人々の信条を許容するだけでなく、それらに敬意を払う態度を採用しなければならないということが、プロテスタントにもローマ・カトリックにも、すべての人々に明らかになったのである。

単に人々とその信念を許容するだけでなく、人々とその信条に敬意を払うという考えに基づく社会、つまり共存の方法である社会が、私が「開かれた」社会と呼ぶ種類の社会なのである。

もちろん、他の人の信条に敬意を払うことは、それを批判するのを控えることを意味しない。それどころか、それは、他人がもっている意見の批判的考察に、自分自身の意見を基づけることを可能にする。

寛容という考えは、人が信念に対する敬意と、したがってすべての人々の尊厳という考えがそこから育つ種子である。しかし、アーノルド・トインビー教授(訳13)は、寛容という考えに、何か否定的で、無価値で、「不快な」ものしか見ていない。トインビーは次のように書いている(8)。

その最も低いレベルでは、……非暴力はおそらく、うんざりするほど以前に行われた……暴力……についての冷笑的な幻滅以上には、高貴で建設的なものを何も表現していない。……この不快な種類の非暴力の悪名高い例は、……一七世紀から……今日のわれわれにまで続いている……西洋社会における宗教的寛容なのだ。

トインビーと私は、ヨーロッパにおける非暴力と宗教的寛容という考えの発生が、ヨーロッパの宗教戦争の間、とくに、三〇年戦争の間にわれわれの間で猛威を振るった宗教的非寛容と暴力への反動として理解されうると考えている点では一致している。しかし、トインビーと私は、これらの考えの評価の点では意見を異にしている。もしも私が、トインビーの用語を使うならば、つまり「低俗な」とか「高貴な」といった言葉を使うならば、私は、これらの考え［非暴力と宗教的寛容］を、彼のように、「低俗な」（あるいは「悪名高い」や「不快な」）などと呼んだりはしない。実際のところ、私は、他人の信念に対する敬意という考えよりも「高貴な」考えはほとんどないと考えている。そして、一致を強化するよりも、不同意に対する敬意に、高い価値を置くことによって、市民に平和を確立する開かれた社会という考え、そして、一致を強要することによるよりも、むしろ不同意に対する敬意に高い価値を置くことによって、市民の間に平和を確立する開かれた社会という考えよりも「高貴な」考えをほとんど考えられない。

しかし、もう一つの論点がある。開かれた社会の中においてだけ、つまり多くの観点と多くの意見に寛容であり、敬意を払う社会においてだけ、われわれは、自分たちの誤りから学習し、真理へと近づく希望をもつことができる。それ故、西欧社会が、科学が本当に繁栄している唯一の知られた社会であることは、偶然ではないのである。そして、科学は栄えてきただけではない。科学が最初に経済的な生活の基礎をなすようになったのは、ここ西欧の社会なのである。開かれた社会においてだけ、科学は束縛されることがない。開かれた社会との競争を強いられている閉じた社会が、経済的停滞（あるいは、軍備拡大競争における失敗）を避けるために必要とされる程度の自由を、科学者たちに認めることは明らかにありそうなことだ。しかし、閉じた社会は、その国家への奉仕に対して科学を激賞しうるだろうが、いつも、科学に疑いを抱いているだろう。というのも、科学は、いかなるドクマにも権威にも敬意を払ったりしないからである。そして、科学は結局のところ、あらゆる閉じた社会の基礎を作る全体主義者や権威主義者のドグマに敬意を払えないのである。

ロシアにおける科学と技術の進歩について言えば、まず、われわれは、基礎的な研究をテクノロジーから区別するべきである。アインシュタイン[訳14]の相対性理論や、ボーア[訳15]、ハイゼンベルク[訳16]、シュレーディンガー[訳17]、ディラッ

（訳13）　Arnold Toynbee（1852–1883）イギリスの経済学者。産業革命という概念を広めたことで知られている。

（訳14）　Albert Einstein（1879–1955）既出。

ク[訳18]の量子論のような、新しく革新的な科学理論が、閉じた世界で発達することは可能かもしれない。しかし、こうしたことは起こりそうにはない。というのも、開かれた社会でさえ、新しい理論が受け入れられるには、多大なる自己批判と寛容さが必要である。ロシアでは、相対性理論と量子理論の両方ともが、その技術的な結果が明らかになるまで、そして、もしロシアが軍備競争で負けたくないのなら、それら理論を受け入れなければならないことが明らかになるまで、長きにわたって――観念論的逸脱だとして――認められなかったのである。

それ故、純粋科学は、閉じられた社会では決して安穏とはしていられない。しかし、テクノロジーは違う立場にある。テクノロジーの進歩は、本当に新しく革新的な考えよりも、テクノロジー研究につぎこまれる費用の総量に依存している。たとえば、宇宙ロケットの基礎となる主たる科学的な考えは、かなり古くからあるものだ。もっともその技術的な実現は、主として必要な器具のかなりの複雑さと精巧さのために、もちろん大変に難しいものではあるが。しかし、そこには、根本的に新しく、革新的な考えは含まれてはいない。もう一九一二年には、私は、最初の月へのロケットの飛行を描いた画を見ていた。それは、まさに最新のものだった。ロケットは、三段階のものであり、そこには四人の飛行士がいた（もちろん、その一人は女性だ）。

ついでながら、大気圏への再突入という有名な問題は、原理的には、一〇〇年前に、『八〇日間世界一周』の有名な著者である、フランスの小説家ジュール・ベルヌ[訳19]によって解決されていた。誰もが容易に調べられるように、彼は、その本『月世界旅行』の中で、宇宙船の底部に挿入された「逆推進ロケット」の発火を提案した。また、ジュール・ベルヌは、最初の月への船がその目標を逃すだろうと予言したことについても、正しかった[(9)]。

根本的に重要ないかなる新しく革新的な科学的な考えも、これまで、どのような全体主義国家からも生じなかったのは、一つの事実だと、私は信じている（とはいえ、われわれは、こういったことが続くだろうとうぬぼれて期待するべきではないだろうが）。この点は、見逃されるべきではない。高度に発達したテクノロジーの領域に関する限り、この領域におけるいくらか予期できないロシアからの競争が、われわれに利益をもたらすかもしれないのである。もっとも、それが、軍備競争にかなり密接に関係づけられることは、非常に嘆かわしいことではあるが。

だが、私は、もたらされる物質的、あるいは科学的利益にさえも言及することによって、自由という考え、開かれた社会という考え、あるいは寛容という考えを手放しで褒めようと思っているのではない。個人的には、私はたまたま、科学や経済的生産性の領域において、自由な社会が閉じた社会よりも優れているだろうと信じている[10]。しかし、この点について私が正しいにせよ、そうでないにせよ、私はここで、様々な形式で繰り返し述べられてきた、広く受け入れられた学説に挑んでみたい。私が今考えているのは、西洋とロシアのシステムの優越性について競合している［それぞれの］学説に対する判定は、究極的には、二つのシステムのうちの一方がもつ経済的な卓越性によって決定されるだろうという学説のことだ。個人的には、私は、自由市場経済は、中央計画経済よりも効果的だと信じている。だが、私は、専制政治の否定を、経済的な議論に基づけることは間違っている

（訳15）Niels Henrik David Bohr（1885–1962）デンマークの物理学者。コペンハーゲンに理論物理学研究所を開く。量子力学の確立に貢献し、原子構造とその放射に関する研究により、一九二二年にノーベル物理学賞を受賞した。アインシュタイン－ボーア論争をはじめ量子論に関するポパーの解釈については、自伝『果てしなき探求』の第一八章以下に詳しい。

（訳16）Werner Karl Heisenberg（1901–1976）ドイツの物理学者。行列力学と不確定性原理によって量子力学の理論体系の完成に貢献し、若くしてノーベル物理学賞を受賞した。

（訳17）Erwin Rudolf Josef Alexander Schrödinger（1887–1961）オーストリアの物理学者。シュレーディンガー方程式や「猫」のたとえ話により量子力学の問題点の解説を行ったりすることで量子力学の発展につとめた。

（訳18）Paul Adrien Maurice Dirac（1902–1984）イギリスの物理学者。ディラック方程式によって量子力学の理論体系の完成に貢献した。

（訳19）Jules Verne（1828–1905）フランスの小説家。『十五少年漂流記』などの作品で知られる。

と考えている。中央計画的な国家経済が、自由市場経済よりも優れているということが万が一正しいとしても、私は中央計画的な経済に反対するだろう。私は、それが、その国家権力を、専制政治にまで増加させるという可能性のために、それに反対するだろう。われわれが闘うのは、共産主義の非効率性ではなく、その非人間性であり、自由に対するその固有の敵意のためである。われわれは、自由を馬鹿馬鹿しい値段で、あるいは最高度に可能な生産性と効率性を得るという見込みのために売り払うべきではない。自由という対価を支払って効率性を買えることが確実だとしても、そうすべきではないのだ。

開かれた社会における自由と寛容は、無制限なものと考えられるべきではない。われわれは、それに報いる用意のあるすべての人々に意見の自由を保障すべきだろうが、不寛容や暴力を真剣に喧伝する人々を、この保障に含めてはならない。ここで再び、われわれは、過去の誤りから学ぶことができる。寛容という考えにあまりにも深く傾倒しすぎているため、非寛容と、暴力を使用することに対する、あらゆる種類のプロパガンダに寛容でなければならないと感じてしまう人々は、自らと寛容という考えを破壊するのに手を貸すかもしれないのである。

インドのジャングルに住んでいて、トラの生命の神聖さを含めた生命の神聖さの信仰のために消滅したあるコミュニティーの、心の痛む話を、私はかつて読んだことがある。不幸にもトラはそのコミュニティーに報いることはなかったのである。

同じように、一九三三年以前のドイツ共和国――いわゆるワイマール共和国――は、ヒトラーに寛容だった。しかし、ヒトラーはそれに報いることはなかった。

これは、われわれが今学ばなければならない誤りの一つだ。確かに、寛容な人が、寛容ではない人――恩に報いることのない人――に寛容である義務などありえない。しかし、そのような義務はないとは言え、開かれた社会は、平和と強さの時代の中でなら、可能な限り狂気的な周辺部に対して、つまり、非寛容を、そして暴力さえを説いて回る人々に対して寛容であるべきだろう。そしてそのような狂気の周辺部には、同時に、不寛容の形態のあらゆる攻撃的形態に寛容であるつもりがないならば、寛容は偽善だと非難する人々もいる。社会生活は、やりとりの応酬の生活である。自由な社会は、暴力を用いるごろつきが暴力を用いて隣人をいじめるのを抑えるであろうし、また、自由な社会は、その国家の中に、あらゆる人々の権利を保証する制度を見て取るだろう。それは人々が、たまたま権力をもった人々によってであれ、専制政治を確立するために権力をつかもうとする人々によってであれ、いじめられたり、強制服従させられることのないよう守られるように取り計らうための制度である。

この時点で、私は、社会と国家の区別を、そしてとくに、開かれた社会と、民主国家、すなわち民主的統治形態との区別をはっきりとさせておきたい。

開かれた社会ということで、私は、ある形態の社会生活と、次のような諸価値を意味している。すなわち、自由や寛容や正義や市民による知識の自由な追求、知識を広める権利、そして価値や信念の市民による自由な選択、市民による幸福の追求のような、伝統的にそうした社会生活において大切にされている価値である。

他方、民主国家ということで、私は一組の制度を意味している。それは、憲法や市民法や刑法、立法機関と執行機関のようなもの、そして、政府や政府が選ばれる規則のようなもの、そして法廷、市民サービス、公衆衛生や防衛等々の機関などである。

社会と国家との間に私が設けている区別、あるいは、開かれた社会及びその伝統と、民主国家（つまり「民主政体」）とその制度との間に私が設けている区別が、それほど鮮明なものではないことは明らかである。そしてこのことが、おそらく、［この区別を］把握するのがそれほど容易ではない理由であろう。だが、この区別は、われわれ全員にとって、大変有益なものであるし、重要なものである。その理由は、人間の自由、及び自由な個人からなる自由な社会、そしてまた、個々人の解放は、すべてそれ自体価値あるものだと考えられているからである。おそらく、究極的な価値としてではないにせよ、とにかく、それ自体価値あるものと考えられているからである。しかし、民主国家――つまり、その憲法、統治制度、選挙制度など――は、目的への手段として考えられるべきだと、私は考える。つまり、それらは、大変重要な目的への大変重要な手段である。しかしそれでも、やはりそれらのいずれも、それ自体が目的なのではない。

私は、ここで、次のようなテーゼを提案したい。それは、自由で開かれた社会という考えは、国家というものが、人間個人のため――その自由な市民と、人々の自由な社会生活のため――に存在すべきだという要求を含んでいるというテーゼである。つまり、国家は、自由な社会のためにあるのであり、その逆ではないという要求を含んでいるのである。このことが含意している要求は、国家の機能は、その市民の自由な社会に奉仕し、それを保護することだとわれわれは定めるべきだという要求である。この機能は最も重要な機能である。そして、自由な社会においては、国家が、いささかでも危険につながる仕方で、この機能の制限を超えていくことは決して許されてはならないのである。

自由な社会の成員と自由な国家の市民は、もちろん、その国家に忠実であるべき義務をもっている。なぜなら、国家の存在は、社会の存続にとって不可欠だからである。そして、市民は必要が生じたときに、国家に奉仕するだろう。とはいえ、この忠誠心に、ある程度の警戒心を、そしてときには、国家とその官吏についてのある程度の不信を結び付けることも、市民の義務である。その国家が、その合法的な役割の限界を超えないことを、監視し、調べることも彼の義務である。というのも、国家の諸制度は、強力であり、権力があるところには、いつもその誤用の危険――自由にとっての危険――があるからである。すべての権力は、拡大する傾向があり、腐敗する傾向がある。そして、結局のところ――市民の側におけるほとんど嫉妬にも近い用心深さの伝統を含んだ――自由な社会の伝統だけが、すべての自由がそれに依存しているところの、市民の点検と制御を提供することによって、国家権力の均衡をとることができるのである。

自由で開かれた社会という考えが、最も難しい政治問題を必然的に生み出すことを理解することは、大変に重要かつ必要なことだと私は思う。というのも、もし開かれた社会を、内的あるいは外的な侵害に屈しないようにしたいのなら、相当に強力な国家、あるいは相当に強力な政府の保護を必要とするからである。他方、開かれた社会は、もしもその国家権力が、あまりにも強くなるならば、屈してしまうだろう。もしも国家権力があまりにも大きなものになれば、そのとき、チャーチルがかつて言ったように[11]、「われわれの公僕は、われわれの反公民的御主人様になるだろう」。しかし、開かれた社会は、主人を受け入れてはならない。とくに、その権力と権威の地歩を固めようとしがちなすべての主人を受け入れてはならない。

　こうしてわれわれは、開かれた社会が、政治的には、いつも、そして必然的に、きわめて不安定な地位にあることが分かる。というのも、それは、強力ではあるが、強力すぎない政府を必要とするからである。それは、本来的に不安定な一種の政治的な均衡状態を必要としている。ほとんどの社会が、この扱いにくい問題の解決を果たさなかったことは、驚くべきことではない。必要とされているものは、ある種の政治的な綱渡りであり、そして、その芸当をやってのけるように設計された政治的制度のシステムは、だから、かなり適切に抑制と均衡のシステムとして描かれるのはかなり適切なのであり、そしてそのシステムがまた、「民主主義」とも呼ばれるのである。

　もちろん、誰でも自由に、「自由な社会」や「開かれた社会」の同義語として「民主主義《デモクラシー》」という言葉を使ってもよいし、自由な社会における自由な市民の生き方を言い表すのに、「生活の民主的な方法」と言ってもよい。しかし、私は、この言葉づかいには、いささか危険があると思う。言葉づかいの問題それ自体は、確かに、決して重要ではない。しかし、今の場合に、ある形態の政府と、ある社会的価値や社会生活の形態との両方を表すために「民主主義」という一つの言葉を使うことは、おおざっぱに言えば、手段と目的――政治的な手段と社会・個人的目的――との混同をもたらしてしまっている。その結果、政治上の、必然的に不完全な手段であるものが、まるで、それ自体が目的であるかのように、弁護され、激賞されているのである。しかし、真実は、すべての政府の形態は不完全で危険ですらあり、民主主義もその例外ではないということである。事実、民主主義を擁護してせいぜい言えることは、われわれは、自由を守るためにこれよりもよい政府の形態を知らないということだけなのである。あるいは、もう一度、ウィンストン・チャーチルの言葉をここで借りるならば(12)、民主主義は、政治体制の最悪の形態だ――もちろん、すべてのほかの知られている政治体制の形態を除いてだが。

民主主義《デモクラシー》(訳20)は、ギリシアの言葉であり、もともと、「民衆の支配」を意味する。この言葉のもともとの意味は、プラトンの時代からわれわれ自身の時代まで、民主主義の理論を苦しめてきた。プラトンは、政府の様々な形態を、その国家における統治権力を誰がもつかに応じて、君主制、貴族制、寡頭制、民主制、僭主制として別々に分類した。プラトンは、この分類を政治体制の理論へと発展させた。彼は、政治体制の理論が答えなければならない根本的な問題は、「誰が支配するべきか？　誰が、その国家で権力を与えられるべきか？」ということだと信じていた。そして彼の答えは、次のようなものだった(13)。「賢者が導き、支配し、愚者が従う」。彼と、そのすべての賛美者は、ほんのわずかな人々、ときにただ一人の人間だけが、真に賢明であり、大部分は愚かなので、わずかなあるいは唯一の人が支配するのに適していて、他方、それ以外の人々はすべて、支配されるのに適しているだけだと、信じていた。プラトンは、非常に多くの追従者を従えていて、私が思うに、そういう人たちはそれぞれ、他の人はすべて無知で愚かだということを、英知で分かっていた賢明な人々だったとしても、それはそれほど驚くべきことではない。

後世の政治体制の理論家たちは、プラトンの答えに同意しない人々でさえ、この問題についてのプラトンの定式をやはり受け入れていた。彼らもまた、プラトンと同じように、「誰が統治するべきか？」ということを問うた。そして彼らは、「民衆」とか「国民」とか「支配民族」のような様々な答えを与えた。マルクスやマルクス主義者の場合には、後で見るように、その答えは、「富裕層ではなく、肉体労働者、つまりプロレタリアートだ」というものだった。

民主主義についての多くの理論家も、プラトンの問いを正しく定式化されたものとして受け入れた。そして、彼らの答えは、「人民が支配すべきだ」というものだったために、彼らは、人民主権の理論である民主主義の理論を発展させた。

私は、この理論の間違いは危険なものであると思う。なぜなら、「誰が支配するべきか？」という問いを問うことは、間違った問いを問うことだからだ。自由な社会の政治体制についての思慮深い理論は、「誰が支配すべきか」という問いから出発すべきではなく、むしろ、「どのようにすれば、われわれは、自分たちの政治制度を、賢明でなかったり、悪人だったりする支配者が、あまり権力をもちすぎないように、そして、あまり被害をだすことができないように設計できるか？」というところから出発すべきだ。私には、これがより分別のある問いだと思う。というのも、それは、支配者がしばしば賢明ではないということを教えてくれる歴史的経験を、そして、賢明な支配者を選ぶ絶対確実な方法など存在しないという事実を、考慮しているからだ。

民主主義は、つまり、人民投票による抑制と均衡は、われわれの問題解決のためのものとして知られているすべての制度の中で最良のものだということが分かっている。しかし、多数決の制度は、人民の支配を構成しない。人民は支配しないということは明らかな事実である。支配するのはあなたでも私でもなく、政府が支配するのだ。人民にできることと言えば、投票することだけだ。人々は、政府を選んで権力を与えることができる。そしてはるかに重要なのは、政府を――あるいは政党を――選んで権力を奪うことができるということだ。

われわれは、民主主義と専制政治の違いを、きわめて端的に、次のように特徴づけることができると思う。それは、民主主義は、血を流すことなく、悪い政府を取り去ることを可能にする唯一の知られた統治形態だという

（訳20）Plato（427 B.C.–347 B.C.）古代ギリシアを代表する哲学者、政治家。既出のソクラテスの弟子にあたる。ポパーの『開かれた社会とその敵』第一部はプラトンの政治哲学の批判にあてられている。

ことだ。他のすべての政治システムのもとでは、政府を取り除くことはまったく不可能であったり、あるいは、政府は、血を流すことによってのみ――つまり、結局は、それに置き換わる政府と、あるいはいっそう悪いものと同じ種類の政府に権力を与えることになるだけかもしれない暴力革命を通してのみ――、取り除かれるのである。

もしわれわれが「民主主義」ということで、多数決による政治の統制ということを意味するのならば、これが、民主主義についての単純な真理だと私は信じている。われわれは、悪い政府を取り除くことができる。そしてこれは、実際には、政府を抑制し、統制し、そして、政府を人民にとって重要な需要や、価値や伝統に敏感にする、かなり効果的なやり方だということを示している。

民主主義を、実際にそれがある姿で見ることは、自由な社会にとって、最も重要なことのように私には思われる。つまり、民主主義は、理想化されずに理解されるべきなのだ。そして、とくに重要なことのように私に思えるのは、民主主義は、自由と寛容に価値を置く社会では、概してかなりうまく機能するが、それらの価値を理解しない社会ではうまく機能しないことを理解することである。民主主義、つまり多数決は、自由を保護するのには役立つかもしれないが、もし個々の市民がそのことに気を配らなければ、決して自由を作り出すことはできないのだ。

われわれはまた、次のことも理解しなければならない。それは、民主主義それ自体――つまり、民主的性格をもった政治制度――が、その市民に何らかの利益を与えると期待してはならないし、そうした政治制度が、そういうことをするものだと期待されるべきでもないということだ。また、民主的制度それ自体は、民主的に任命された政府の失敗に対して責任を負わされるべきでもない。民主主義とは、民主主義国家の市民が、政治への何らかの間接的な影響を与えることを許す枠組みでしかないのだ。もしもうまくいかないことがあったとしても、われわれが非難しなければならないのは、民主主義ではなく、われわれ自身、つまり民主主義の市民なのだ。民主主義と民主主義国家は、単なる道具——それも不完全な道具——でしかない。そしてそれは、自由な市民によって、その社会的目的を推し進め、社会をできるだけ自由なものにするために用いられうる道具なのだ。だから、民主主義体制の中にいる市民は、その国家や政府にあまり多くを期待しすぎないようにしなければならない。市民は、彼らを統治する人々が、他の人々よりもよいとか、悪いとかといったことを信じる理由をもたない。彼ら［統治者］は、人間であり、それ故、間違うこともある。端的に言えば、民主主義の市民は、二つの単純なことを学ばなければならない。それは、すべての人々は間違うかもしれないということであり、われわれは、地上に楽園を作ることができない——とくに、政治的な手段によっては作ることができない——ということだ。

　しばらく全体主義的社会、統制主義的社会、閉じた社会に目を向けよう。それは、ヒトラーのドイツや、ムッソリーニ[訳21]のイタリアや、スターリンのロシアといったものだ。

　そこでは、あなた方は異なった姿を見ることができる。国家は、まるでそれが、（ヘーゲル[訳22]の言葉を借りれば）「地上に存在している神のイデア」であるかのように受け入れられ、崇拝されている[14]。市民は、国家の利益のために存在し、使われる。そして国家の福祉とその権力は、暴力のあらゆる活動を正当化するものとして役立てられる。いかなる批判も、反逆としてのみならず、冒瀆として取り扱われる。指導者は、神格化された英雄として崇拝される。彼は、万能であるか、ほとんどそれに近いものである。そして、すべての権力は、彼の意思から、彼の取り巻きへと流れる。その取り巻きたちは、媚びへつらったり、服従したりすることによって、そして、反対者、容疑者、不熱心な者、生贄を迫害するときに、神格化された英雄よりも冷酷であることによって、その価

（訳21）Benito Amilcare Andrea Mussolini（1883–1945）既出。

（訳22）Georg Wilhelm Friedrich Hegel（1770–1831）ドイツの哲学者。ドイツ観念論の大成者として知られている。主著に『精神現象学』（*Phänomenologie des Geistes*, 1807.）、『法哲学』（*Grundlinien der Philosophie des Rechts*, 1821.）などがある。

値を示さなければならない。

秘密警察は、そこでは、政府に反対する陰謀を発見するよりもむしろ、人々が、あえて政府に反対することを考えようとすることを防ぐために存在している。その仕事は、通常、でっちあげた告発や弾劾を引き出し、人々を互いに信頼させないようにすることである。誰もが、自分が告発されたり、逮捕されたり、尋問されたり、拷問されたり、投獄されたり、追放されたりしないという確信をもてない。そのやり口は、「予防的恐怖」と呼ばれてよい。中には、他国へ逃れようする人もいるかもしれない。しかし、そんなことをすれば、彼らの家族や友人が、人質として使われることは間違いない。

こういったことはすべて、根本的には、邪さの結果というよりは、むしろ愚かさの結果である。共産主義の創始者たちは、邪な人々なのではなく、自由という考えによって鼓舞された人々だった。そして、彼らの後を継いだ人々は今の時代にもいる。確かに彼らは革命家だった。というのも、彼らは、自分たちが、専制的な独裁政権に直面していて、革命以外には自由をもたらすことができないと信じていたからだ。しかし、彼らは、多くの間違った理論をもっていて、そしてそれらの理論が経験によって論駁されたときでも、それらの理論に固執した。そういうわけで、彼らの根本的な間違いは、道徳的な間違いではなく、知的な間違いなのだ。言い換えれば、邪さではなく、間違った利口さによるものである。

これらの誤った理論の最も重要なものの一つは、マルクス(訳23)の理論である。それは、例外なくすべての統治形態は、本質的に専制的であり、統治形態間の唯一の違いは、誰を誰が支配するのかということだけだ、という。結果的に、彼は、実践的に意義のある唯一の政治問題は、「誰が独裁者であるべきか？　資本家なのか労働者なのか？」というものだと考えた。

もちろん、この理論は、いわゆる「プロレタリア独裁」へと、そしてすべての抑制と均衡の無視へと、至った。そして、それはすぐに、一人の人間が、派閥あるいは「新階級」によって支持される、絶対的な独裁政権へと至った（一時期、ユーゴスラビアの共産党の副司令官であった、ミロヴァン・ドジラス(訳24)による素晴らしい分析『新しい階級』(訳25)を見よ）(15)。

これらの間違った理論の第二の、そしておそらくさらに重要なものは、歴史の過程はあらかじめ決まっていて、その過程を予測することが社会科学者の仕事だというマルクスの教義である。彼は、この理論からさらに、共産主義の勝利が歴史的過程の不可避の結果だったということを発見することで、彼自身がその仕事をうまくやってのけたと主張するに至ったのである。

歴史は予測可能なものであり、それを予測することが社会科学者の仕事だという考えに、私は「歴史主義」という名前を与えた。私はその考えを批判してきたし、そして論駁したと信じている。その論駁は、歴史は彼らに味方しているというマルクスのすべての主張だけでなく、それがわれわれに味方しているというすべての主張をも、もちろん粉砕したのである。

歴史へのそういったあらゆる訴えは、歴史的な異端であり、西洋の一神教の異端的な形態だと言われるかもしれない。このことは、それらとより初期の異端を、つまり自然によってキリスト教の神を置き換えてしまおうとした異端と比較することによって示される。神に対する、この初期の自然主義的な革命は、「神」という名前を、「自然」という名前で単に置き換えただけなのである。それ以外のほとんどあらゆるほかのものは、変わることなく残されたのである(16)。

（訳23）　Karl Heinrich Marx（1818–1883）ドイツの哲学者であり、思想家、経済学者、革命家。一九世紀以降の共産主義運動の理論的指導者であり、『資本論』（一八六七年に第一部、一八八五年に第二部、一八九四年に第三部が公刊）などを著した。ポパーの『開かれた社会とその敵』第二部はマルクスの政治哲学批判にあてられている。

（訳24）　Milovan Djilas（1911–1995）ユーゴスラビアの政治家。後に反体制派となる。

（訳25）　『新しい階級――共産主義制度の分析』原子林二郎訳、時事通信社、一九五七年。

それから、第二の革命が起こった。ヘーゲルとマルクスは、次に、自然の女神を歴史の女神によって、置き換えたのである。そうして、われわれは歴史の法則を得る。それは、歴史の権力、威力、意図、計画であり、歴史的決定論の全知全能である。神に対する罪人は、「歴史の行進に、無益にも抵抗しようとする犯罪者」によって置き換えられる。われわれは、神でなく、歴史が、われわれの審判者になるだろうということを学ぶ。そして、マルクス以来、神の王国と地上の楽園の不可避的な到来は、共産主義社会の不可避的な到来によってとって代わられるのである。

このことは、共産主義の政治と、われわれ自身の政治状況を理解するために、大変に重要だと私に思える点である。というのも、共産主義者の女神、つまり歴史への彼らの信仰に照らして見れば、われわれは犯罪者だからである。もしわれわれが、楽園の到来に抵抗することによって無駄に歴史の不可避的な潮流を止めようとするならば、共産主義革命を伴う暴力に対する責任は、われわれにあることになる。

しかし、歴史に不可避なものなどない。そして、もしわれわれが、あらゆる形態の圧政に抵抗するならば、単に自分自身を守っているだけではなく、われわれは、民主主義の創始者だけではなく共産主義（あるいは、少なくとも、その中のいく人か）の創設者を本来鼓舞してきた自由というまさにその考えを支持していることになるのだ。

歴史によって実現される楽園について共産主義が描く像のために、私は、レーニンの初期の賛美者である、イギリス人のＪ・Ｆ・ヘッカーの言葉を引用してもよい。彼は、『モスクワ対話』[17]という彼の著書の中にある、感動的な献辞において、「階級と人種の争いがもはやなく、真善美がすべての者に共有されるだろう社会秩序」について語っている。誰が地上の天国を望まないだろう！　とはいえ、われわれが地上に楽園を作ることができないということを明らかにすることが、すべての理性的な政策の第一原理のひとつでなければならない。共産主義の発展は、そうする［地上に楽園を作る］ことの試みの恐るべき危険を例証しているのである。そういった試みはしばしばなされてきた、しかし、それはいつも、むしろ地獄に似たものを確立するに至ったのである。なぜそうなのだろうか？　なぜなら、無垢な社会という、美しいヴィジョンに鼓舞された人々は、失望せざるをえないからだ。そして、失望したときに、彼らは、その失敗を、犠牲者や、人間の悪魔に押し付けるのである。そういったものたちは、悪意をもって、千年王国が到来することを邪魔しようとたくらむ者どもであり、それ故、根絶されなければならない人々なのである。これは、多くの宗教的迫害史であり、フランス革命と同じように、いつの間にか恐怖政治へと至った革命の歴史なのである。

こうして、われわれは、共産主義の中に、われわれが犯しやすく、そこから学ぶべき重大な誤りの一つを見る。それは、ロベスピエール(訳26)の恐怖政治のように、素朴で過度の楽観主義の致命的な結果なのである。共産主義は、奴隷制、予防的恐怖、そして予防的拷問さえ再導入した。そしてわれわれはこれを黙認してはならないし、許してもならない。それにもかかわらず、このすべてのことは、何人かの共産主義の創設者が、自由――すべての人類のための自由――を約束した理論を信じ、他人にも信じさせたために生じたのである。このことは記憶に留められなければならない。われわれは、共産主義とわれわれ自身とのむごい衝突の中にあって、われわれの時代の、この最悪なものさえ、他の人々を助けたいという欲求から生じたということを忘れてはならない。これは、われわれにいくらかの慰めを与え、われわれに人の善良さを信じさせ続けるかもしれない。

しかし、開かれた社会へと立ち返るために、私は、われわれが自分たちの政治制度を、まじめに、批判的に見るべきだということを示そうとしてきた。私はまた、われわれの社会をまじめに、批判的に見ることがとても必要なのだと考えている。批判されるべきことはかなりある。改良のための余地もかなりある。そしていつも、警

(訳26)　Maximilien François Marie Isidore de Robespierre（1758–1794）フランスの政治家。フランス革命に際してジャコバン派に属し、のちに国民公会の指導者となるが、反革命派との闘いは恐怖政治という形をとることとなった。

戒する必要がある。

文化の衝突には大いなる利益がある（もっともそれは、ナショナリズム、人種差別、不信といった大いなる危険ももっているが）。西洋世界の文明化は、多くの悪ももってはいるが、提示すべき善良なものを多くもっている。そして、悪が善と一緒に選ばれる、あるいは、善よりも好まれさえする危険がある。たとえば、われわれの本当によい音楽の影響は、ひどい音楽の影響に比べて弱い。あるいは、西洋の経済発展を取り上げよう。せいぜいそれは、人が、人頼みせずにいられるべきだという信念――つまり、人は、権力者の施し物に頼るよりもむしろ、自分自身とその家族で、経済的責任を引き受けるべきだという信念――の結果である。この独立の精神は、偉大なる考えであり、それは、自由と独立の驚くべき増大へ――そして、多くの個々人の道徳的で知的な覚醒へ――と至った。

しかも、それは富の増加にも至った。このことは、それ自体、確かに悪いことではなく、悪いことだったと言うことは偽善だろう。しかし、富の追求それ自体は、とくによいことだというわけでもないし、多くの冷酷さと非人間性をもたらしてきた。富は、多くの人にとって、より長い人生、よりよい医療、よりよい医者、そしてそれほど運がよくない人々を助ける力を意味しているかもしれない。それは、人生のより大いなる楽しみを意味するかもしれない。それは、われわれが生きる、この素晴らしい世界のより多くのものをわれわれに見せることを可能にする自動車や飛行機も意味しているかもしれない。そして、これらすべては確かによいものだ。しかし、それはまた、もっともっともちたい、そしてとくに他人よりももっと多くもちたい、そして自分の富によって他人を印象づけたいという子どもじみた願望によって生み出された妬みや不幸をも生み出しうる――そして、いくつかの国々で実際に生み出された。そしてそれはまた、破壊する力をも意味しているかもしれないのである。

われわれの西洋社会は、完全なものであるどころではない。そしてわれわれの悪徳が、われわれの美徳よりも容易に広まるという危険は大きい。しかし、その不完全性にもかかわらず、われわれの自由な西洋社会は、与えるべき多くのものをもっていると私は信じている。というのも、そのかなりの道徳的不完全さにもかかわらず、われわれが歴史において知っている中でも、道徳的に最善の社会だと、私は信じているからである。われわれのまずい部分のすべてにもかかわらず、もしもわれわれが人類のすべての歴史をくまなく調べても、われわれは、自分自身の社会よりも、自由な世界の自由な社会よりも、よりよい社会を見つけることはできないだろう。われわれは、奴隷制度を廃止し、世界中の貧困と闘っている。確かに、以前にあったあらゆる社会よりも、豊かになっているが、このことが、われわれの自由な社会を、かつてあった社会の中で最善のものだと言う理由なのではない。われわれの自由な社会が、今まであったどれよりも道徳的によいものだと、私はもちろん信じている。今ほど多くの人々が、正しいことをすべきだとか、彼らが正しいと信じているものをすべきだとか、責任を引き受けるべきだといったことを心配することは、以前にはなかった。少なくとも、このことは、われわれ自身にいくらかの信頼を与えるし、未来への希望を与えるのだ。

注

(1) この講義は、一九六二年の八月に、アショク・メータ氏が議長を務めた、インド公共行政学会で行われたものである。[この講義のわずかに違うバージョンが、一九六二年の三月一四日に、サンフランシスコ州立大学で、「学生連合」に対してなされた。そして、続いて、*ETC: A Review of General Semantics*, 20, 1963, pp. 5–22. に、「エレホン人と開かされた社会」と題されて出版された。現在のバージョンは、ポパー・アーカイブのバージョン6–8にあるものと照らし合わせていくつかの変更を加えて、バージョン5–3のものをもとにしている。]

(2) Winston S. Churchill, *White England slept: A Survey of World Affairs, 1932–1938, with a Preface and Notes by Randolph S. Churchill*, New York: G. P. Putnum's Sons, 1938; Winston S. Churchill, *The Second World War, volume 1: The Gathering Storm*, London: Cassell, 1948.

(3) もちろん、イギリスには、チャーチル以外にも、何が起こりつつあるかを理解していた人はいる。独裁者と彼に妥協する人々への痛烈で学問的な攻撃が、一九三九年の第二次世界大戦の勃発前に出版されている。Diana Spearman, *Modern Dictatorship*, London: Cape, 1939.

（4）このことを裏付ける重要な著作は、ジョン・F・ケネディ大統領が二三歳のときに書いた、『なぜイギリスは眠っていたのか?』（John F. Kennedy, *Why England slept*, London and Melbourne: Hutchinson, 1940.）である。かなり最近になって、マーティン・ギルバートとリチャード・ゴットは、『妥協した人々』（Martin Gilbert and Richard Gott, *The Appeasers*, London: Weidenfeld & Nicolson, 1963.）で、こうした出来事に責任のある政治的指導者たちを、いくらか悪意のある仕方で描いた。しかし、この描象さえ、もしここで示唆されている背景が考慮に入れられるならば、さらに明白で、よりよく理解可能なものになると、私は信じている。

（5）[サミュエル・バトラーの『エレホン』の第二四章を参照。]

（6）[ポパーは、この講義を、一九六〇年代初期に行った。]

（7）[これらの考えのさらなる議論は、ポパーの「知識と無知の源」（『推測と論駁』Popper, *Conjectures and Refutations*, London: Routledge, 1963. 所収）と、「認識論と産業化」（『フレームワークの神話』Popper, *The Myth of the Framework*, London and New York: Routledge, 1994. 所収）を見よ。]

（8）[ポパーは、彼の『開かれた社会』の第二四章（注五六のテクスト）で、この個所を、アーノルド・トインビーの『歴史の研究』（Arnold Toynbee, *A Study of History*, London: Oxford University Press, 1939 etc., volume 5, p. 588.）への言及しつつ引用している。]

（9）[たとえば、次のものを見よ。Jules Verne, *Around the Moon* [1870], London: J. M. Dent, New York: E. P. Dutton, 1970.「逆推進ロケット」と「月を見失ったこと」のいずれについても第九章を見よ。]

（10）[この段落中の以下の内容は、ポパーの「西洋は何を信じているのか?」（一九五八年）という論文にも見られる。Cf. *In Search of a Better World*, pp. 218–219.]

（11）[チャーチルが言ったことになっているが、彼が実際にこのように言ったのかは明らかではない。クラウス・ラレス教授と、教授のつてで他のチャーチル研究の専門家にたずねたところ、われわれが突き止めることができた最も関連する個所は、一九四五年の六月四日の選挙放送での、チャーチルの社会主義批判である。そこでは次のような言葉が含まれている。「公僕という巨大な官僚制は、もはや下僕でもないし、市民でもない」。次のものを見よ。Winston S. Churchill, *His Complete Speeches 1897–1963*, ed. Robert James, New York : Chelsea House Publishers in association with R. R. Bowker Company, volume VII, 1943–1949, pp. 7169–7174 ; p. 7172.〕

(12)〔チャーチルは次のように言う。「実際に、次のように言われてきた。民主主義は、幾世代にもわたって試されてきた他のすべての形態をのぞけば、最悪の政治形態である」（一九四七年一一月一一日の彼の「議会調書演説」）。次のものを参照。Winston S. Churchill, *His Complete Speeches 1897–1963*, volume VII, 1943–1949, p. 7566.〕

(13)〔ポパーは、この言葉を、プラトンの『法律』六九〇ｂから、彼の『開かれた社会』の第七章の題句として使用している。〕

(14)〔*Hegel's Philosophy of Right*, Oxford : Clarendon Press, 1942. の中で、T. M. Knox は、この言葉（段落二七二への追補、一六四において）を、「それ故、人は、世俗的な神格（a secular deity）として、国家を敬わなければならない」と訳している。また、H. B. Nisbet は、Allen W. Wood（ed.）, *Elements of the Philosophy of Right*, Cambridge : Cambridge University Press, 1991, p. 307. で、「それ故、われわれは、地上の神格（earthly divinity）として、国家を敬わなければならない」と訳している。〕

(15) Milovan Djilas, *The New Class*, New York : Praeger, 1957.

(16)〔テクスト中のこの個所で、数行が消去されている。それらは次のように読める。「神学、つまり神の科学は、自然科学によって置き換えられた。そして神の法則は、自然法則によって置き換えられた。神の意思と能力は、自然の意思と能力（自然の力）によって置き換えられた。そして、後に、神の目的と神の判断は、自然選択によって置き換えられた。神学的決定論は、自然主義的決定論に置き換えられた。つまり、神の全知全能は、自然の遍在と科学（science か Science かはっきりしていない）の全知によって置き換えられた」。この素材は、わずかに修正された形で、「科学——問題、目的、責任」という論文として出版されている。ポパーの *The Myth of the Framework*, London and New York : Routledge, 1994, pp. 82–83. を見よ。〕

(17) J. F. Hecker, *Moscow Dialogues : Discussions on Red Philosophy*, London : Chapman & Hall, 1933, p. vii.

第9章　抽象的社会と「内的自由」についてのポパーから ハイエク[訳1]への手紙——一九六四年[1]

I　ポパーからハイエクへ（一九六四年一〇月二〇日）[2]

親愛なるフリッツ

一〇月一五日付けの手紙、本当にありがとう。

親愛なるフリッツ、本を私に捧げようというあなたの申し出に、私は困惑しています。[3]私が自分の本をあなたに捧げたのは[4]、あなたに際限なく負っていたことの印でした。あなたがどれほど私のためにしてくれたかは、あなたには分からないでしょう。私がニュージーランドにいて、世間からはずされ、哲学の同僚全員によって葬られていたときも、あなたは私のことを覚えていてくれました。私が世間へと戻ることができたのは、あなたのおかげです。『開かれた社会』が出版されたのも、あなた（と、エルンスト・ゴンブリッチ[訳2]）のおかげです——それまでの時期（あなたが手を貸してくれるまでの時期）、ヘニー［ポパーの妻］と私とは、ほとんど絶望するに至っていました。私があなたのおかげでLSEに来れたときに、あなたは、大いに私を励まし、アイデアを与え、示唆し、忠告し、応答するといったあらゆる仕方で私を助けてくれました。ですから、知的なことがらについてだけでも、私があなたに対してもつ恩義は多大なものです。その上、あなたがライオネル・ロビンス(訳3)と親しいおかげで、私が彼と親しくなったことも、私は言わなければならないでしょう。そして、彼は、今では、学校で私の部局外での唯一の私の味方なのです。彼は私にとても親切にしてくれてきたし、学校で多くの困難に際して、私を大いに助けてくれています。そしてこの大いなる恩恵も、あなたのおかげなのです（もちろんいつも彼は、私が君に誠実であり、また私が君の恩をうけているのをどれほど意識しているかを分かっています）。

それで、私が、英語版の『探求の論理』(訳4)をヘニー（彼女は、その再出版のために闘い、苦難に耐えてくれたのですが）に捧げたとき、私は、次の本はあなたに捧げなければならないとすぐに決心しました。ただ残念なのは、それが前の本よりもよい本だというわけではなかったことです。私は［その本を捧げる］あなたの名前のもとにどういうことを書き入れればよいかをずっと考え、そして人々の前で私が言えるどのようなことも、適切ではないと分かりました。人は、そのような場所に、感傷的で、誇大に聞こえることを書き入れてはなりません。だが、そうではないどのようなことを書き入れたとしても、それはひどく不適切だったでしょう。

そして、今、あなたの手紙が届き、そこには親切で魅力ある提案がされていました。しっかりと製本された本を出版し、それを私に捧げるというのです、ですが、あなたと私の間に、対等性も、お互いに支え合うといったような関係も、決してありえません。私は、一度もあなたのために何かができたということはなかったし、私があなたのために何かができるということなど、まったくありそうにもないのです。

（訳１） Friedrich August von Hayek（1899–1992）既出。
（訳２） Sir Ernst Hans Josef Gombrich（1909–2001）既出。
（訳３） Lionel Charles Robbins（1898–1984）イギリスの経済学者。ＬＳＥの経済学部長などを務める。
（訳４）『科学的発見の論理』大内義一・森博訳、恒星社厚生閣、一九七一年。

私は、知的なことについて、自分があなたと同じだなどと考えていません（同じなのは、せいぜい登山家としてくらいのものです）。あなたの知的な功績は、私のものをはるかに上回っています。そして、私は、いくつかのわずかな場合には、心ならずもあなたに同意しない権利をいくつか自分自身が有していると信じているのですが、あなたは、私が到達したものをはるかに超えて、新しい道をお開きになったということを、私は知っています。私があなたと対等かもしれないと期待できる唯一のあり方は、努力してやってみることというあり方しかないのです。

こういうわけで、あなたが意図してくださった献辞や、とくに、あなたがなさろうとしておられることは、まったく、私には値しないと感じるのです。

とはいえ、ここまですべて書いた後で、私は、この新しく非常に貴重なあなたの贈り物が、名誉なだけでなく、多大な喜びだと感じています（私は、この手紙を書き始めたときは、そのようには感じていませんでした。――私は、それがどれほど私に値しないのかを感じて、困惑していたのですから）。それで、決してうまくはいかないでしょうが、あなたからの贈り物に見合うように、努力してやってみたいと思います。

ここまで書いてきたものを読み返してみて、私があなたに感じている恩義について書いてきたことが大げさすぎると、あなたが思うのではないかと思いました。というのも、あなたは、これまであなたが私にしてくれたことのすべてを悟ることはできそうにないかもしれないからです。それで、私がこれまで書いてきたことを、信用して受け入れてくださるよう願うだけです。

Ⅱ　ポパーからハイエクへ（一九六四年一〇月二〇日　第二部[5]）

あなたが「抽象的」と「具体的」の対立についての疑問を新たに問い直して下さったことを、とてもうれしく思います。お気付きになったかと思いますが、私は、あなたがいわゆる形式的（あるいは形式化された）体系（理論、言語）との関連で数理論理学者の言葉遣いについて私に質問なさったのだと思っていました。私は、『開かれた社会』(訳5)の第二版とそれ以降の版の一七三－一七五頁における私自身の言葉の使い方のことを、考えていませんでした。私は、頁番号をほとんど変えていません。ですから、ここからは「補遺」を述べます。

実際、私が「抽象的（社会）」対「具体的（集団）」という言葉を使っている意味は、いくらかは（少し不自然ではありますが）論理学者の言葉遣いと似ています。私は、この手紙の後のほうで、このことに立ち戻りたいと思います。しかし、基本的には、『開かれた社会』では、［それらの］言葉をその場限りのものとして――問題を論じるのに便利な名前として――使っています（私が言いたいのは、私はそれらの言葉を、この特殊な問題のこの特殊な議論のために、その場限りで使っているということです。つまり、その問題に対して「相対的」だということです）。

あなたもご存知のように、私は、定義というものに対する自覚的かつ断固たる敵です。定義するということは、目下議論中の問題にはっきりと明示的に関連付けることなく、いわば議論に出てくる語句の何らかの（「絶対的な」）意味を、前もって定めてしまおうという試みなのです。

私は、定義（ただし、次のような定義、つまり左から右へ読むという形の、単に省略的な定義は別としてです）を、明示的な制定（diarrhesis）（プラトンの『法律』(訳6)九三二 e を見てください。「区別」あるいは「区分」と私が呼ぶもので置き換えています。これは、ある何らかの問題を議論するための必要性を重視して制定されますが、つねにその場限りの制定なのです。

こういうわけで、「抽象的社会」と「具体的集団」という私の区別は、明示的制定（diarrhesis）なのです。ど

(訳5)『開かれた社会とその敵』内田詔夫・小河原誠訳、未来社、一九八〇年。
(訳6) プラトン『法律』森進一・加来彰俊・池田美恵訳、岩波文庫、一九九三年。

要するることはいつもありうることなのです。

のような明示的制定も、最終的なものでも、公式のものでもありません。そして、目下の問題がさらなる区別を要するることはいつもありうることなのです。

もちろん、私がしていることは、たとえば、あなたが『自由の条件』(6)の中で「自由」や「強制」のような言葉を定義するときにあなたがしておられることを、自覚的にしているだけです。あなたも、実際には定義を与えておられるのではありません。あなたは、多くの意味を区別しておられ、その区別は、あなたの問題に相対的であり、それ故、その場限りのものなのです。

(左側から右側へと進む)［被定義語が左で定義が右ということ(訳7)］定義と明示的制定(diarrhesis)の間に私がした区別は、それ自体が明示的制定(diarrhesis)です。そしてこの区別は、「ある人の使う言葉を説明する」という問題にとって大変重要です。『自由の条件』の中のかなりの個所は、もしも定義と明示的制定(diarrhesis)の区別が、自覚的にあなたの念頭にあったならば、もう少しばかりよいものになったでしょう(一つの例でしかありませんが、次のものを挙げておきます。「権力」という言葉のアクトン流の用法に対するあなたの批判は、度を過ぎたものでないことは明らかではありますが、それは批判ではなく所見であり、より一般的な意味での「権力」という言葉と、アクトンやほかの人々が単に「権力」と呼んだ特別に重要な「強制的権力」という言葉とは、あなたの目的のためには区別してほしいとあなたは願っている、という所見だというふうに言い換えてよいことになるでしょう)。

区別(明示的制定)というものは、欠陥があればいつでも取り除いて、より精妙にしてよい、つまり、さらに一歩一歩進められてよいということは、まったく明らかなことでしょう。しかし、それは、議論における必要性が、それを要求するときのみそうするべきことなのです。例を述べましょう。(7)『自由の条件』(訳8)の一五頁で、あなたは、「内的自由」を論じておられます。さて、次のようなことが(たとえば思想史を理解するために)必要になるかもしれません。すなわち、(あなたの)内的自由の概念を、あなたの言う内的自由ときわめて似ていますがしかしまたどこか違っていて、「ソクラテス的自由」と呼んでもよいような「内的自由」であり、また、あなた自身の自由の概念と内的自由の概念とに興味ある仕方で関係している内的自由の概念と、はっきり区別しておくことです。実際に、私は、この概念が、あなたの本の一三八頁（八－九行目）に、「内的強靭さ」という名前で出てきたのを見つけました。それは、あなたの自由の概念に関連付けられています。なぜなら、内的強靭さがゼロである人には、平均的な内的強靭さをもった人には強制ではないあらゆる種類の働きかけも、強制と映るでしょう。それ故、人々の、強制［から］(8)の自由を増大させるひとつの方法は、人の内的強靭さを増大させることなのは明らかだからです。そしてそれは、ソクラテスが理想としているものです。

続きは明日にいたします。生憎、私は体調がよくありません。それで、今日はもう続けられないと思います。この手紙がこのような長さで終わることをどうか許してください。

いつもあなたのポパーより

Ⅲ　ポパーからハイエクへ（一九六四年一〇月二三日(9)）

親愛なるフリッツへ

私は、二〇日付けの手紙を書き続けて、昨日の夜になってようやく終わりました。私は、ヘニーにそれをタイプするように頼みました。そのほうが、あなたが読みやすいだろうと思ったからです（私は床についています）。

（訳7）　たとえば「知識とは、正当化された真なる信念」というような定義のこと。
（訳8）　F・A・ハイエク『ハイエク全集　第一期五－七』西山千明・矢島鈞次監修、春秋社、二〇〇七年。

一〇月二〇日付けの私の手紙の、一〇－一四頁[10]の『自由の条件』からの例（あるいは［そこで］なされた批判）は、もちろん、あなたの本への批判として意図したものではありません。それらは、定義についての古い考え――「人の使う言葉の意味を明確にすること」――が、達成できないものであり、追求されえず、そしてそうされるべきではないということを確立しようとしているだけなのです。人々の使いいかなる説明も、新しい区別を要求する新しい問題の重圧のもとでは破綻してしまうでしょう（ただし、次のような説明は除きます。つまり、左から右へ読むという形の定義――『開かれた社会』第二巻一三－一四頁を見てください――によって導入された、単に省略的な表現としての説明は別です。これらの説明は、そういうものであるが故に、語句の意味を（古い考えに基づく定義での）定義語句［定義される語句を定義する働きをする語句］の中で用いられている語句に基づいて伝えるだけです。それ故、翻って今度はそうした定義語句中に用いられている語句のそれぞれの意味を定義することは、無限後退に陥ることなしには可能ではないのです）。そして私は、ただ、そういうことだということを示すために、あなたの本に言及しただけなのです。目下考察中の問題に完全に適切な、卓越した明示的制定が与えられているかどうかについて、私は、あなたの本の成果を批判するつもりなど毛頭ないのです。しかし、それら［の明示的制定］は、その場限りのものであるべきであるばかりでなく、事実そうであり、それ以外にはありえないのです。それら［の明示的制定］は、あなたが、あなたの問題について、そしてその適切な説明の必要性について、どれほど考えられたのかを示しています。私が言おうとしていることは、あなたが定義ではなく、その場限りの明示的制定を与えているという事実を意識することが、私の意見では、わずかではあるがいくばくかのさらなる発展につながるだろうということだけなのです。

さて、この議論のすべては、私が言う「抽象的社会」と「具体的集団」に当てはまります。私は「抽象的」と「具体的」という言葉を使いましたが、片方を「社会」という言葉と組み合わせ、そしてもう一方を「集団」（あるいは「群れ」）という言葉と組み合わせることによって、それらのその場限りの性格をそれとなく示そうとしたのです。そして私は、それらのその場限りの意味を、私の特別な目的のために、十分に明らかにしようとしました。私がそこで伝えようとした考えが、たとえ私が論じた特有の文脈から離れても、社会学的に重要なものだということを、もちろん私は知っています。そして、この関連において生じるいかなる新しい問題も、さらなる区別やさらなる明示的制定を必要とするかもしれないということも知っています。だが、これらは、また、新しい問題に関連して、その場限りのものになるでしょう。

　さて、抽象的に定式化された理論的体系と、具体的に（つまり、「解釈された」）定式化された理論的体系との間にある関係が、私の抽象的社会と具体的集団の間にある関係に対してもつ（やや強引に見立てた）類似性について、もう少し言葉を付け加えておきます。

　例　形式化された射影幾何学（ヒルベルト－ベルナイスの[訳9]、『数学の基礎』[訳10]（*Grundlagen der Mathematik*, vol. 1）の五－七頁、とくに七頁を見ていただきたい[11]）は、述語「*Gr*」（一直線になる：Gerade）と「*Zw*」（間に：zwischen）をもった抽象的な体系として見なされうるでしょう。「$Gr(x, y, z)$」は、「点x、y、zが一直線上にある」を意味するものと解釈されることができます。「$Zw(y, x, z)$」は、「点xは、直線上のyとzの間にある」と解釈されることができるのです。

　もしも私たちが、点と直線によって、たとえばユークリッド［幾何学］が意図しているものを意味するのならば、私たちは、ヒルベルト－ベルナイスの公理系の、一つの（具体的な）「解釈」あるいは「具体化したもの」を手に入れるでしょう（私は、ヒルベルト－ベルナイスの著書の六頁の③[12]の終わりにある「$\&\overline{Zw(y, x, z)}$[訳11]」を取り除いたと

（訳9）David Hilbert（1862–1943）既出。Paul Bernays（1888–1977）既出。
（訳10）『数学の基礎』吉田夏彦・渕野昌訳、シュプリンガー・ジャパン、二〇〇七年（抄訳）。
（訳11）$\overline{Zw(x, y, z)}$は、もともとのヒルベルト－ベルナイスによる定義$Zw(x, y, z)$を否定したものであり、「yはxとzの間にはない」というものである。

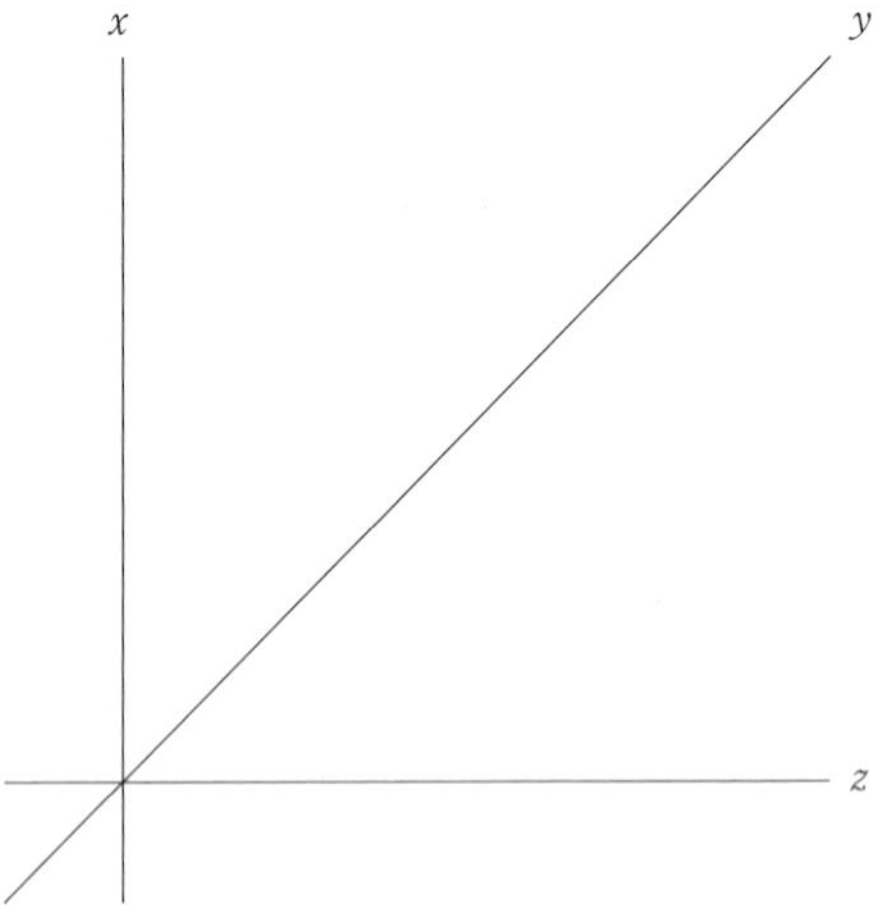

想定します）。

ですが、ほかにも多くの解釈や具体化したものがあります。六頁の③の最後にある「$\overline{\&Zw(y, x, z)}$」を取り除けば、たとえば第二の解釈として、私たちは、「$Gr(x, y, z)$」を「三直線x、y、zは、共通の一点をもつ」を意味するものとして解釈し、「$Zw(x, y, z)$」を「共通の一点をもつ直線x、y、zは、xがyとzの間にあるように配置されている」を意味するものとして解釈できます。

これら二つの解釈（あるいは「具体化したもの」）が共有する形式的な体系は、もし私たちが解釈に関わらないのならば、「抽象的」と呼ばれるでしょう。もし、私たちが一つの確定的な解釈と、その問題を思い描くのならば、「具体的」と呼ばれるでしょう。

さて、「抽象的な」体系の中では、「x」「y」「z」だけでなく、述語「Gr」「Zw」も変項なのです。このことは重要です。「解釈」あるいは「具体化されたもの」の中では、述語はもはや変項ではなく、多かれ少なかれ、何らかの確定的な意味をもっています。それらは、「定項」と呼ばれてよいものです。

抽象的な体系の中では述語は変項だ、と私が言うとき、そうした述語を、確定的な意味をもったいかなる述語でも置き換えてよいと、私は言っているわけではありません。それどころか、置換に用いてよいのは、定項(constant predicates）の「体系」のうちのあるいくつかものだけなのです。たとえば、もしも私たちが、「Gr」を「一直線になる」と解釈することを選ぶならば、私たちは、「Zw」を上述した第二の解釈の意味で解釈することはできません（私の『科学的発見の論理』の第一七節を見てください）。

さて、「抽象的社会」と「具体的集団」というささか十分ではない類比に戻りましょう。集団を構成している個人（あるいは彼らのほとんど）は、いわば「定項」です。たとえば彼らが変化すれば、グループは変化します。「抽象的社会」を構成している個人は、社会という視点からすれば、いわば「変項」です。もしもある個人が、別の個人に置き換えられたとしても（その人が、別の人の役割を遂行する資格を与えられているとするならば）、［社会が］何も変化する必要はありません。これは、私の（理念的な）抽象的社会が、非個人的機能、あるいは「地位」の間にある関係の体系であり、他方、具体的集団は、個人的関係の体系であるという事実によるのです。抽象的社会では、ある職をうめる資格がある人なら誰でも、別の誰かの代わりになることができるのです(13)。

［これで］私は、あなたのすべての論点に答えたのではないかと思います。メンガーに関わる箇所とあなたの翻訳にとても感謝しています(14)！

カールより

永遠にあなたのものである

注

（1）［一九六四年一〇月八日に、ハイエクはポパーに、「普遍」（universal）、「一般」（general）、「抽象的」（abstract）、「形式的」（formal）、そしてそれらの反対語の確立した語法についての有益な説明を、ポパーが知っているかどうかを尋ねるために手紙を書いた（ポパー・アーカイブ305-15）。ポパーは、（一九六四年一〇月一三日に送った航空書簡で）それに答えた。彼は、普遍言明と一般言明を区別する仕方を論じ、またそれらと、存在言明と個別言明を対比させた。

ポパーの手紙は、スタンフォード大学のフーバー・インスティテューション・アーカイブのハイエク・アーカイブ44–2に収録されている。ただその手紙は純粋に技術的な問題を扱っているので、われわれは、ここでそれを再現しなかった。ハイエクは、一〇月一五日に、また返事をし、そこで、ポパーが「抽象的」と「具体的」の関係について何も言わなかったことを書いた——それは、ハイエクがポパーの『開かれた社会』に言及した対比である。この手紙に対して、ポパーは、一九六四年一〇月二〇日の二部からなる手紙で答え、それは一〇月二三日のさらなる手紙にまで続けられた。一〇月二〇日の手紙の二枚目で、ポパーは、ハイエクの『自由の条件』（*The Constitution of Liberty*）からの具体例を取り扱っている。この資料のあるバージョンのものが、『自由の条件』の最初の六一頁への、日付のない二頁の手書きのメモにも見られる。それは、ポパーが所有するハイエクの著書の中にポパーによって挟まれていたもので、クラーゲンフルト大学図書館のカール・ポパーコレクション、オリジナルMS–625に収録されている。〕

（2）〔この資料は、スタンフォード大学のフーバー・インスティテューション・アーカイブのハイエク・アーカイブに収録されている。〕

（3）〔ハイエクの著書『哲学・政治学・経済学』（F. A. Hayek, *Studies in Philosophy, Politics and Economics*, London：Routledge, 1967.）は、ポパーに捧げられた。〕

（4）〔ポパーは、彼の著書『推測と論駁』をハイエクに捧げた。〕

（5）〔この資料は、ポパー・アーカイブ305–15に収録されている。また、ハイエク・アーカイブ44–2のMSにも収録されている。〕

（6）〔F. A. Hayek, *The Constitution of Liberty*, London：Routledge and Kegan Paul, 1960.（F・A・ハイエク『自由の条件Ⅰ–Ⅲ』、（新版）『ハイエク全集』第五–七巻、西山千明・矢島鈞次監修、気賀健三・古賀勝次郎訳、春秋社、二〇〇七年）。〕

（7）〔クラーゲンフルト・オリジナルMS–625にある、この個所に対応する資料には次のように書かれている。「一五、第三節。内的自由：ここで私は、かなり異なってはいるが、より重要な考えであるソクラテス的自由（そしてそれは道徳的で形而上学的な雄々しい精神力と同じである）についても論じるつもりである。ソクラテス的自由は、ハイエクの言う自由に似ているが、それは、強制に関わるよりは、強制に代わるものである（あるいは強制を含んでいるかもしれないが）「同意と不同意による影響」に関わっている。ソクラテス的自由ということが言い表そうとしているのは、他の人ならば抵抗できないようなあり方の、あるいは、そのような程度の、強制力に対して、大胆に、また騒ぐことなく抵抗できる心の状態あるいは人の態度である。プラトンの『弁明』を見よ。この内的自由というものは、意思の自由と同じではないし、知識とも同じではない。もっとも、人を他人から独立させる善悪の知思とは同じかもしれないが。」]

（8）［底本ではfromだが、ポパーのテクストではof。］

（9）［この資料は、ポパー・アーカイブの305-15とハイエク・アーカイブ44-2に収録されている。］

（10）［これは、ポパー・アーカイブに収録されている［ヘニーによって］転写されたものよりもむしろ、手紙の原稿に関わるものである。］

（11）［David Hilbert and Paul Bernays, *Grundlagen der Mathematik*, Berlin : J. Springer, 1934–39.を参照。］

（12）［ポパーのテクストでは、この個所と次の個所は「4」である。しかし、ヒルベルトとベルナイスの著書の六頁で、この表現で終わっているのは③の行である。］

（13）［この個所で、ポパーは、何人かの特定の個人についてのいくつかの資料と、彼の昔のある一人の弟子に関して、彼が「信頼できる」と特記したという注を付け加えている。］

（14）［これが何のことを言っているのかは明らかではない。一九六四年一〇月一五日のハイエクの手紙（ポパー・アーカイブ305-15）は、「C・M」による論文の未公刊の原稿の最後のページにある「写真」に言及して終わっている。おそらくこの「C・M」は、カール・メンガーであろうが、これは手紙には付されていない。］

第10章　リベラルであるということはどういうことか？
（Was ist liberal?）——一九七二年(1)

私は、開かれた社会についての本の中で説明した論理的な根拠をもとに、すべての「〜とは何か（〜の本質は何か）」という問題に取り組むことに反対している。だが、私は、自分自身のやり方で、［今一度］「〜の本質は何か」という問題に答えよう。多くのほかの人々のように――［そして多くの人々がいるということは］幸いなことだが――、私は、自由と寛容を情熱的に主張している。そして、個人の自由と、個人の違いについての寛容さについてはとくに強く主張している。私は、自由を、人間の生活の中でも、最も偉大な価値のあるものだと考えている。それは、いつも、そしていまだに絶えず深刻な危険にさらされている価値だ。だから、私は、自由に対する新しい脅威について、それなりのことを語らなければと感じている。

われわれの時代の根本的な問題は、爆発的な人口増加と、産業製品による土地や海の汚染だ。こういった問題は、科学者、エンジニア、そして公人たちの協力を通してのみ解決できる。というのも解決には、すべての人々を啓蒙していかなければならないからである。もしわれわれが、三〇年か四〇年たって、孫たちに、ある程度の自由をもちつつ、生活し、呼吸をするための空間(2)をもってほしいと願うのならば、人口増加を止めようとしなければならない。しかし、この方向に向かうすべての政治的な立法府の対策は、人間の自由に対する大変深刻な危険を生み出す。だから、おそらく二〇年もすれば失敗に終わるに決まっている強制的なやり方で行われることになるようなことを、国民の啓蒙を通して達成するために、われわれにできるすべてのことをすることが、今はこれまで以上に大切なのだ。

これまで私は、今ほど人間の自由に関心をもっていたことがなかった。その結果、私は今、自分たちの子どもたちや孫たちを脅かす巨大な危険を強調しなければならないと感じている。それは、増え続ける人口過剰と、川や湖や海、つまりわれわれが飲む水や、われわれが呼吸をする空気の汚染によって生じるものだ。これらの危険は、過大評価してもしすぎるということはない。

自分たちを救う唯一の可能性は、われわれの全員が、そしてとくに科学者と専門家たちが、この美しい地球を救い、それを自分たちが住む家のように、純粋で清潔に保つ義務を、第一の仕事として考えることを学ぶことだ。われわれはまた、子孫の数をできるだけ減らすことを学ばなければならない。同時に、われわれは、こういった最も重要な目的に辿りつくためのあらゆることを、自発的に、そして、人間の自由を少しも制限することなしに、やってのけなければならないのである。

明らかに、われわれは、非常に難しい問題に直面している。そして、自由な人々がこの大地で生きていくことができるかどうかは、その解決にかかっているのである。

われわれが、軍隊を捨て去ってしまうために奮闘しなければならないということは言うまでもない。だが、政府が、かなり知性のあるわずかな人々からできているという利点にもかかわらず、軍備縮小を到達できていないという事実は、人口増加に対する闘争に、一般大衆を動員することがどれほど困難かを、示して止まない。

人口爆発とわれわれの美しい地球の汚染の問題は、ほかのすべての社会的で、政治的な問題よりも重要なものだ。実際に、それは、すべてのほかの問題を取り囲んでいる。もしわれわれが、人口増加を止めることができなければ、われわれの子どもたちや孫たちは、戦争だけでなく、飢餓や物資の欠乏から、滅んでしまうだろう。

こういった結果を防ぐために、われわれは、何よりもまず、あらゆる形の悲観主義に対して防御しなければならない。問題は、科学の助けを借りてのみ解決可能である。われわれは、人類からその自由を奪うことなく、それらの問題を解決できる、そして解決できるだろうという確信を、しっかりともたなければならない。

注

（1）［ポパーは、一九七二年の五月に、オーストリア放送協会で、求められた話題について一、二分の話をするように依頼された。素材は、ポパー・アーカイブの121-4である。英訳は、デイヴィッド・C・ターナーによるものである。］

（2）［「生活し、呼吸をするための空間」（英文は'space in which to live and breathe'）は、ドイツ語の'Lebensraum'を訳したものである。］

第11章　理性と開かれた社会について　ある対談――一九七二年(1)

あなたはまずなにより哲学者でいらっしゃるわけですが、あなたの「政治的」経歴について少しお話いただけますでしょうか？

私は一九一五年、一三歳の頃にマルクス主義者になり、一九一九年、一七歳の誕生日の少し前にアンチ・マルクス主義者になりました。三〇歳までは社会主義者のままでした――もっとも、自由と社会主義とが両立しうるものかどうか、ますます疑いを深めつつありました。

アンチ・マルクス主義者に転じることとなった事件は決定的に重要なものでした。生まれ故郷のウィーンでのことです。武器をもたない若い社会主義者や共産主義者の労働者たちによるデモの最中に銃撃が勃発し、幾人かの若者が命を落としました。私はゾッとして、警察に憤慨しました。それにまた、私自身にも。マルクス主義者としてこの悲劇に対する責任の一部を――少なくとも原理的には――負うように感じたからです。マルクス主義者の理論は階級闘争の先鋭化・激化を要求します。その主張によれば、階級闘争の激化は社会主義への到達を早めるものであり、また、革命に多少の犠牲を要するにしても、資本主義が日ごとに求める犠牲者の数からすれば、社会主義革命全体でこれまで必要としてきた犠牲者の数はそれほどではないといいます(訳1)。

マルクス主義者の分析とはそうしたものでした。そこで私は自問しました。果たして私たちは合理的にそうした計算を擁護できるのかどうか、と。私はマルクスを批判的に読むようになり、マルクス主義者の信念――社会主義の到来、つまり、悪しき社会システムの蔓延が歴史的に不可避であるとの信念、また、いわゆる後期資本主義（Spätkapitalismus）などといった考えへの信念――の基盤がなんともあやふやであるのを発見しました。(訳2)

真に実在しているのは人々であり、彼らの喜び、悲しみです。私は今も昔も方法論的個人主義の立場をとっていますが、その意味するところは、大事なことは正義が諸個人の間にゆきわたることであり、また、「人類」というような概念は――「階級」という概念ももとより――抽象であって、何らかの理論的文脈では重要かもしれなくとも、ときとしてはなはだ危険である、という理解をもつということです。たとえば、抽象的な「人間性」のために具体的な諸個人を犠牲にするつもりでいるようなマルクス主義者――つまり、人々の暮らし向きが悪くなるほど、不可避の社会革命のため、ひいては人類のためにはよいと信じているようなマルクス主義者について、私たちはどう言えばよいでしょうか。なるほど社会に利害の対立はありますが、対立の激化がよりよい社会、あるいはより悪しき社会（たとえば、ファシストの社会のような）へとつながるかどうかはきわめて不確かです。

マルクス主義に対する私の批判的な姿勢は、当初は、私の社会主義者としての確信をいささかも揺るがしはしませんでした。私にとって社会主義は倫理的要請であり――まさに正義という観念でした。みじめな貧困と凄まじい富裕とをたくみに結び付けているような社会秩序は不公平かつ不寛容なものであると私には強く思われたのです。しかしながら、制度化された社会主義が、市民にとって国家をあまりにも扱いにくく、そして官僚をあまりにも強力なものとすることがしだいに分かってきて、私は若き日の確信を放棄する気になりました。それきり私は、社会主義と自由とが折り合えるという信念に立ち戻ることはありませんでした。さらに私は、あらゆる単純な公式は人を誤らせるという確信をもつようになりました。「社会主義」が「生産手段の社会化ないし国有化」

を意味するというのであれば、明らかにこれは社会の病すべてを治療するものではありませんし、かえって――このことが何より重要なのですが――個人の自由を脅かすものです。

しかし、やはり、また別種の政治的事件があなたの人生を変えました。

二八歳のときに私はウィーンの中等学校の教師に任命されました。その間にかなりの量の書き物をしたのですが、実質的には何も出版しませんでした。友人たちに励まされてようやく私は二冊の本を書きました[2]。その一番目のものが一九三四年に『探求の論理』（*Logik der Forschung*）というタイトルをつけて出版され、これで私は、自分自身の思惑にほとんど反して、学究生活へと推し出されることとなったのです。オーストリアは当時ファシストの独裁下にあり、私にはほどなくヒトラー[訳3]がこの国に侵攻してきてドイツの一部にするであろうことが分かっていました。私はユダヤ系ですので、移民を決意しました。著書のおかげでイギリスへ講義のために招かれ、それから一九三六年のクリスマス・イヴに、ニュージーランドの大学の講師にとの申し出を受けました。ヒ

（訳1）ポパーは自らのこうした思想遍歴を各所で語っている。比較的早い時期のものとして、「科学の哲学――個人的報告」C・A・メイス編『世紀中葉の英国哲学』ロンドン、ジョージ・アレン／アンウィン有限会社、一九五七年、一五五－一九六頁（"Philosophy of Science, a personal report", in C. A. Mace (ed.), *British Philosophy in the Mid-Century*, London: George Allen and Unwin Ltd., 1957, pp. 155–163.）、より詳しくは、一九七六年刊の自伝『果てしなき探求』上の第八章（「決定的な年――マルクス主義、科学、えせ科学」森博訳、岩波現代文庫、二〇〇四年、五六－五七頁）を参照。

（訳2）Karl Heinrich Marx（1818–1883）既出。

（訳3）Adolf Hitler（1889–1945）既出。

トラーがオーストリアに侵入したことを知り、ファシズムとマルクス主義についての二つの批判――『開かれた社会とその敵』と『歴史主義の貧困』――を出版する決心をしたのはその地で、一九三八年三月のことでした(3)(訳4)。一九四五年の春にイギリスでの職の申し出があり、ニュージーランドを離れました。ロンドン大学で私は一九四六年から一九六九年まで教鞭を執り――その合間には客員教授としてアメリカで、また集中講義のためにオーストリア、日本、オーストラリアで仕事をしています。引退――それが適切な言葉かどうかはともかく――したのは三年前で、いまはこれまで以上に精力的に仕事をしています。

あなたはそうした旅の間のいつ、そしてどこで、新たな社会観に到達されたのでしょうか？

私が最初にイギリスを訪れたのは一九三五－三六年度でした。オーストリアはいくぶん穏健な独裁下にあったのですが、国家社会主義者の隣人を脅威に感じていたところでしたので、こちらにきて、今やようやく自由に呼吸できるのが分かりました。窓がさっと開け放たれたかのようでした。「開かれた社会」という言葉は（後で分かったのですが、これはベルクソンによって別の意味で用いられていました）この経験からきています。

開かれた社会に特徴的な性質ということで私が何を考えているのか？　二つ挙げられるでしょう。まず、自由な議論、とりわけ政府の決定が賢明であるかどうかという議論が社会の中で可能であり、そしてそれが政治に影響を及ぼすということ。それから第二に、諸制度が現存するのは自由の擁護のため、また貧者と弱者の保護のためであるということです。

二番目の点から先に申しますと、国家とはその市民を法的・社会的諸制度によって物理的暴力から保護するものであり、また、彼らを経済的諸力の濫用から防護することもできます。これは既に起こっていることであり、改善されうることです。実際、私たちは、経済的な弱者を経済的な無法者から保護するような社会的諸制度を構築せねばなりません。政治の力は経済の力をコントロールできます。マルクス主義者は政治――それもとりわけ彼らが見くびって「形式的自由」という言葉で呼ぶもの――の底力を過小評価しているのです。

そういうわけで私は、社会の改良に際して政治的諸制度が中心的な役割を担うことを強調します。どのように政府が運用されコントロールされるかということと比べれば、誰が統治するかはさほど重要なことではありません。「誰が支配するべきか」という昔ながらの問いはプラトン(訳5)からマルクスに至るまで政治理論の中心問題と見なされてきましたが、立て方が間違っています。この論点は、先送りしていた点、つまり公共的議論の主要な意義という点に私を立ち戻らせます。合衆国は、相対的に開かれた社会秩序を保持している国のうちで最も重きをなしており、他の国はすべてその命運にゆだねられています。アメリカの黒人奴隷の解放、そして五年にわたった南北戦争の終結から一世紀余りが経過しました。それは重大な国家的危機でした。良心の危機でした。今、合衆国は、また再び、黒人問題に関して、それと同時にヴェトナムに関して良心の重大な危機をくぐり抜けようとしています。

このことが、社会が開かれているためには何がいちばん重要であるかを、私たちにはっきり示しています。それは、言論の自由と有力な反対意見の存在です。アメリカの有力紙とテレビの最も影響力のあるコメンテーターたちは、政府の施策に鋭い批判を加えています。反対意見はアメリカ軍がヴェトナムから引き揚げるよう要求し、事実、政府はそうした意見に促されて、目標計画としてこれを受け容れました。ここにおいて私たちは、あるユニークな出来事、開かれた社会ならでは思いもよらぬ出来事に出会っているのです。いく年も続いた戦争の後、公衆の議論の圧力によって、政府はしぶしぶながら、戦争が惨憺たる誤りであって、できるだけ速やかに終

(訳4)『開かれた社会とその敵』の刊行は一九五〇年、『歴史主義の貧困』は一九五七年。両著の出版の経緯について詳しくは、『果てしなき探求』下、森博訳、一六－二二頁を参照。

(訳5) Platon (428/427 B.C.–348/347 B.C.) 既出。

結させられるべきであるということを認めたのです。

もとより私はアメリカン・デモクラシーを理想として描こうとは思いません。数限りない犯罪や暴力行為がアメリカでは起こっています。その上、この国はケネディ大統領(訳6)の暗殺以来めまぐるしい速さで変化してしまったように思われます。それ以前の雰囲気は、アメリカの道義的優越性に希望や信頼を抱かせるようなものでした。今ではこの国は精神的沈滞にあえいでおり、それはマーティン・ルーサー・キング(訳7)とロバート・ケネディ(訳8)の殺害によって、そしてヴェトナムでの戦争によって、なおいっそう深まっています。アメリカ人はもはや、自らの国と政治形態とがベストであるとの確信をもってはいません。こうした暴力行為は、ある程度は、アメリカの開拓の伝統といったものの帰結かもしれません――ですが、それは政治形態、すなわちいわゆる「権威主義体制」(authoritarian system)から帰結したものではありません。ライフスタイルや信念は、事実、アメリカでは非常に急速に変化します。つまり、開かれた社会とは、まさに批判的討論にさらされているが故に、それほど安定したものではないのです。独裁制はそれよりずっと安定していますし、ユートピアも同様ですが、それらはつねに動きのないものとして描かれています。

国家は政治的諸制度によって市民を経済的暴力から保護することができる、とあなたは仰います。確かにそうなのでしょう――ですが、マルクス主義者に言わせれば、この同じ諸制度は支配的集団の手に握られており、それ故効力を発揮しなくなるといいます。

これはひどい誇張だと私は思います。民主制下では、あらゆる制度は相異なる時点において、相異なる――しばしば相対立する――集団の手に握られています。それはまったくもう明白です。ですが、民主制下の諸制度がいわば永続的にブルジョワジーによってコントロールされているという考えは、階級的独裁というマルクス主義者版の神話にすぎません。つまり、いかなる国家も独裁的国家である、そしていわゆる「形式的民主制」とは階級的独裁でしかないという神話です。繰り返しますが、私はそれこそが空想であると考えます。

ですが、西ドイツ共和国でそうなっているように、新たに創造された個人財産の七〇パーセントが「自営の」個人という最も小さい集団のものとなり、その一方でその七倍も大きい被雇用者の集団は残りの三〇パーセントでお茶を濁されているというのは、階級的独裁の――少なくともその萌芽の――証拠ではないでしょうか？　税制がごく一部の社会階層ばかりを厚遇しているのですよ？　資本の所有者が自分では努力せずに財産を蓄積し続ける一方で、被雇用者の大半は全収入を消費するよう強いられるため、彼ら自身は決して資本の所有者たりえないのですよ？

あなたは一度にいくつかの問いを立てておられる。「階級」という言葉は人を誤らせるような多くの含意をもちうるものです。マルクス主義者は民主制とはすべて偽装した階級的独裁であると主張しますが、人を誤らせるこの断定と関わるのは、財産のもつかけ離れた様々なあり方のごく一部にすぎません。たとえば、自由な社会と

(訳6)　John Fitzgerald Kennedy（1917–1936）アメリカ合衆国第三五代大統領。一九六〇年の大統領選挙でニクソンを破り当選。大統領在任中にキューバ危機などの政治的大事件に対処した。一九六三年に遊説中のテキサス州ダラスで暗殺された。

(訳7)　Martin Luther King, Jr.（1929–1968）アメリカの公民権運動の指導者。「非暴力主義」による運動を展開したが、一九六八年にメンフィスで暗殺された。

(訳8)　Robert Francis Kennedy（1925–1968）アメリカの政治家。兄のジョンの大統領在任中に指名され、一九六一年から司法長官を務めた（一九六四年まで）。ジョンの死後、大統領候補となるも、遊説中の一九六八年に暗殺された。

いうことで、すべての人に平等な機会を与える――同じ教育を受けさせ、また、相続税によって財産をすべて平等に分配する――が、一方で、新たに創造される財に関しては著しい相違のある社会を考えてみることもできます。仮に貧困というものがないとすれば、こういう社会が害悪であると非難されることはまずありえません。そういう社会では大きな資産はほぼ全面的に運用され、技術革新を可能にします。ともすると、これと同種の社会が貧困と富裕の両極端を含むということもあるかもしれません。私もこれはひどい害悪であると考えますが、かといって金持ちと貧乏人とがマルクス主義者の言う意味での階級を構成するわけではありません。

ところであなたのご意見は、西ドイツ共和国に向けられており、新たに創造された財産の分配の著しい不公平を非難するものでした。このことはその階級的性格の証拠にはほとんどなりませんし、階級的独裁についてはなおさらです。あなたが主張しておられるのは、税制がごく一部の社会階層ばかりを厚遇しているということです。そういうことであれば、民主制はイギリスひいてはアメリカの課税システムに見られるような治療法をもっています。マルクスは、所得税の累進課税システムは「資本主義」とは相容れないと信じていましたが、英国では国民所得の大半は所得税、法人税、直接税といった税金の形で国へと流れます（加えて、国有産業というものがあります）。ただし、課税の負担があまりに大きくなると、経済は全体として――低所得者も含めて――苦境に陥りはしますが。

こうしたことは、民主制とはすべて偽装した独裁制であるというマルクス主義者のドクトリンが支持されえないことを証しています。それに、もし「階級的独裁の萌芽」について――あなたがなさったように――語ることができたとしても、それに劣らぬ強い議論でもって、多種多様な民主制がそれぞれの程度に無階級社会に近い形をとっていると主張することもできるでしょう。

形の上で民主的な政治構造は、経済的領域における民主主義と平等とに基づいてはじめてすっかり血の通っ

たものたりうるとはお思いになりませんか？

あなたの問いをもう少し素朴な形で言い直させていただきましょう。つまり、富裕と貧困とが共存することは見過ごすことのできない社会的害悪か？　私はこう回答します。その通り、貧困は大いなる害悪であり、大いなる富裕と共存している場合にはますます非道なものとなります、と。しかしながら、貧困と富裕の対比よりも重要なのは、自由とその欠如の対比――すなわち、新たな階級、新たに支配を握った独裁政権と、強制収容所などといったところへ追いやられる恵まれぬ市民との対比なのです。

そういうわけで私は、自由で合理的な討論の可能性とそうした批判的討論が政治に及ぼす影響とを民主制の最大の美徳であると考えます。このため私は、力や暴力を信じる人々、とりわけファシストや新左翼の支持者の一部とは正反対の立場をとります。同様に、「異議申し立ての」討論などというものはないと主張する革命的マルクス主義者やネオ・マルクス主義者にも私は反対します。彼らは、誰かとの討論へ入ってゆくのに先立って、相手が社会に対する革命的マルクス主義者の手法を共有していること――言葉をかえると、いわゆる「現代の資本主義社会」をその人が徹底的に拒絶していることを確信できなければならないと主張するわけですが、これに私は反対です。これでは中心的問題についてのまじめな討論のしようがありません。

反主知的なファシストとこれら革命的マルクス主義者たちは、ですから、意見を異にする人とは討論できないし、すべきでないという点で一致しています。どちらのグループも彼ら自身の立場についてなされる批判的討論はすべて拒絶します。

ですが、この拒絶の意味するところをよく考えてください。それは、ひとたび政権を握れば反論はすべて抑圧する、ということを含意しています。開かれた社会を拒絶し、自由を拒絶し、押し付けがましい哲学を採用する、という含みをもちます。

そうした考えに感化されて、マルクス主義者やネオ・マルクス主義者たちには民主制の成果が見えなくなっています――民主制だけが彼らが自分たちの考えを広めることを迫害せずに許すのです。彼らの理論の教えによれば、政治的自由は邪悪な独裁制の隠れ蓑でしかないから、まったく、あるいはほとんど価値がないと言います。

しかし、これはまったく実状にそぐわぬことで、そのことはマルクス主義のイデオロギーが近年、西側の開かれた社会でこぞって復興を見ているという事実からうかがわれる通りです。民主制はつねに諸々の考え方、とりわけ意見を異にする考え方に対して開かれています。偽装した独裁制であるどころか、こうした民主制にはつねに自分自身を疑う心構えがあります。あるべきようにはなかなかゆかないということを熟知しているわけです。諸々の考え方が普及する機会は開かれた社会にしかないのであって、民主制を偽装した独裁制にすぎないと信じているマルクス主義者は、独裁制がすべて――右のであれ左のであれ――根本的に似通っており、民主制とは似ても似つかぬものであるということを見落としています。

これらはすべて誤った諸理論――諸々の考えを批判的に闘わすことの重要性、つまり知的な討論を私たちから隠してしまいがちな諸理論――に由来するものです。

あなたの「開かれた社会」は権力の多元性と機会の普遍的な平等――それは西側の民主国家の憲法に体現されているものですが――とを前提としています。ただし、それは必ずしも現実の政治に役立つ形になってはいませんせん。あなたは「開かれた社会」が既に現存しているとお考えでしょうか、それとも、それはなお打ち建てられるべきものなのでしょうか？

それは現実でもあれば理想でもあると私は考えます。もちろん、開かれ方の度合いは様々です。ある民主制のもとでのほうが、社会は他よりも成熟し、進化し、開かれているかもしれません。そのよし悪しの程度はいくつかの要因によって変わってくるでしょう。すなわち、その社会のそれまでの歴史、伝統、政治的諸制度、教育方法、そして最終的には、唯一これら諸制度に血の通わせることのできる人類、といった要因がそれです。私の提案は、民主制と独裁制の間にきちんと鋭く線引きをしようではないか、ということになるでしょうか。人々が民主制下に生きる条件とは、暴力的手段によらずに――言葉を換えれば、撃ち殺すことなく――自分たちの政府を追い出させてくれるような制度が存在することです。それこそが民主制の特色です。しかしながら、民主制下でも、広く開かれた多元主義的な社会へと至る道はやはり遠いようです。それは一歩ずつの前進であり、つねに後戻りする危険と隣り合わせなのです。

それでは、あなたは理性が根源的な力をもつと信じておられるわけですね？

いやもちろん、合理的な態度が容易に採用されるとは思いませんし、人類が皆絶えず合理的であるとも思いません――全人類がそうあるのはごく稀なことです。また、理性の「強さ」や理性の「力」を信じてもいません。むしろ、私が信じているのは、理性か力かという選択肢を私たちがもつということです。さらに、理性とは暴力の使用に替わる唯一のものであるとも思っています。ですから私は、避けられるはずの場面で力や暴力を行使することは犯罪であると考えます。

ところが近頃のマルクス主義者たちは、議論とはすべて社会的な利害関心を隠蔽するか「合理化する」だけのものであると考えるため、理性を信じません。もちろん、関心――とりわけ経済的関心――が政治において主要な役割を演じるというのはその通りです。しかしながら、一つの役割というものが実に様々な要因――たとえば正しく公平でいようという願いのような――によって演じられるということも等しく明らかです。

マルクス主義者の実践は、きわめて抜け目ない思弁的理論に基づいているため、ファシストの実践ほど反主知的ではありませんが、まずたいてい、行き着くところは同じことでしかありません。その実践は、いささか度を越して主知主義的な弁証法理論に基づくにもかかわらず、結果として反主知主義的で非合理的です。

　暴力は人をますます深く暴力へと引き込んでゆきます。暴力革命は革命家を皆殺しにして彼らの理想を堕落させます。わずかに生き残った者とは生き残ることにいちばん長けた者です。

　左翼の革命の帰結として一つ確かなのは、批判し反対する自由の喪失ということでしょう（その行き着く独裁が右翼のものか左翼のものか、反動かラディカルか、ということは純然たる偶然によるもので、たいていは名前の付け方の違いでしかありません）。私の主張は、民主制、つまり、開かれた社会だけが害悪を治療する機会を私たちに与えてくれる、というものです。もし民主的な社会秩序を暴力革命によって破壊するならば、私たちは革命が引き起こす諸々の重大な帰結に対して責めを負うだけでなく、社会の害悪、不正、抑圧を排するために闘うことを不可能にするような社会秩序を新たに打ち建てることにもなるでしょう。個人の自由を信じる者の一人として、官僚の権柄ずくと役人の横柄さとを憎むことでは私は誰にもひけをとりません。ですが政府は必要悪です。政府による統治がまったくないということはありえず、そして——もう一つ残念な真実ですが——人民が多ければ多いほど、政府も大きくなります。人間性は、私たちの時代においては暴力によって実に容易く破壊されます。必要とされているのは、私たちの基本的な対立が合理的な手段の向上によって解決されるようなより賢明な社会のために力をつくすことなのです。

　私は「より賢明な」と言いました。賢明でない社会も事実あるわけですが、それでもつねに現状より少しは賢明な、私たちが切に求めるべき社会があるのです。それは現実的な要求であって、ユートピア的なものではありません。


『科学的発見の論理』と『推測と反駁』であなたは「批判的合理主義」と呼ばれている科学的-理論的アプ

ローチを展開しておいでです。あなたの見解に対しては「可謬主義」という別名もあります。これらの考え方について説明していただけますか？

ソクラテス(訳9)はそのみごとな『弁明』(4)(訳10)においてこう述べました。「私は自分が何も知ってはいないことを知っており、何かを知っているなどとは思えない――それにもかかわらず、デルフォイの信託は私を人のうち最も賢い者であると告げます」。しばらく省みて、ソクラテスは次のような解決に思い至ります。「私は自らの無知に気付いている。おそらく、このように自らの限界に気付いていることが、私を他の――自分たちが何も知ってはいないということすら知ってはいない――者たちより少しだけ賢くしているのだ」。ソクラテスは政治家、つまり国事に携わる者は賢くなければならない、とも言っていました。彼の言わんとしたのは、政治家は、重大な責任を負うからこそ、よりいっそう自らの無知に意識的でなければならないということです。この責任はその者に己れの限界を理解させ、そうしてまた知的に謙虚ならしめるはずのものです。

私はソクラテスと同意見であり、この点において、私と近頃のマルクス主義者との根本的な反目は最も適切に

（訳9）Sokrates（470/469 B.C.–399 B.C.）既出。

（訳10）原著編者注四による『開かれた社会』への二カ所の参照のうち、ポパーは、前者の第七章第四節では、ソクラテス自身の平等思想に立つ個人本位の主知主義と、プラトンによって改変された「ソクラテス」の権威主義的で全体主義的な主知主義とを対照している（『自由社会の哲学とその論敵』武田弘道訳、世界思想社、一九七七年、一一二－一一七頁）。他方、後者の第一〇章注五六はいわゆる「ソクラテス問題」――プラトンとクセノフォンの記述から歴史的ソクラテスを再構成すること――に関わるもので、ポパーは、プラトンの後期対話編も含めて「ソクラテス」を考えようというバーネットの提言の大胆さを称賛しつつも、最終的には『弁明』と『クリトン』に歴史的「ソクラテス」を見る旧来の解釈に従っている（同（注の部）、一五四－一六三頁）。

公式化されます。近頃のマルクス主義者たちは自分たちが相当のことを知っていると思っています。彼らには知的な謙虚さがまったく欠けています。わずかな知識を大袈裟な言葉遣いでひけらかすのです。

私の非難はマルクスやエンゲルス(訳11)に向けてのものではありません。彼らは新しいアイデアをもった手ごわい独創的な思想家で、そのアイデアの多くは容易には公式化されませんでした。何らかの新鮮で重要なことを言おうとする人は、理解されることに注意を払います。その人は、できるだけ簡明かつ包括的に書くことを最も価値あることと考えるでしょう――成功しないかもしれませんが。難しい言い回しほど書き物の世界で易しいものはないのです。今日のマルクス主義知識人のほとんどについて私が嫌だと思うのは、彼らが大言壮語を好み、ひどくもったいぶった言い回しで学識を見せびらかすことです(訳12)。およそ知的謙虚さということほど彼らの考え方から遠いものはありますまい。彼らがヒントを得ているのはヘーゲル(訳13)からで、ソクラテスやカント(訳14)からではありません。私はソクラテスと同様、私たちはごくわずかしか――あるいはほとんど何も――知ってはいないと思っています。私たちの無知なること果てしがありません。しかし、それがすべてではないのも明らかです。現に諸々の自然科学があってそれが輝かしい成功をおさめていることは、もちろん見過ごせません。ただし、これら諸科学をもう少し念入りに調べてみるならば、それらを構成しているのが確定的（positive）知識ないし確実な知識ではなく、厳しい批判によって絶えず改良――またはすっかり除去――される大胆な仮説であることが分かります。ここから真理への段階的接近ということが生じます。そういうわけで、私たちはいかなる確定的知識ないし確実な知識ももちません。あるのはむしろ仮説的知識ないし推測的知識といったようなものなのです。

その上でなにより、科学は進歩します。仮説を批判的に議論する際、私たちはつねにそれらを特定の側面から評定しています――私たちがより大切にするのは、真理により近づいたと訴えかけてくるもの、それをしりぞけようとする私たちの努力によく耐えうるものです。ですから科学が止まり休むような場所、「やあ、ついに真理を手にしたぞ！」と言うことのできるような場所はありません。あるのはただ、大胆な仮説――私たちがそれを批判し、よりよいものと取り替えようとする仮説だけです。科学革命の回を重ねるほどよくなる――それが科学の定めです。ですからマルクス主義者の「永久革命を！」という雄叫びも、少なくともこの点では当を得ているわけです。

そうしますと、あなたは少なくともこうした意味では革命家であると？

その科学革命論からすれば、論理的には私は政治革命へと転向するはずであるとして、私は首尾一貫していないとの非難を受けてきました。ですがこれは由々しき考え違いです。理論的及び道徳的領域でのラディカリズム――大胆に新たな革命的理論を理論として考案し、新旧の仮説をひっくり返すような批判的転覆を行うこと――とはまさしく、政治的領域でのあらゆる暴力行為を回避可能にするはずのものです。私のテーゼをいっそう明確に示すために、どうぞ動植物の世界での生存闘争を私たちの仮説の「生存闘争」と比較させてください。動植物は諸々の変化ないし突然変異種を産み出し、それら希少な変種は、生存の条件によりよく適応する手助

(訳11) Friedrich Engels（1820–1895）ドイツの社会思想家・革命家。マルクスと協力して『ドイツ・イデオロギー』（*Die deutshe Ideologie,* 1845–1846.）や『共産党宣言』（*Das kommnistische Manifest,* 1848.）を著し、科学的社会主義の理論構築を進めた。

(訳12) この件についてより詳しくは、『よりよき世界を求めて』第六章「大言壮語に抗して（もともと公開するつもりのなかった一通の手紙）」小河原誠・蔭山泰之訳、未来社、一九九五年、一四二－一六六頁、及び『フレームワークの神話』第三章「理性か革命か」ポパー哲学研究会訳、未来社、一九九八年、一二〇－一四八頁を参照。

(訳13) Georg Wilhelm Friedrich Hegel（1770–1831）既出。

(訳14) Immanuel Kant（1724–1804）既出。

けとして、おそらくは自然選択による排除に抗うものです。あまりうまく適応しない変種は、そうした悪しき変種の担い手である動植物の絶滅によって排除されます。彼らは生き残りに失敗するか、最終的には死に絶えることになるごくわずかな子孫を生むかのいずれかです。仮説というものは、変種に比してもよいでしょう。新たな変種を産む代わりに、人類は時折新たな仮説や理論を提出します。人類が批判的でない場合には、適応不全の仮説、つまり悪しき仮説を支持する人々が排除されます。

しかし合理的批判による議論によって、悪い仮説の作者や支持者を抹殺することなく、それらの仮説を排除し、誤りとしてしりぞけることが私たちに可能となります。それは批判的方法の素晴らしい功績です。そのことによって私たちは仮説の誤りに気付き、それらを非難できるようになります――その支持者を非難せずにすむのです。

批判的討論は私たちの代わりに私たちの仮説を死なせる方法です――他方、狂信者らの方法は批判によらぬ方法であり、仮説に殉じる者としての信仰告白を私たちに要求します。それらに欠陥がある場合、私たちはそれと心中することになります。自らの仮説の厳しい批判、修正、再検討が、そこで、生存闘争という暴力に取って代わりうるわけです。同様にして、私たちの考え方や理論や仮説の革命的変化は、多大なる人命を奪ってきた暴力革命の代わりとなりえます。

面白いことに、このところずっと私は、マルクス主義者たちからなる対抗勢力によって、ドイツで「実証主義者」(positivist) 呼ばわりされているのですが[訳15]、はっきり言ってこの人たちは自分たちの言っていることがどういうことなのかまったく分かっていません。実証主義者とは思弁的理論に反対する哲学者のことです。彼らは「所与の」もの、知覚されうるものになるべく密着してゆこうとします。一方、私が伝えようとしているのは、「思弁的仮説を推進することに大胆であれ、ただしその後でそれらを批判し再検討することには仮借なくあれ」ということなのです。

あなたは革命を、科学や思考においては要求し——実践においては要求しません。また、仰るところでは、科学そのものは決して確実な知識を与えるものではなく、それはただ——さしあたって——まだしりぞけられてはいない仮説を与えるのみであるといいます。そのことは社会問題という観点からはどのように受けとめられるのでしょう？

まったく同様です。私たちは社会的領域においても諸々の考えや理論をもっています。社会に関する革命的な考え方の恩恵を受けています。社会の病を除去するために、私たちは理論を進化させ、その帰結を批判的に算定し、そうしてそれに応じて自らの理論を評定するのです。

しかし、「社会の病」とはこの文脈ではどういうことを言うのでしょう？ 確かなのは、このタイプの社会的欠陥が価値に関わる諸概念を背景としてのみ測定されうるということです。こうした諸価値のどれが正しくどれがそうでないかをどうして証明できるのでしょうか？

できませんが、それは自然科学においても何も証明できないのと同じことです。それでも、その問題を論じ、社会についての様々な意見やその実効性を比較することはできるのです。ある社会的価値を採用するか放棄するかは、分析の最後に決断することになります。

（訳15）ポパーとフランクフルト学派、とりわけアドルノとハーバーマスとの間のいわゆる「実証主義論争」については、『社会科学の論理　ドイツ社会学における実証主義論争』城塚登・浜井修・遠藤克彦訳、河出書房新社、一九九二年を参照。それに対するポパーの所見は本章訳注一二の二論文を参照。

では、人は究極的には自身の社会的ないし政治的公準を証明できない――それへの賛否を決断できるだけである、ということになります！　それでは「開かれた社会」というあなたの考えはこの種の基礎的決断、すなわち合理性を選好する決断に基づくというのですか？

合理主義は議論、理論、そして経験的検討を尊重します。ですが、合理主義に与するという自らの決断を議論と経験に頼って正当化することはできません。この問題すら討論にかける道は開かれていますが、それは究極的には人間としての決断を私たちに迫ります――理性と人間の生命の価値を信じることに与するような決断を。理性の側に立つこの決断は道義的なもので、単に知的なものというのではありません。それは他の人々や社会生活上の問題への私たちの態度全体に影響します。それと密接に関係しているのが人間の理性的統一への信念、あらゆる人間の価値への信念です。合理主義の方が、選ばれたエリートについての教義を伴う非合理主義と比べて、人道主義的アプローチとの連携には役立ちます。個々の人間どうしが多くの点で不平等であるというのはその通りですが、このことは平等な待遇や平等な権利を主張することの妨げにはなりません。「法の前での平等」とは事実ではなく道徳的決断に基づく政治的要求です。優越から生じるのは、権利よりもむしろ義務なのです。

理性への信念――他者の理性も含めて――とは、非党派性と寛容という考えを含意し、権威への訴えをすべて拒否するとの含みをもつものなのです。

結びとして、原理についての質問を。あなたは革命、あるいは、よりよいと思われる物事を力づくで押しつけることを、まるで問題外であるとお考えなのでしょうか？

私たちは民主制（マルクス主義者が「純粋に形式的」と呼ぶ類のものを含む）に対する革命と実質的な独裁制に対す

る革命とを区別しなくてはなりません。後者は、正当な革命であっても、残念ながら成功裏に独裁制を消し去ることはまずありません。加えて、「革命」という語は暴力的なもののみならず非‐暴力的な大変動をも意味しうるものです。マルクス主義者はこの曖昧さを放置しています。しかし、暴力による大変動は歴史的帰結としてしばしば独裁へと行き着いています。そのようにして一七世紀イングランドの革命はクロムウェル(訳16)の独裁につながり、フランス革命はロベスピエール(訳17)とナポレオン(訳18)へつながり、ロシア革命はスターリン(訳19)へとつながりました。その目的を成功裏に実現した暴力革命は稀です。アメリカ革命はおそらく一つの素晴らしい例外ですが、やはりその考えのいくつかは疑わしき祝福といったものでした。私は、『開かれた社会』でかなりはっきり示しましたように、(訳20)一七八九年にフランス人を鼓舞した考え方を大いに賞賛しますし、また、その恩恵に与っていることを承知しています。ですが、革命に関わる諸々の考えとその支持者とはほとんど例外なく当の革命そのものによって破壊されます。非暴力的変更はそれとはまったく異なるものなのです。それにより私たちは、社会政策の意図せぬ不都合な結果を警戒し、その影響を――それが顕れてきたときに――適宜修正できます。こうした変更が、そ

(訳16)　Oliver Cromwell（1599–1659）イギリスの政治家・軍人。清教徒革命に際して議会派に属し軍功によって指導者の地位に就くが、反革命派との闘いは侵略戦争や独裁政治という形をとることとなった。

(訳17)　Maximilien-François-Isidore de Robespierre（1758–1794）既出。

(訳18)　Napoléon Bonaparte（1769–1821）フランスの軍人・政治家。ジャコバン独裁後の総統政府のもとでのイタリア・エジプト遠征で名を成し、帰国後クーデタによって政権を掌握し、軍事的独裁を進め、ついには帝位に就くこととなった。

(訳19)　Iosif Vissarionovich Stalin（1879–1953）既出。

(訳20)　ただし、『開かれた社会とその敵』には表だってフランス革命を論じた章は見られない。ヴォルテールやルソーに触れた記述も、「賞賛」というよりは留保つきの評価というのが正確なところである。

のようにして、既存の社会制度の核心を突く公共的批判が無理に抑圧されずに済むような雰囲気と、人間の手で人間味のある改良を行う余地をもつような社会的フレームワークとを生み出すのです。

注

（1）［『エンカウンター』一九七二年五月号一三－一八頁に発表。そもそもはフランツ・シュタルク（Franz Stark）によるインタビューに由来するもので、これは——平行して行われたハーバート・マルクーゼへのインタビューと合わせて——バイエルン放送によって一九七一年三月二三日に放送された（ポパー・アーカイブ106-16を見られたい）。おこし原稿がその後、『革命か改良か』フランツ・シュタルク編、ミュンヘン、ケーゼル出版、一九七二年（*Revolution oder Reform?*, ed. Franz Stark. Munich : Kösel Verlag, 1972.）［城塚登・遠藤克彦訳『朝日ジャーナル』一九七二年、第三〇号、四三－五〇頁、第三一号、二一－二五頁、第三二号、九四－九八頁。］として出版されている。『エンカウンター』のバージョンはポパーが改めて手を加えた英訳である。ケーゼル版の英訳はポパーの同意を得ずに（権利関係について一致を見なかった）、『革命か改良か——ある対立』シカゴ、ニューユニヴァーシティ出版、一九七六年（*Revolution or Reform : A Confrontation*, Chicago : New University Press, 1976.）として出版され、また、完全に無許可とおぼしき翻訳がアメリカの雑誌『ユニヴァーシティ・レヴュー』（*University Review*）に掲載されている（ポパー・アーカイブ107-6を見られたい）。今回出版のバージョンは『エンカウンター』版に従っている。脚注はすべて編者による。］

（2）［一つ目の本は後にトレールス・エッガース・ハンゼン編『認識論の二つの根本問題』チュービンゲン、J・C・B・モールノパウル・ジーベック刊、一九七九年（*Die beiden Grundprobleme der Erkenntnistheorie*, ed. Troels Eggers Hansen, Tübingen : J. C. B. Mohr Paul Siebeck, 1979.）として出版された。］

（3）［より詳細な説明のためには『果てしなき探求』（*Unended Quest*）の第二三、二四節を見られたい。］

（4）［ソクラテスの賢明さに関するポパーのさらなる見解については『開かれた社会』第七章、第四節、『弁明』をまぎれもなくソクラテスのものというポパーの説明については『開かれた社会』の第一〇章の長大な注五六を見られたい。］

第12章　寛容について——一九八一年(1)

寛容ということは、一見、もはや問題にはならないように思われる——少なくともヨーロッパ、北アメリカ、オーストラリア、そしてニュージーランドの民主的な国々では。西側のこうした開かれた、またはおおよそ開かれたと言ってよい社会では、おおよそ誰もが、他のほとんど誰からも寛容に遇されている。そしておおよそ誰もが寛容ということを、おそらく民主制ということよりずっと強く信じている。実に、寛容があまりに強く信じられているため、深刻な問題がここに生じているほどである。すなわち、寛容に対するわれわれの情緒的愛好は行きすぎているのではないか、という問題がそれである。不寛容になることを怖れて、われわれはつい寛容を権利として拡げて、不寛容な人々、不寛容なイデオロギーを蔓延させようとする人々にまで施しがちである。つまり、自分たちと意見を異にする者はすべて力づくで制圧されねばならないという原理を含意するイデオロギー、言い換えれば、反対者をすべて犯罪者と見なしさえするイデオロギーを蔓延させようとする人々にまでそうしがちである。私は、このことはわれわれにとって最も深刻な問題、理論的観点からも実践的観点からも重大な問題であると思う。そこで私は、寛容という観念に帰依するとき、われわれは自由を——そしてそれとともに寛容を——破壊する危険のただ中にいるということを言うつもりである。

私は、危機が差し迫っていると言いたいわけではない。しかし、様々な——レーニン(訳1)やムッソリーニ(訳2)やヒトラーの——全体主義的独裁権力の興隆や、一九四八年の民主的なチェコスロヴァキアの崩壊と一九六八年の侵攻、(訳3)その他多くの例は、いかなることが起こりうるか、そしてそれがいかにして起こりうるかを示している。間違いなくわれわれには、これらの出来事から学ぶ義務がある。われわれは歴史から、自分たちの過誤から学ばねばならない。

寛容に与するわれわれ自身が不寛容になることを怖れるあまり、われわれはあらゆる物事、ともすると暴力行為をも——もちろん暴力行為以外ならばまったく何であれ——寛容に取り扱わねばならない、という間違った危険な態度をもつに至っている。この態度は理解されうるし、ある意味では、賞賛もされうる。というのも、それはあらゆる寛容の根底をなす洞察から帰結するものだからである。すなわち、それは「われわれは誰しも誤ることがあるし過誤を犯しがちである」という洞察、さらに言えば、「間違っているのは私で正しいのはあなたかもしれない」、そして「私は『自分こそが正しい』という危険な直観的感情・確信を疑うよう自分自身を教導しなければならない」という洞察である。この感情がいかに強かろうと、私はそれを信じ込んではならない。実に、その感情が強ければ強いだけ、私が自らを疑う必要も、そしてそれとともに私が不寛容な狂信者になる危険も、いっそう大きなものとなるのである。

これまでこうしたすべてをヴォルテール(訳4)ほど明晰に見通し見事に定式化した者はなかった。（私が大まかに訳すところでは）彼は次のように書いている。(2)

寛容とは何か？　それはわれわれが人間であることの必然的帰結である。われわれはか弱い被造物であり、誤りうるし誤謬を犯しがちである。だからどうか互いに相手の愚かしさを許し合おう。これが自然法の第一原理、人間の権利すべての第一原理である。

私はヴォルテールの定式を大いに賞賛する。彼の議論は有無を言わさぬものである。それはソクラテスの洞察に基づいている――「私は自分が無知であることを知っており、知っているのはわずかにそのことばかりである」[3]。われわれが互いに相手に寛容であるべきであるとの要求に対してはそれで十分である。ただし、寛容が攻撃にさらされている場合に寛容を擁護するための議論としてはそれほど十分ではない。

ヴォルテールは寛容が相互のものでなければならないこと、それが互恵性に基づくことを非常に明晰に見て取っている。しかし、彼は寛容――宗教的寛容のみならず政治的寛容も――が公認の原理となっているような民主的社会の興隆を見越してはいなかった。また、彼は次のことを見越していなかった――すなわち、そうした社会では、多数派の供する寛容に進んで酬いようとはしない少数派、つまり、不寛容の原理を容認し、暴力が必要であるという理論を容認し、暴力的に行動しさえするかもしれぬ少数派が現われるということを。われわれは根拠あってそう考えるのだが、こうした少数派がたとえ一日でも首尾よく権力を掌握したあかつきには、彼らは民主制、言論の自由、寛容を廃止しようとすることだろう。

（訳1）Vladimir Il'ich Lenin（1870–1924）ロシアの革命家・政治家。一九一七年のロシア二月革命において主導的な役割を果たし、共産党による「プロレタリア独裁」を確立した。

（訳2）Benito Mussolini（1883–1945）既出。

（訳3）第二次大戦後独立を回復したチェコスロヴァキア共和国（第三共和国）は、一九四八年二月の共産党によるクーデタを機に、事実上、社会主義国となった。六〇年代に入って自由化・民主化が強く求められるようになり、一九六八年の「プラハの春」によってその動きは頂点に達するが、しかし、ソ連の侵攻をうけて改革は頓挫する。

（訳4）François Marie Arouet, dit Voltaire（1694–1778）既出。ポパーが本章で援用しているのは一七六四年の『哲学辞典』の「寛容」の項であるが、これに先立って、新教と旧教の対立を背景とするカラス事件に際して著者は論陣を張り、『寛容論』（*Traité sur la Tolérance*, 1763.）の一書を公刊している。

われわれの問題は、「こうした少数派を寛容に遇すべきか、そうすべきでないのか?」ということである。もし彼らを寛容に遇さないとすれば、われわれは自分自身の原理を否定することになりそうである――つまり、不寛容に譲歩することで偽善者となってしまうように思われる。もし彼らを寛容に遇するならば、民主制と寛容とに終止符を打つことの責めを負うことになるかもしれない。

なるほど、寛容の偉大な擁護者たちのうちの誰も――ロッテルダムのエラスムス（訳5）も、ジョン・ロック（訳6）も、ジョン・スチュアート・ミル（訳7）も――こうしたとりわけ不愉快な状況の可能性を見越してはいなかった。しかしながら、私に言わせれば、ロックとミル、そして彼らに連なる人々の幾人かは寛容と民主制についての理論を展開して、「この新たな状況下で何がなされねばならないか?」という問いに最適の答えを与えるにまで至っていた。というのも、彼らには寛容が無制限ではありえないということがはっきり見えていたからである。

われわれの状況に適用するなら、その答えは――ごく実際的な言葉づかいで言って――こういうものである。すなわち、「これら不寛容な少数派が合理的な提案として彼らの理論を論じたり出版したりする限り、われわれは自由にそうさせておくべきである」。ただし、われわれは彼らの注意を次の事実へと、すなわち、寛容は相互性を基盤としてのみ存在しうるのであり、そして、当の少数派が暴力的に行動し始めるときには、そうした少数派を寛容に遇すべきであるというわれわれの義務は終わるという事実へと、引きつけておかなければならない。そこで問題となるのは、「どこで合理的な議論が終わり、暴力行動が始まるのか?」ということである。このことを実際に決定することは容易ではないだろう――というのも、こういう終わりや始まりとは、暴力への煽動や民主的体制の転覆のための陰謀といったような行動から始まるものだからである。もちろん、煽動も陰謀も、比較的許容できる行動形態と容易に区別されうるものではない。このことは、しかしながら、そうした行動が法と関わる状況のほとんどに当てはまる。たとえば、故殺と謀殺、あるいはまた、無能力と手抜きとを区別することはおそらく非常に困難だろう。

道徳的及び理論的立場は、私に言わせれば、原理的にはつねに明白であった。にもかかわらず、人々の多くは寛容に対してあまりに深く愛着を感じているため、その違いを見ようとはしない。たとえば、民主的な意味での政党——はずみで過半数を得るにせよ、民主制のルールに制約されている政党——と、それとは反対に——おそらく部分的には公然と、またはまったく秘密裏に——民主制を廃する陰謀をめぐらしている政党との間には違いがある。後者のような政党がこのことをある程度民主的手段によって行おうがそうでなかろうが、そのことはさほど問題ではない。いずれにせよ民主制の廃絶は勝手気儘な行動へ、そして暴力へとつながるのである。そうした政党に対してわれわれは、仮にその党が過半数を得てしまったとしても、屈服してはならない。

そうした政党が寛容に遇されることを要求する権利をもつかどうかという問題に対しては、民主制及び寛容についての理論がはっきりとした答えを与えているように思う。答えは、「否」である。不寛容ということがまだ危惧であるにすぎないとしても、われわれは寛容である必要はない。また、その危惧が深刻化している場合には、断じて寛容であってはならない。

もちろん、われわれは暴力の使用を正当化しようとする人々の理論をしりぞけるべきである——そして、そうすることができる。こうした理論はいつも本質的に同一である。それら理論の内実をなす申し立てとは、われわれの民主制と寛容がまがいものでしかないということ、そして、寛容であると称するわれわれのほうこそが先に

（訳5）Desiderius Erasmus（1466–1536）ネーデルラント出身の人文主義者。『痴愚神礼賛』（*Morae encomius*, 1511.）によって教会の腐敗堕落を厳しく批判する一方で、『平和の訴え』（*Querela Pacis*, 1517.）では宗教的・政治的対立等から生じる戦争の空しさを語った。

（訳6）John Locke（1632–1704）既出。

（訳7）John Stuart Mill（1806–1873）イギリスの哲学者・社会科学者。政治哲学に関する著作として、『自由論』（*On Liberty*, 1859.）、『代議制統治論』（*Considerations on Representative Government*, 1861.）がある。

暴力を使用したのであり、またいつでも暴力を用いているということである。そうした申し立てはもちろん、いつでもなされうる。

私は決して忘れはしまいが、いかに頻繁に――とりわけ一九一八年と一九一九年に――次のような主張を聞かされたことか。すなわち、「資本主義」が日ごとに求める犠牲者の数からすれば、社会主義革命全体がこれからどうしても必要とするだろう犠牲者の数はそれほどではない、と。また、現に私がこの神話を、一七歳になるまで、そして社会革命の犠牲者を幾人か目にするまで、何週間にもわたって信じていたことを、私は決して忘れまいと思う。この体験があって私は、いずれの側であれ、そうした要求すべて、また暴力を使用する言い訳すべてに対して大いに批判的になった。私がいくらか考えを改めたのは、ナチスが多数票を得て権力を掌握した後、ゲーリング(訳8)が「個人的には自分は他人に対して暴力を行使している突撃隊員を――たとえ多少の間違いや人違いがあろうと――支援したい」と宣言したときである。その後、有名な「長いナイフの夜」――ナチスは前もってそう呼んでいた――があった。この夜、彼らは長いナイフとピストルとライフルをとり、彼らの反対者やユダヤ人に対してのみならず、自派の最も人気ある指導者の幾人か――レーム(訳9)とその多くの友人たちのような、ヒトラーと横並びのライバルたち――に対してもそれを用いたのだった(4)（このことと、スターリンがほぼ同時期――第二次世界大戦の少し前――に、古くからの護衛隊や共産主義の指導者たち、それに自分に忠実に仕えた多くの者たちを葬るのに法廷を用い、やがて彼自身が――多くの人が考えるところでは――自らの絞首役人によって葬られるにまで至ったやり口とを比較対照されたい。あるいは、ロベスピエールが自らギロチンに向き合わねばならなくなるときまで競争者に対して権力を行使したやり口と比較対照されたい）。

ドイツでのこうした出来事の後、私は非暴力への絶対的なコミットメントということは断念した。寛容にも限度があると気付いたのである。

しかし、われわれ民主主義者、言われるところの「資本主義者」こそが最初に暴力を行使し、また行使し続けているという申し立てに対して、今日われわれはどう答えることができるだろうか？思うに、われわれは、真実であると自分が信じることを大胆に話すことによって、こうした申し立てに向き合うべきである。そして、われわれの反対者に、こちらが間違っている点、及びその理由を示すよう挑戦すべきである。私は、われわれ西側の民主的社会が、自分たちの知る中では最も自由で、寛容で、公正で、そして暴力の少ない社会であるということを真実であると思っている――おそらく、二〇世紀より前のエスキモーの社会は例外である。このエスキモー社会には謀殺や故殺といった事件はあっても、他のいかなる形態の暴力も、われわれの知る限りでは存在しなかった。こうしたエスキモーたちはほとんど政府なしに生活しており、暴力の欠如はおそらく、彼らの居住分布が極端に薄く広がっていることによって説明されよう。

私はこれまでしばしば口にしてきたように、われわれの社会が今までに存在してきた社会の中で最良のものであると考えている。そう思っているのにそうだと――大いに強調して――言わないのは、ほとんど犯罪とも言えよう。多くの若者に、われわれが生きているのは酷い世界、資本主義者の地獄とでもいうようなところであると説きつけ、それによって彼らを不幸にするような人々とは闘わねばならない。本当のところ、われわれが生きているのは素晴らしい世界、美しい世界、驚くほど自由で開かれた社会である。なるほど、今日流行しているのは――知識人たちから期待され、要求されているようでもあるのは――これと逆のことを言うことで、われわれの社会の害悪について、われわれの社会に本質的に内在する不公平について、またとりわけその酷い不平等について嘆くこと（またおそらく、われわれが自らにふさわしい酬いを得るであろう審判の日は間近だと言ってわれわれを脅迫す

（訳8）Hermann Wilhelm Göring（1893–1946）ドイツの政治家・軍人。ナチス政権下で航空相・空軍総司令官などを務めた。本文に言われる「長いナイフの夜」の首謀者の一人。

（訳9）Ernst Julius Röhm（1887–1934）ドイツの軍人・政治家。ナチスの突撃隊幕僚長であったが、一九三四年、路線の対立から粛清された。

ること）である。

こうしたすべてはまったく真実に反すると私は考える。

少数ながら大変富裕な人々がいるということはまったくその通りである。しかし、それが私やあなたがたにとって何の問題だろう？　誰もがこうした少数の富裕者故に苦しむということが真実でないことはまず間違いない――こうした少数の富裕者のうちの相当数の人々が、自分たちの資産の多くを大学、講座基金、学術助成金、学生の奨学金、またたとえば、ガンの研究機関の創設といったことに用いているのは言わずもがなのことである。

本当のところ、われわれの社会、われわれ西側の民主的諸国は、完璧とはとても言えないにしても、大いに自由が存する唯一の社会である。そこでは貧困者の福祉のために多くのことがなされ、法の前の平等がかなり存在し、相当な寛容さがある。もちろん、われわれの社会は完璧とはとても言えない。薬物、タバコ――これもまた危険な薬物である――、それにアルコールが相当に濫用されていたりする。とはいえ、これらの事物を避けることは、われわれが自由を大事にする以上、非常に困難である。

私に対する返答は次のようなものになるだろう。しかし、こうした事柄は徴候《しるし》である、すなわち、若者たちが恵まれない状態にあることの徴候である。それに、彼らは社会的不平等や失業といった事柄をめぐっても恵まれていない、と。だが、社会的不平等というのが、一部の人が他の人々より多くの金銭をもっているという意味であるならば、その場合私は、そうした他の人々が適度によい暮らしができている限り自分はそのことは気にしない、と言うことになるだろう。失業はこれとはまったく別の問題である。

失業というのがひどい事柄であり、真の社会的害悪であること、われわれの社会問題の中でも何よりひどいことであるという事実を、私は承知している。この悲惨な社会の病をどうすれば治療できるのか、私にはまったく分からない。私の友人には名高い経済学者もいるが、ほとんど言わずもがなのことながら、失業の治療法について彼らの意見は一致していない。しかしながら、ある一つのことについては、私は確信をもっている。すなわち、もし仮に失業を治療する周知の方法があるならば、失業は存在しないだろうということである。というのも、自らの再選を確かなものにする機会を見逃すような政府はないだろうからである。

繰り返すが、われわれの社会は完璧とはとても言えない。しかし、自分たちの社会の欠陥についての議論は西側のあらゆる民主的諸国で歓迎されることであり、また、問題改善のために絶えず実際に歩を進め、それとともに他の行き方を捜し求めることも、民主的諸国ではなされつつある——それがかつてなされていた以上のものであることは確かであるし、他のいかなる社会形態においてなされているより以上のものであることも確かである。

われわれ西側の民主制とその寛容とがまがいものであると信じている人々に対して本当に返答しようとすれば、真の問題は次のようになる。すなわち、われわれの民主制は、仮面をかぶった独裁者という風には見えないが、実はそうなのか？　これに対して、われわれは以下のように答えることができる。

機能している民主制の例としてアメリカにおける世論の影響を取り上げよう。公衆は、政府が朝鮮戦争でもヴェトナム戦争でも核兵器を使用できないようにした——そうした兵器を使用すれば、いずれの戦争においても、前者での痛み分け、後者での完敗の代わりに、勝利へと至りえたのに。さらに、世論はヴェトナム戦争をやめさせ、ニクソン大統領[訳10]を辞任へと追いやった。世論が具現化するのにかなり時間がかかったというのは、その通りである。しかしそれは初めて、選挙によらず、ただもうそれ以上政府を支持しないということによって、進行中の戦争をやめさせるのに成功したのである。私はこの勝利に比しうるような歴史上の出来事を知らない。こ

（訳10）　Richard Milhous Nixon（1913–1994）アメリカの政治家。一九六八年に大統領に就任。再選を果たすも、一九七四年のウォーターゲート事件により辞職。

れは、われわれがモラルの問題と言い表しうるような事柄に関する勝利であった。われわれがこのことを言うために、世論が正しいものであったかどうか――アメリカの撤退後、東南アジアで起きたことを勘案して――判定を下す必要はない。そういうことをしなくても、私が挙げている例は民主制がまがいものではないことを示しているのである。

私の挙げた例は、世論がつねに正しいとか、これらの事例においては正しかったとか、将来正しいとされるだろうとかいうことを示すものではない。というより、こうしたことは、公衆の意見であれ権威者のそれであれ、意見の別を問わず示されようがない。また、そのことはここでは問題ではない。問題は、民主制がまがいものなのかそうでないのかである。そして私の議論が――望みうる限りの明晰さでもって――示しているのは、民主制がまがいものではないということである。かくして、暴力をたきつける少数派に典型的な議論に対して返答がなされえた。

ここでひとことふたこと、これほど重要ではない問題について言っておいてもよいだろう。一九五〇年代の初頭、マルクス主義の歴史理論がしりぞけられて後、ある形態のマルクス主義は漠然と、世界や人生がまがまがしいものであるといった嘆き、とりわけ「資本主義」の地獄で生きねばならないといった嘆きへと退行していった。理論の代わりにスローガンが、とりわけ「疎外」という術語がもち出された。そして、その慨嘆するところでは、「資本主義」はわれわれを自らの自然な生のありよう、われわれの自然環境から疎外しているというのだった。

さて、私は、一部のスラム街や他の建造物が、とくにマルクスの時代には劣悪であったこと、そして、それらが疑いなく、マルクスが「資本主義」と呼んだ――マルクス主義のジャーゴンを用いれば――「生産様式」に特有のものであったということは、まったくその通りであると認める。また、労働者の就労条件が今よりもずっと劣悪であったということに、私は同意する。さらに私は、就労条件はほぼ全面にわたって改善されもとの姿が分からないほどであるとはいえ、多くの点でまだまだ改善の必要があるとの意見に同意する。

しかし私は、疎外への傾向とか、われわれが自らの自然環境から引き離されているとかいうことをマルクス主義者が声高に慨嘆する場合には、彼らの言うことをまじめに受け取ることはできない。というのも、こうした傾向は生の根本的傾向、つまり、適応の根本的傾向の一つだからである。酵素のプール（おそらくそうしたものがあったと推測される）の中で増殖した最初のむきだしの遺伝子は、突然変異によって自分専用の酵素のコートを首尾よく身につけおおせた場合、自身の自然環境から、つまり自分にあてがわれていた生態学的適所から自らを疎外した。そうすることで遺伝子は自らの環境、すなわち、より安定した環境を造り上げた。これが疎外の普通のありかたである。そしてわれわれは、雨の日にはレインコートを、寒い日には外套を着て、あるいは、でこぼこ道を行くときにはひと揃いの靴を履いて、カタツムリのように自分自身のプライヴェートな環境を整備することによって、その「自然な」環境からわれわれ自身を疎外している。このとき重要なのは、レインコートが雨を遮断し損ねないかどうか、靴がきつかったりしないかどうかということだけである。靴がきついなら、われわれはもっとよいものを得ようとする。われわれの靴の改良という問題は相当特殊な問題である。まさに、生体が解決する類の問題であり、概して、さらなる突然変異によって、さらに疎外の歩みを進めることによって解決される——たとえば、うおのめを保護するにはわれわれは膏薬をつければよい。しかるに、疎外一般について慨嘆するのは実に馬鹿げたことである。それは眼鏡や入れ歯や予防接種について——それらを喜んで手にし、必要に応じてそれらを改良する代わりに——慨嘆するというものである。

さて、寛容ということに戻ろう。寛容と民主制、そして生活の諸条件を改良しようとするわれわれの多大な試みは、にもかかわらず、絶えず攻撃を受けている。こうした攻撃が合理的な批判である限り、それは歓迎されるべきものである。ただし、もちろん、そうした攻撃が誤りであったり、またとくに、それらが寛容を利用しようとしながらも、自分たちのほうは寛容を実践して相手に酬いるつもりはない個人や集団、つまり自分たちが権利を要求しておいてその当の相手の要求を聞き入れる心構えのないような個人や集団から出てきた攻撃である場合には、それに応酬するべきである。そういう場合には、われわれは寛容の破壊をたくらむ人々に対して寛容を撤回する権利をもつだけでなく、その義務ももつ。われわれの責任は重大である。

この点は次のようにまとめられる。すなわち、寛容をその敵から護るためには、われわれは民主制とその仕組み、及びその成果を護らなければならない。とはいえ、われわれはもう少し深く踏み込まないわけにはいかないように思う。

民主制とわれわれの、少なくともだいたいは開かれていると言える社会とをその敵から護ることをわれわれがためらうその背後に隠れている真の弱点とは、そして、互いに酬いるつもりのない者たちに対して不寛容になることをわれわれが甚だしく恐れるその背後に隠れている弱点とは、次のことにある。すなわち、現にわれわれが、ヴォルテールが実に見事に定式化した教訓――われわれは誤りうる人間であり、しばしば間違いを犯しているということ――を学び取ってしまっているということにある。そして、われわれの多くはここから、何でもありだ（anything goes）とか、どんなことでも擁護できないことはない、という帰結を引き出しているように思われる。われわれは帰結として、あらゆる人に対して公平に耳を貸すべきであるということだけでなく、どの立場も他のどの立場より、とりわけわれわれの立場よりよいということがありうるということをも引き出している。さらに、合理的であることとは、寛容であるというだけでなく、あらゆる意見が擁護されうるものであり、民主的なものも独裁的なものも、あらゆる意見が平等であるとの認識をもつことでもあるとの帰結や、はたまた、われわれには強すぎたり独断的すぎたりする気がしても、全体主義にも何かはある（それは間違いなくあるだろう）、子どもが無慈悲な人になるように教育することにも何かはある（これはどう考えてもないだろう）、との帰結を引き出しているのである。

これは哲学者たちが「相対主義」という名で呼んできた立場である。そして、多くの人々は、もしわれわれが可謬主義を受け入れ、そしてヴォルテールとともに人間の可謬性と寛容とをまじめに受け止めるのであれば、相対主義は不可避であると感じている。

相対主義に応答しそれをしりぞけることは、私見では、何にもまして重要である。そして、それはまったく簡単なことである。人間の可謬性ということが意味するのは、われわれは間違えるかもしれないということ、そして、われわれにとって真であるとか道徳的に正しいとか思われるものごとは、真でなかったり道徳的に正しくなかったりするかもしれないから、われわれはそれによりかかってはならないということである。しかし、このことは真理といったようなものや道徳的に正しい行為、ないしそれにかなり近いものがあるということを含意している。可謬主義とは、確かに、真理と善さとがなかなか得がたいということ、そして、われわれはつねに、自分たちが間違いを犯していたと気付く心構えをしておくべきであるということを含意するものである。他方、可謬主義は、われわれが真理なり善き社会なりに近づきうるとの含意をもつ。そうなると、われわれはどうしても行動しないわけには、あるいは、何らかの立場をとらないわけにはいかない。というのも、行動しないことも行動であり、立場をとることになるからである。こうしたすべてがわれわれに教えてくれるのは、見解を異にする人々からつねに学ぼうとしながらも、われわれは真理を批判的に――高度に批判的に――探究することを決してやめてはならないということである。真理により近づき、自分の手の届く範囲での最善の行為を発見したいと本気で願うのであれば、われわれは他人の言葉に耳を傾け、他人から――それもとくに自分たちの反対者から――学ぶようにしなければならない。そして、まさにこの理由から、われわれは相対主義をしりぞけなければならない。

こうしたすべては、おそらく次のように表現されよう。すなわち、「私が間違っていてあなたが正しいのかもしれない」と口にすることは大変よいことである。そして、もし双方がそのように言うのであれば、お互いに寛容であるため、よき社会のためにはそれでも十分かもしれない、と。しかし、相対主義を避けるためには、われわれわれはこれにつけ加えて言わなければならない。言うべきことはこうである。「私が間違っていてあなたが正しいのかもしれない。そしてわれわれは物事を理性的に語らうことで、自分たちの誤りをいくらか訂正することができるかもしれないし、おそらくはわれわれの双方とも真理に近づき、正しい仕方で行為することができるだろう」。

私はこの定式は非常に重要であると思っており、やや長目にその説明をしたい。この目的のために、まず私の定式を三つの部分に、つまり、私が三つの原理と考えているものに区分するとしよう。

第一原理

私が間違っていてあなたが正しいのかもしれない。

これは、言ってみれば、人間の可謬性のついてのヴォルテールの考えの一種のパラフレーズである。彼の考えとは、ある仮説の真理性に関しても、何らかの状況下でわれわれがとるべき最善の――最適の行為ということに関しても、人間は間違いを犯しがちであるというものだった。明らかにこの原理は、ヴォルテールの見てとったように、寛容を支持している。しかし、これが相対主義を支持すると考えるのはひどい間違いというものだろう。まったく反対に、そうした考え――すなわち、あなたと私とが違っているなら、われわれはともに正しいのかもしれないとの考え――を含意するどころか、この原理は、問題が何であれ、正しい見解と間違った見解とがあるはずであり、実に、われわれのいずれもが間違っていることもあるとの含意をもつものである。

第二原理

われわれは物事を理性的に語らうことで、自分たちの誤りをいくらか訂正することができるかもしれない。

この第二原理はきわめて重要であると思う。それは明らかに、寛容を前提している。まず、「物事を理性的に語らうこと」の意味から説明しよう。このことで私が言わんとするのは、何が真で何が偽か、何が間違いで何が正しいかを見出すことを目指しつつ物事を語らうということ、それと同時に、誰が間違っていて誰が正しいのかという問い、すなわち、それほど重要ではない問いについては忘れる――これが人間として可能な限りは――ということである。これは理性的に語るのに必要とされる態度を記述したものである。明らかに、理性的に語り理性的に議論するには、相対主義、すなわち、「何でもあり」(anything goes) ということとはまったくかけ離れた態度を要する。それは真理の探究へ、われわれにできる最良の行為へと向けられている。そして、「語ること」について語ることによって、つまり語ること（それもとりわけ理性的に語ることであるのはもちろんだが）の意義を強調することによって、この第二原理は、人間の言語とその理性的使用のはかりしれぬ意義を強調している。実際に、われわれの第二原理、すなわち、批判的理性の原理が主張しているのは、「剣に代えてペンを！」ということである。あるいは、より今日的で実状に即した形で言えば、それはこう主張している。「銃、爆弾、核兵器に代えてペンを！」

このように言語ないし言葉の使用を強調することで、私が同様に強調したいのは、われわれの用いるべきはただ、簡素で、明晰で、日常的で、穏当な言い回しのみである――つまり、テクニカル・タームを用いることは極力控えるような言い回し、われわれの特殊な言葉の使い方にはいっさい依存せず、あらゆる論点が様々な点であいまいさなしに定式化されうるような言い回しのみである——ということである。要するに、そこで言葉の選択が問題とはならないような言い回しである。

一方で、語ること——これは言語の使用である——は、まったく実に重要である。仮に言語がなければ、すなわち、言明、主張、提案、仮説、理論というものがなければ、真理の探究といったようなこともないことになるだろう。

われわれがある視点や理論を、未だ言葉で定式化していなくても、心の中でそれをもつということはあるかもしれない。そうしてから、われわれはそれを言葉に発して定式化するかもしれない。

一見するところでは、誤って「今日は三月一二日木曜日である」と考えようと、あるいはそれを口にしようと、その間にさしたる違いはないように思われる。しかし、まるで違うのである。われわれがそう口にする場合、われわれの思考は自分自身の外なる対象となり、そのことで批判へ開かれたものとなる。口に出されない限り、思考はいわば自分自身の一部であり、そのためわれわれは、それが間違っているのかいないのか容易には判別しえない。

言い換えると、真理の探究という観点から見て、言語の主要な機能の一つには、思考を批判されうる対象にするということがある——それは他の誰も目の前にいなくてもそうである。また、もし誰か——とくに自分たちと意見を異にする誰かが目の前にいるのであれば、そのときには、言語によってわれわれはあの種の批判的吟味を、すなわち、たいていは事がそれほど込み入っていない場合に、ヴォルテールが念頭に置いていた類の人間の誤りをわれわれが取り除く手助けとなるような批判的吟味を行うことができる。

第三原理

もしわれわれが物事を理性的に語らうならば、われわれがともに真理へ近づいてゆくこともあるかもしれない。

ここでの要点は、われわれが――たとえ意見の一致に至らなくても――真理に近づいてゆくという考えである。

大切なのは、われわれが互いから学び、そのことで自分たちが間違っていたと気付きうるということであり、最終的に意見の一致に至らなくてもそれはそうなのである。理性的討論に過大な要求をしないことが肝要である。科学の歴史の中には、見解の一致には至らなかった諸々の有名な意見対立が見られる。今世紀で最も有名なものの一つが[5]、世紀最大の二人の物理学者、アルバート・アインシュタイン[訳11]とニールス・ボーア[訳12]の間の議論である[6]。

彼らの議論は意見の一致には至らなかった。それどころか、双方とも議論において元来自分の立場であると考えていたものを――ボーアのほうはいくらか修正せざるをえなかったとはいえ――保持し続けた。ともに自らの立場をいっそう明確にしたのである。いずれも新たな、そしてとびきり重要な論証を見出した。この新たな論証のうちの一つは、アインシュタインが二人の研究助手とともに一九三五年に発表したものであるが、四六年後

（訳11）　Albert Einstein（1879–1955）既出。
（訳12）　Niels Henrik David Bohr（1885–1962）既出。

［の一九八一年現在］もなお実験的な調査研究がなされている。(7) 誰しも否定しようのないことであるが、立場の変更をもたらすことのなかった未確定の議論からでも相当多くのことを学ぶことができる。また、当然ながら、対話者が互いに歩み寄るとか、意見の一致に至るとかした議論の実例も数多くある。

さて、それではこれら三つの原理を念頭に置きつつ、寛容という問題に戻ることにしよう。

1　私が間違っていてあなたが正しいのかもしれない。

2　物事を理性的に語らおう。

3　意見の一致に達しなくても、われわれが真理に近づいてゆくことはあるかもしれない。

これらの原理の第一のものは、既に見たように、われわれが知識をもち合わせていないことについての、ソクラテスやヴォルテールの知識と同じものである。第二のものは、言語及び自由な言論の意義を強調し、そのため寛容と密接に関わる。ただし、それは自由な言論の限界を――とりわけ寛容の限界と関わる局面で――指し示すものでもある。それが目指すところは理性的な議論でなければならない、つまり、情念を昂ぶらせたり討論に勝利したりすることよりは、真理を発見することでなければならない。

第三の原理は、語ることによって、たとえ意見の一致に達しないとしても、われわれがともに真理に近づいてゆくことはあるかもしれない、というものである。明らかに、このことが達せられるのは、議論の中で、ただ相互に寛容であることによってのみである――つまり、相手の人が口にすることは少なくとも聞くだけの価値はあるし、もしかするとそれ以上のものかもしれない、という態度をとることによってのみ達せられる。寛容とはこうした態度の前提条件であり、お互いに正し合い、そうして真理へ近づいてゆく可能性の前提条件なのである。

真理を探究し、相互批判を通じて真理へ近づくことは、かなりの程度相互に寛容でないことには不可能である。意見の一致は、真理の探究においてはそれほど重要ではない。おそらくわれわれの双方ともが間違いを犯すということもある。現に、人々は長きにわたって、（プトレマイオス[訳13]の世界体系のような）多くの誤った教説に強く賛同してきた。そして、賛同とはしばしば不寛容であることへの、ことによると暴力への怖れからの帰結なのである。

同時にこれら三原理とは、要するに、理性的ないし批判的態度をかいつまんで言うもので、私の考えではそれこそが倫理の基本原理である。それはまた、科学者の理想とする態度でもあり、科学の方法でもある――それというのは、ごく単純なことだが、批判的議論でもって真理に仕えるということである。また、これら三原理は寛容への導きともなる――ただし、同時に、その三原理は寛容を前提としている。科学における実質的な進歩は寛容なしには不可能である、つまり、われわれの思想を、それが導く帰結にかかわりなく公言できるという安心感なしには不可能である。そういうわけで、寛容と真理への献身は、科学の根底にあり、そして科学によって促進される二つの倫理的原理なのである。あと二つの倫理的原理は知的節度と知的責任、つまり、自分自身のことではなく真理のことを考えるようにという要求と、あらゆる問題に対して最後まで批判的態度を取り続けるようにという要求である。

もちろん、私が念頭に置いているような意味での知的節度も知的責任ももたないような科学者はいて、中にはたとえば、どうあっても自分ばかりを大事にしないではいられない者や、自分の賢さを同僚や公衆に印象づけようとしているだけとしか思えない者もいる。彼らは普通二流である――よくてもせいぜい中の上である[8]。

私は、科学が概してその学び手を倫理的に訓練するものであり、最近科学に対してなされている非難はこの重

（訳13）Klaudios Ptolemaios（二世紀）古代ローマ時代の天文学者・数学者・地理学者。主著『アルマゲスト』（*Almagest*）によって天動説理論を確立した。

要な点を見過ごしていると言いはするが、そのことでそれほど多くのことを要求するつもりはない。いずれにせよ、科学は間違いなくその学び手をして他者の意見に対して寛容ならしめる（しばしば十分には寛容でないにしても）。科学は、真理へ近づいてゆこうと試みる中で諸々の基準を設定するが、その一方で、その学び手に、自分たちがどの点で間違ったのかわれわれは決して知ることができないかもしれないという事実を意識させる。まったく、科学には権威などというものはないのである。偉大な物理学者であるガリレオ(訳14)、ケプラー(訳15)、ニュートン(訳16)、アインシュタイン、ラザフォード(訳17)、ボーア、エディントン(訳18)、ジーンズ(訳19)、ハイゼンベルク(訳20)、シュレーディンガー(訳21)、ディラック(訳22)といった人々がいるが、彼らは皆あちこちで間違いを犯しており、そして彼らのほとんど全員がそのことを認めている。にもかかわらず、科学は進歩する。つまり、真理へと近づいてゆく。われわれは、自らの誤りから、それを修正することによって学ぶのである。

さて、私の信じるところでは、同様のことは倫理についても言われうる。ここでもわれわれは、自らの誤りから、それを修正することによって学ぶことができる。たとえば、幾世紀にもわたる不寛容と暴力の後、西側諸国では、寛容であるべきこと、そして暴力を憎むべきことを学びとったのだった。

われわれはしばしば新たな間違いを犯さないでもないが、それはおそらく新しい流行にひっかかるため、つまり、テロリズムとか、相対主義とか、さらには寛容への絶対的帰依とかいったような、かなり影響力のある知的流行にひっかかるためである。

新しい流行はしばしば新たなジャーゴン、新たな不寛容、偽善、過大な要求を産み出すが、そうした流行は相当いかがわしいと私は思っている。もっとも、私は七九歳［本章講演当時］で、御存じのように流行嫌いではあるが、やはり私も、自分自身がまったく新しい流行の発見者でありたいという大きな野心をもっている。私は知的な謙虚さを流行らせることを夢見ているのである。私の考えでは、偉大な科学者は皆知的に謙虚であった。しかるに、私が望むのは、こうした流行を技術者、専門家、知識人、それにジャーナリストの間に確立することである。私の念頭にあるのはとりわけ専門職であり、医療関係者、判事や法律家全般、それに建築家、またとくに重要な公務員――われらが反公民的ご主人さま（とチャーチル[訳23]の呼んだ）[9]――、及び政治家である。

私は、あなたがたに提案するつもりでいる新たな職業倫理のための論証と、一般的議論のための論証とを、実際もちあわせている。これらの論証は寛容という問題に関連している。というのは、私の唱道したい新たな職業倫理は、以下で私が旧来の職業倫理と呼ぶものと対照すると、反権威主義的だからである。権威とはほとんどつねに不寛容なものである。ジンギス・カーン[訳24]はどうやら例外であったらしい――少なくとも宗教的寛容に関して

（訳14）Galileo Galilei（1564–1642）イタリアの自然哲学者・科学者。主著『天文対話』（*Dialogo sopra i due massimi sistemi del mondo*, 1632.）、『新科学対話』（*Due nuove scienze*, 1638.）。

（訳15）Johannes Kepler（1571–1630）ドイツの天文学者・自然哲学者。天文学における「ケプラーの法則」によって知られるが、ピュタゴラス的な惑星論・宇宙論の書も著している。

（訳16）Isaac Newton（1642–1727）イギリスの自然哲学者・科学者。古典力学の完成者。主著『プリンキピア』（*Philosophiae Naturalis Principia Mathematica*, 1687.）、『光学』（*Opticks*, 1704.）。

（訳17）Ernest Rutherford, 1st Baron Rutherford of Nelson（1871–1937）ニュージーランド出身のイギリスの物理学者、化学者。原子物理学の父と呼ばれ、一九〇八年には元素の崩壊及び放射性物質の性質に関する研究により、ノーベル化学賞を受賞している。

（訳18）Arthur Stanley Eddington（1882–1944）既出。

（訳19）James Hopwood Jeans（1877–1946）既出。

（訳20）Werner Heisenberg（1901–1976）既出。

（訳21）Erwin Rudolf Josef Alexander Schrödinger（1887–1961）既出。

（訳22）Paul Adrien Maurice Dirac（1902–1984）既出。

（訳23）Sir Winston Leonard Spencer–Churchill（1874–1965）既出。

は。

旧来の職業倫理――あるいは、旧来のインテリの倫理と言ってもよいが――は確かに、新たな倫理と同様に、真理、合理性、及び知的責任という考えに基づくものではあった。しかしながら、真理、合理性、及び知的責任についての両者の考え方は相当異なっている。

旧来の理想とは、真理を、できれば論理的証明によって打ち建てることであった。その目指すところは確実性、つまり「あらゆる言明に対する決定的正当化」(10)(訳25)、口にされるあらゆるテーゼの正当化であった。

これに応じて、個人がもつ理想の最高の水準は、賢知に達することであった――ただし、それはソクラテスの意味での賢知ではなかった。「賢明であれ、そして汝自身を知れ――知ってはいないということを知れ」というのがソクラテスの助言である。私が旧来の職業倫理と呼ぶものにとっての賢知は、それとまったく違うものだった。その命ずるところはこうである。「自分の領域のあらゆることを知れ。エキスパートたれ！　領域が狭い場合には、あなたは狭い領域での権威者となるだろう――つまりスペシャリストである。領域が広い場合には――そのときには広い領域での権威者になるべきである。万能のエキスパート、賢者、哲学者に。いずれにせよ、自分で選んだ領域の権威者にならねばならない。そうして自分が知っていると主張することを正当化、証明できなくてはならない。自分が口にしていることに対してすっかり責任を負わなければならず、そうでなければ見せかけの権威者、詐欺師であって、仮面を剝がされ四方八方からの軽蔑によって罰せられねばならない」。

「ただし、もしあなたが本物であるならば、つまり、もしあらゆることを証明でき、そうして権威者になってしまえば――もし権威者として認められるならば――、今後その権威が問い質されることは決してないだろう。というのも、仮にそれが問い質されるようなことがあれば、問い質した当人はそれに相応しく遇されるだろうから。つまり、詐欺師として、ペテン師として、それどころか、あらゆる職業の根底をなす諸制度を掘り崩そうとする者、こうした諸制度に対する万人の信頼を掘り崩そうとする者として。しかるに、社会とはこの信頼の上に成り立っているのである」。

私が記述してきたこの旧来の倫理は、間違いを犯すことを許さなかった。間違いは許容されない、ほとんど許すことのできないもので、それ故決して認められようのないものだった。権威者とはほとんど超人のような――諸々の間違いを超越した――ものと考えられていた。

敢えて言うまでもないことであるが、この種の職業倫理は不寛容であり、そしてこれに抗して闘った偉大な人々――たとえばヴォルテールやバーナード・ショー(訳26)のような――がいつも幾人かいた。その最良の武器とは、もとより、皮肉と笑いであった。

(訳24) Čínggis Qan (1162?–1227?) モンゴル帝国の初代皇帝。

(訳25) 原注一〇でポパーが言及しているカルナップ『世界の論理的構築』第二版の該当個所をそれぞれ訳出しておく。「この、各々のテーゼを正当化し説得的に根拠づけるようにとの要求からすれば、思弁的、詩的活動が哲学において排除されることは明白である」(XIX)。「ここで主に扱われるのは認識論の諸問題、それ故諸認識の相互還元という問題である。新たな方法の実り豊かさは、還元問題への解答が、科学の取り扱う諸概念の統一的で系統図的な還元体系――これはごくわずかな根本概念しか必要としない――を導くことから証示される。科学の諸概念の相関関係のそうした解明によって、哲学における多くの一般的諸問題に新たな光があたることも予期される。それが示すのは、いくつかの問題は獲得された認識論的洞察によってかなりの程度単純化されるということ、また、別の諸問題は単なる疑似［仮象］問題であることが露わにされるということである。そうした先々の推断には本書はごく簡潔にしか立ち入らない。ここにはなお広々とした、大部分未開拓の領域があり、耕作を待ちわびているのである」(XVIII)。

(訳26) George Bernard Shaw (1856–1950) アイルランド出身のイギリスの劇作家・社会運動家。主な戯曲作品として『人と超人』(*Man and Superman*, 1903.)、『ピグマリオン』(*Pygmarion*, 1913.) などがある。フェビアン協会の中心メンバーとしての社会問題に関する旺盛な発言・活動によっても知られる。

にもかかわらず、こうしたことの多くは依然として生きながらえている。たとえば職業的な医者の仲間で、そうしたことに見切りをつけるようになってきたのはごく最近のことでしかない。そうした職業倫理は、判事たちの間ではいまだに支配的である。それさえなければ、この間の信じがたい誤審事件が起こることもなかったろうに(11)。

今や、私が「旧来の職業倫理」と呼んできたものが、これ以上維持されえないことは明らかであると思う。その――倫理的に決して認めることのできない――基本原理は、科学における諸々の革命や、科学的知識と寛容の急速な増大にともなって消失した。何人たりとも、科学の領域においてはもはや権威者たりえない。これまで偉大なエキスパートであったのなら、まもなくエキスパートでなくなると確信してよい。また、科学が推測的な特性をもつということがそれなりに一般に受け容れられたことも、科学者が諸々の反駁に応じる態度の根本的な変化と言えるものだった。

こうしたすべてを見れば、私には新たな職業倫理の受け容れは不可避であるように思われる。私が提案するのは以下の諸原理である。

1　われわれは、推測するという仕方で、誰か一人が完璧にマスターできることよりもはるかに多くのことを知る。

2　このことは、依然自らをスペシャリストと考えている人々にも当てはまる。というのも、いかなる専門分野も論駁を免れないからである。

3　われわれの知識はただ、推測によるものでしかなく、つまり不確かでしかありえず、また、有限でしかない。それ故われわれの無知は不可避的に無限である。われわれは今や、自分たちが知っていることがいかにわずかかを知りつつある。まさに知識の進展によって、ソクラテスの正しさが示されるというわけである。こうした真実は、大半の科学者にとって日々実際に経験されるところとなっている。

4 間違いは日々あらゆる領域で生じている。権威者は間違いを回避することができるし、またできなければならないという旧来の考えは、今や、それ自身が間違いであると認識されなければならない。旧来の倫理によって権威者たちが各人の間違いを隠すよう強いられていたということは恐るべき真実である。

5 われわれが倫理的改革に着手しうるのはここから、つまりその実際の面からである——すなわち、自分たちが多くの間違いを犯すという事実からである。間違いが不可避であるからこそ、われわれは間違いに対する態度を改めなければならない。確かに、咎められるべき間違いというのはやはりある。きっと避けることはできたし、そうするべきだった間違いはやはりある。そして、また当然、その境界事例もある。しかし、われわれが日頃犯している間違いの大半は、単純に人間の可謬性、つまり、われわれにはほとんど避けようのない人間的な無知によるものか、あるいはまた、われわれの自己批判の訓練が十分でなかったという事実によるものである。つまり、自己批判的態度に達することは大変難しく、教育もほとんどその役を担ってはこなかったという事実によるものである。

6 思うに、われわれの新たな職業倫理の第一の命令とは、「自分の間違いから学べ」というものである。

さらに、ここから派生する教訓がいくつかある。まずそれは、「われわれは皆、自分の間違いから学ぶことにしよう」、というものである。

間違いを犯したのが自分であれ隣人であれ、われわれの誰もがまず気をつけねばならないのは自分自身の間違いであって、もし隣人が間違いを指摘してくれたなら私は感謝するべきなのである。

われわれは、こうした間違い探しの際に、他人の間違いを見つけて中傷に結び付けるような態度をぜひともなくすようにしなければならない。

間違い探しに際してわれわれは皆相互に義務を負っている、という態度をわれわれは確立すべきである。われわれは力を合わせなければならない。その理由は、様々な観点をわれわれの問題に関わらせるにはこうするしかないからである。このことは重要である、なぜなら、われわれは誰しも、ごく限られた精神の在庫物を用いて一定の視点から推測にアプローチする以上、誤りの出所の可能性すべてを考えることは不可能だからである。

大事なことは、損害があまりに大きなものになってしまう前に、できるだけ早いうちに間違いを探し出してそれを正すことである。

そういうわけで、ただ一つ許しえぬ罪となるのは、間違いを隠すことである。そこへと導くような誘惑を、われわれはしりぞけなければならない。この誘惑は旧来の倫理の影響下では非常に強かった。

われわれが学ばねばならないのは、自己批判が最善であるということ、そして相互批判――それはつねに必要とされるし、自己批判を習得するためにわれわれが必要とするものであるが――はまずまずよいということである。

もし私が民主的なユートピアを夢想するとすれば、それは、議会の立候補者が、票を集めるためには、「昨年中、私は自分が犯した三一の間違いを発見し、そのうち一三を修正しおおせました、一方、対立候補はというと――確かに、彼も修正した数は一三ですが――二七しか発見しなかったのです」、と自慢してみせたら上手くゆくと思えるようなもの、ということになるだろう。

注

（1）［この講演は一九八一年三月一三日にヨーク大学で行われ、まずスーザン・メンドゥス／デイヴィッド・エドワーズ編『寛容について』オックスフォード、クラレンドン出版、一九八七年、一七－三四頁（Susan Mendus and David Edwards (eds.) *On Toleration*, Oxford: Clarendon Press, 1987, pp. 17–34.）に発表された。もとの表題は「寛容と知的責任」（Toleration and Intellecual Responsibility）だったが、これとは別の「寛容と知的責任（クセノファネスとヴォルテールから拝借して）」（Toleration and Intellecual Responsibility〔stolen from Xenophanes and from Voltaire〕）というポパーの『よりよき世界を求めて』（*In Search of a Better World*）所収の講義、小河原誠・蔭山泰之訳、未来社、一九九五年、二九六―三二一頁との混同を避けるために編者が改変した。ここでのバージョンは現在クラーゲンフルト大学のポパー遺稿［Nachlass］に収められているポパー所蔵『寛容について』（*On Toleration*）刊本からのもので、ポパーはこれにいくらか修正を加えている。］

（2）　ヴォルテールの『哲学辞典』（*Philosophical Dictionary*）を見られたい。［(1764).「寛容」'Toleration'ヴォルテールはこう書いている。「寛容とは何であるか。それは人類愛の領分である。われわれはすべて弱さと過ちからつくりあげられている。われわれの愚行をたがいに宥しあおう、これが自然の第一の掟である」［『哲学辞典』高橋安光訳、法政大学出版局、一九八八年、三八六頁。］］

（3）　『開かれた社会とその敵』第一部第七章［章題「指導者の原則」内田詔夫・小河原誠訳、未来社、一九八〇年、一二六―一四〇頁］を参照。

（4）　たとえばウィンストン・S・チャーチル『第二次世界大戦1』ロンドン、カッセル、一九四八年、七五―七九頁（Winston S. Churchill, *The Second World War*, I, London: Cassell, 1948, pp. 75–79.）［佐藤亮一訳、河出書房新社、一九七二年、五五―五九頁］を見られたい。

（5）　［つまり、二十世紀の。］

（6）　この議論については、ニールス・ボーアが以下の論文で要約している。「原子物理学における認識論上の問題をめぐるアインシュタインとの討論」ポール・アーサー・シルプ編『アルバート・アインシュタイン――哲学者－科学者』イリノイ州エヴァンストン、リヴィング・フィロソファー叢書、一九四九年、二〇一―二四一頁（"Discussion with Einstein on Epistemological Problems in Atomic Physics", in Paul Arthur Schilpp (ed.), *Albert Einstein, Philosopher–Scientist*, Evanston IL: Library of Living Philosophers, 1949, pp. 201–241.）［『ニールス・ボーア論文集1　因果性と相補性』山本義隆編訳、岩波書店、一九九九年、二〇九―二七三頁。］

（7）　［A・アインシュタイン、N・ローゼン「物理的実在についての量子力学的記述は完全であると考えることができるであろうか」（A. Einstein, B. Podolsky and N. Rosen, "Can Quantum–Mechanical Description of Physical Reality Be Considered Complete?", *Physical Review*, 47, 1935, pp. 777–780.）〔『アインシュタイン選集1』谷川安孝訳、共立出版、一九七一年、一八四‐一九四頁。〕

（8）〔これはイギリスの大学で広く用いられている採点基準をほのめかすもので、その階級は、上（first）、中の上（upper second）、中の下（lower second）、下（third）、というように区分される。〕

（9）〔これについては本書の「開かれた社会と民主国家」（The Open Society and The Democratic State）の注一一を見られたい。〕

（10）ルドルフ・カルナップ『世界の論理的構築』第一版、ベルリン、一九二八年、第二版、ハンブルク、一九六一年（Rudolf Carnap, *Die logische Aufbau der Welt*, first edition, Berlin, 1928, second edition, Hamburg, 1961.）の p. xix、最初のパラグラフの第一文を見られたい。また、p. xviii の中ほど、スピノザの幾何学的方法についての議論（「系統図的な還元体系」）、及びこの方法が哲学においてはかなり新しいものであるというカルナップの奇妙な考えも見られたい。〔Cf. *The Logical Structure of the World and Pseudoproblem in Philosophy*, tr. Rolf A. George, London: Routledge & Kegan Paul, 1967, p. xvii: "This requirement for justification and conclusive foundation of each thesis...": and the paragraph on p.xvi.〕

（11）ルドヴィッツ・ケネディ編『信じられないほどの邪悪——ルートン殺人事件』ロンドン、グラナダ〔パンサー〕、一九八〇年（Ludovic Kennedy (ed.), *Wicked Beyond Belief: The Luton Murder Case*, London: Granada [Panther], 1980）を参照。とくにデルヴィン卿による二つの寄稿論文を見られたい。しかし、全体として信の置けない本でも次のような教訓は与えてくれる。すなわち、残虐な殺人が現にそうであるように、法は、まったく、まことは信じられないほどのものである、と（ブライアン・マギー〔Bryan Magee〕議員による寄稿を見られたい）。

第13章　何が重要であるかについての私の見解のあらまし
——一九八八年(1)

I

この国際会議のプログラムは、私には大きな挑戦を意味しています。それは世界についての見解を定式化するよう求めています。それはある程度、自然科学、つまり物理学や化学や生物学を統合する見解でなければなりません。またそれは宇宙論でなければなりません。そしてそれは人間を、そして生におけるわれわれの課題を扱うものでなければなりません。

これは、講演としては大変なプログラムです。ですから私は、導入部分に時間を浪費することなく、直ちに最後の点から、つまりわれわれ自身と、そして生におけるわれわれの課題から始めたいと思います。

生きているということは非常に大きな贈りものである、と私は信じています。生は驚くほど素晴らしいものであり、そしてわれわれは皆、生きているということに深く感謝すべきです。とりわけ私自身はそうです。というのも私はずいぶん長生きしていますから。われわれは皆、絶えず他者から受け取っている大きな贈りものに感謝すべきです。そうした他者は、男性であったり、女性であったり、生きている人たちであったり、そして死んでいる人たちであったりします。われわれには次のような無数の男女の実例があります。その人たちの多くは苦難を受けた人たちであり、その苦難にもかかわらず生を愛していた人たちであり、そして他者を助けること、われわれ自身を助けることに最善を尽くした人たちでした。そして彼らの多くは、生がいかに素晴らしいものでありえるかをわれわれに示すことによって、われわれを助けてきたのです。これらの人々の中には、偉大な詩人も、物書きも、小説家もいました。偉大な音楽家も、画家も、建築家もいました。しかしまた政治家もいて、われわれの時代で真っ先に挙げられるのは、完全に高く評価する人はわずかしかいないかもしれませんが、ウィンストン・チャーチル(訳1)です。そのような人々は皆、西側世界においてわれわれが権利上も事実上も奴隷のいない社会的な世界を生きる、ということを成し遂げたのです。それは達成された非常に偉大な目標です。もちろんそのような世界は多くの欠点を抱えています。しかしそれは、今までに存在した中で最善の社会的な世界、つまり奴隷のいない世界なのです。

　われわれはまた、確かに数多くの過ちを犯してきましたし、依然として過ちを犯し続けています。ある意味では、これは避けられないことです。というのも私見では、試行錯誤という方法でわれわれが学ぶということは、生物学的な事実だからです。われわれは試みと同じ数だけの誤りや失敗を必要とするように思えます。いずれにせよ過ちから学ぶためには、それらの過ちがどのようなものであるかについて、それらを明瞭に見て取るよう最善を尽くさねばなりません。

　私は今ここで、簡潔に、しかしある程度詳細に、われわれ西洋が犯した大きな過ちのうち二つを論じたいと思います。一つ目は、一九四五年八月の、核爆弾による日本の二つの都市の破壊です。私は手短にこの恐るべき過ちを分析しましょう。しかしながら、私は次に、それと同様に恐るべき過ちを分析します。それは、大変多くの若い人々にわれわれの文明への絶望を感じさせた、原子爆弾のイデオロギーに基づいての開発です。

　原子爆弾の投下についての私の所見は、著名な日本人の物理学者であり哲学者であり聖職者であるマイケル・

柳瀬氏(2)――上智大学の元学長――に多くを負っています。私は第二次大戦終結後そう遅くない時期に、彼とこの問題について議論を取り交わす得がたい機会を得ました。

トルーマン大統領(訳2)と彼の顧問たちが一九四五年の七月に直面していた状況は、どのようなものだったのでしょうか？　原子爆弾の製造のために、アメリカ合衆国は科学産業の面で多大な努力をしていました。その努力は、ヒトラー(訳3)も同じく原爆を製造している、という予測のもとになされていたのです。そしてこの予測を裏付ける多くの証拠もありました。とりわけドイツは、ノルウェーで重水を製造しようと奮闘していましたし、ヒトラーは彼の秘密兵器について語っていました。幸運なことに、ヨーロッパでの戦争は、アメリカの原子爆弾の実験や使用の準備の前に終結していました。問題は今や次のことだったのです。つまり日本に対して原子爆弾を使用すべきかどうか。

日本は一九四一年の一二月七日、真珠湾のアメリカ合衆国艦隊を警告なしに攻撃し、事実上壊滅させました。それから日本は、太平洋の反対側でイギリス艦隊を攻撃し壊滅させせました。日本に対する戦争は三年と七カ月を超えて続き、しばしば恐るべき戦況の中で、数多くのアメリカ兵の命が失われました。日本が屈しつつあることのいくつかの兆候はそのとき既にありましたが、しかしまた、来たるアメリカの侵略に最後の一人になるまで抵抗することを欲していた一派が日本にいました。このことが意味するであろうことは、さらなる多大なアメリカ人の命の損失です。原子爆弾を使用しないという決定は、アメリカの有権者を前にして擁護するのが困難なものであったでしょう。その一方で、原子爆弾の使用によって、降伏を支持する日本人たちを増加させる、という希

(訳1)　Winston Churchill（1874–1965）既出。

(訳2)　Harry S. Truman（1884–1972）アメリカ合衆国第三三代大統領。一九四五年にルーズベルト大統領の死去に伴い、副大統領から大統領に昇格した。

(訳3)　Adolf Hitler（1889–1945）既出。

望もありました。

アメリカ合衆国政府は日本人に対して、自分たちが原子爆弾を所有していることを言うべきだったし、原子爆弾を投下する前に、降伏する機会を日本人に与えるべきだったという考えがこれまでしばしば述べられてきました。しかしそのような警告によって、戦争継続を支持する日本人の一派が政権を取ることになったかもしれません。そしてまた、アメリカの警告はどこかの無人島への投下によって原子爆弾の威力を示すことで補強されるべきだった、という考えも述べられてきました。しかしこの考えは、そのようにして原子爆弾の威力を示すことは容易に大失敗に終わりうる、という所見によって――私見ではまったく効果的に――答えられてきました。つまり、これまでに爆発した一個の最初の実験用原子爆弾は、二番目の原子爆弾が不発弾ではないだろうということに、何の保証も与えません。その爆弾の構造が最初のものと何らかの仕方で異なる場合には、とりわけそうです。その上、使用に耐えるのはたった二つの原子爆弾しかなく、それらのうちのどちらもが爆発するということを確信している人は誰もいなかったのです。

手短に言うと、以上のこれらのことが、原爆を使用するかどうかを決定することにおいて考慮されるべきであった状況なのです。ここで尋ねてよいでしょう。いったい何がなされるべきだったのか、と。

その答えは明白だと私は思います。恐ろしい戦争は続いていましたし、その戦争の終結を期待して、原子爆弾は使用されるべきでした。しかし原子爆弾は、明らかにまた純粋に軍事的である攻撃目標に使用されるべきでした。このことは戦争法と倫理の両方によって要求されるものです。つまりそれは人道によって要求されるものなのです。そのように純粋な軍事的攻撃目標が、その当時ありました。あの遠い日に柳瀬博士が私に指摘したように、たとえば日本の軍艦が集中していた場所がありました。それは、非常に最適な軍事目標であったでしょう。一般の認めるところでは、日本はヒトラー同様に様々なケースにおいて戦争法に違反していました。そしてまたこれも真実なのですが、広島と長崎両地には軍需工場が設置されていましたから、戦争法への形式的な違反はなかったのです。しかし軍需工場は設置されていましたが、広島と長崎は圧倒的に非軍事的な都市であったのですから、先例のないほどの破壊力をもつ武器をそのような都市に使用することは、回避されえたし、回避されるべきだったのです。使用されてしまったことは大きな過ち、道徳的な過ちでした。

関わりのあった科学者たちの間では、今述べたような問いかけに関する論争がありました。私の知る限りでは、今述べた論点は議論されていません。この論争はイエスかノーかという点でなされたように思えます。つまり、原子爆弾を投下するか、投下しないか、という点で、です。もしこうだったとすると、このこともまた過ちでありました。そこにあったのは、合法であることとその道徳的な力との衝突ではなく、諸々のイデオロギー間の衝突であったのです。

ここで私は、この問題においてわれわれが犯した二番目の非常に大きな過ちとして私が見なしているものに立ち向かいます。一番目の過ちのように、その二番目の過ちは状況をきちんと判断すれば理解できる過ちなのです。

私が念頭に置いている二番目の過ち（そして依然として進行している過ち）は、自然科学と理性に対する無責任な激しい攻撃のことです。これは広島と長崎での想像も及ばぬ恐ろしい出来事に主として基づいている過ちなのです。これらのことへのはかりしれない恐怖は、科学や理性に反対し非合理主義に賛成するためのプロパガンダによって、悪用されています。そしてこの恐怖は、われわれの世界を悲惨で恐怖に満ちた世界として、科学や技術や産業によって堕落した世界として、つまり産業的な貪欲さと政治的な管理の誤りによって荒廃させられた不正の世界としてわれわれに表すために、悪用されているのです。今や私はこのことが正しくないと断言します。それは奇怪なほどに真実ではないのです。そして私はこの種のプロパガンダが無責任であるとも断言します。この種のプロパガンダは若い人々を絶望やドラッグに駆り立てました。彼らの目は、われわれが生きている世界の素晴らしき美しさには閉ざされたままであったのです。しかし彼らはむしろ、次のことを学ぶべきでした。つまり、ヒトラーやスターリン[訳4]、その他の無責任なイデオロギストや悪の預言者たちがいたにもかかわらず、西洋における自分たちの社会を、地球上に今まで存在したいかなる社会よりもより善くより正しいものにするために、そしてはるかに開けてはるかに機会に満ちたものにするために、われわれがどのような仕方で成功したのかを、です。

われわれの世界は、模範的な世界にはなっていないけれども、どの点からしても地球上で今まで存在した社会的世界のどれよりもかなりよい、とある人々は認めるかもしれません。しかし、このことは発展途上国には当てはまらない、という主張がなされています。私はそれに同意しますが、しかし発展途上国は自分で責任を取る必要があります。われわれはもちろん発展途上国を援助することを試みてきました。このことは私がこの講演で取り扱うことのできない複雑な話題です。

発展途上国に対してわれわれは何の責任もない、と言っているわけではありません。そのような見解を抱くのは邪悪でしょう。しかしこれらの国々の政治構造とそれらの均衡や戦争を考慮すると、われわれが事を進める手続きを定める合理的な原理を発展させることもまたほとんど不可能です。そういったものがない中では、われわれはまたやりそこないます。しかしこの極度に複雑で桁外れに難しい状況において、いったい誰が合理的な判断を下すのに適任であるでしょうか。

地球上にこれまで存在した中で最も自由で最も公正な社会にわれわれは生きているのですから、いっそうわれわれが恵まれていることに感謝しましょう。このことを何度言っても言いすぎることはありません。そして、脅威下にあるわれわれの世界の自由を保持するために多くの男女が払った英雄的な犠牲を、決して忘れてはなりません。

そのような議論が流行ではないことを私は知っています。しかし誰が流行などという愚かなことを気にするのでしょう？　責任ある人はそんなことは気にしないと私は信じています。私ももちろん気にはしないし、生涯そのような議論と闘ってきたのです。

貪欲によって創り出された社会的な地獄にわれわれは生きている、という無責任で実際に罪のある神話を、強く弾劾してしすぎることはありません。この神話はわれわれの時代には知識人たちの宗教となりました。それはメディアによって、そして教師たちによってさえも信じられ、広められました。そして数え切れぬほどの犠牲者がいます。しかしこの神話は正しくないのです。

第一次世界大戦同様、第二次世界大戦も非常に恐ろしいものでした。しかしそれはわれわれのせいではありませんでした。われわれは第二次世界大戦を避けようと懸命に努めました。おそらくわれわれは懸命に努めすぎたのです。独裁者たちに対する宥和政策は確かに間違いなく、第二次世界大戦の一因でありました。そのとき以来われわれはより多くの過ちを犯してしまったのです。しかしわれわれは西洋において今まで存在した中で最善の社会を作り出しましたし、その社会を維持してきましたし、絶えず改善してきました。その社会は改善に、さらなる改良に熱心ですし、それをいつでもする用意がある社会です。たぶん最も重要なことは、自分たちの社会を改善することは可能であるという事実をわれわれは打ち立てた、ということなのです。このことをわれわれは非常に長い間知りませんでした。われわれの世界をより暴力のないものにする可能性、そしてわれわれ自身の残酷さや日本の残酷さと闘い、それを和らげる可能性が、労を惜しまずに探求する人々にとって打ち立てられたのです。

私はここで、われわれの核軍備についていくつか言わせていただきたいと思います。私は確信していますが、原子爆弾の製造に従事していたすべての科学者は、原子爆弾を製造することが、たとえばアインシュタイン(訳5)やボーア(訳6)やラザフォード(訳7)の意見がかつてそうであったように、不可能であるとそれまでに発見していたならば、安

(訳4)　Joseph V. Stalin（1878–1953）既出。
(訳5)　Albert Einstein（1879–1955）既出。
(訳6)　Niels Bohr（1885–1962）既出。

堵したださろうし、幸福であったでしょう。そしてこれも私の意見なのですが、このことがまさに事実であると判明していたならば、人類の運命はより幸福だったでしょう。しかしこのことは明白に思えるかもしれませんが、私は時々そのことを疑わしいと思っています。そして、われわれがまったく多くのことを原子爆弾に負っているという見解を支持する三つの議論のリストを、あなた方に提示することが重要であると私は思います。

1　原子爆弾はほとんどあらゆる人々を、少なくともわれわれ西側世界のほとんどすべての人々を確信的な平和主義者にすることに成功しました。ただ中東では二つのムスリム国家の間での宗教的な戦争が、あるいはおそらくいくらか宗教的な要素を含んだ戦争が、原子爆弾の使用なしにではありますが、長い間続いています。(3)ですから、先ほど述べたことが中東では成功していない、ということをわれわれは知っているわけです。しかし私は、次のように言いたいと感じています。半分でさえ正気である政治家や、半分でさえ責任ある思想家はすべて、核戦争が絶対的な悪であり、強大な権力をもつもの同士での戦争は、大抵の場合核戦争になってしまう、ということを肝に銘じておかねばならない、ということです。

2　第二次世界大戦が終結したとき、実情を見た人たちの大半は、西側とロシアとの間で、五年かせいぜい六年以内に戦争が起こると予測しました。このことは振り返ってみれば誤った判断でした。しかし、第二次世界大戦の終結から一六、七年後に、ケネディ大統領(訳8)とその弟ロバート(訳9)がいなければ、核戦争が実際のところ勃発したでしょう。このことを信じない人は約七〇頁の短い本を読む義務があると、私は言いたい。その本のタイトルは『十三日間』、著者はロバート・ケネディです。(4)ケネディ兄弟は二人とも暗殺されました。その暗殺の真相は決して解明されていません。

これらのことは困難な状況でしたが、われわれの世界の改良がまさにそのもとで行われたのです。その改良は、私が今まで可能だと考えていたものをはるかに越えるものでした。おそらく最も重要な改良の一つは、アメリカ合衆国における黒人の地位の改善でした。この改良によってアメリカ合衆国は過去を清算しましたし、ソビエト連邦に対してやましさなく人権を語れたのです。

3

核戦争は準備されていましたし、実際のところキューバ危機のあの一三日間、ロシアによってほとんど始まるところでしたので、原子爆弾の恐るべき脅威がなければ、二つの強大な権力の間での戦争は勃発していた、ということをわれわれは確信できるのです。全面的破壊の脅威というものが、少なくともこれまでは第三次世界大戦を防ぎました。しかしながら原子爆弾がなければそのような戦争は許容されるだろうとは誰も考えないようにしましょう。化学兵器及び生物兵器はまさしく恐るべきものであり、自滅的なものかもしれないのです。

紳士淑女の皆様方、私はここでこの講演の第一部を終えます。それはいくつかの議論から構成されています。そしてそれは、知的な事柄に責任を取ることへの訴えです。それは楽観主義者の訴えです。すべての悲観主義者に抗して、私は主張します。われわれは確かにもっとよく事をなすべきだったわけですが、われわれはひどくまずかったというわけでもなかった、と。そして事柄をただ悪化させただけのあらゆる流行かぶれの悲観主義者を私は告発します。われわれの偉大な業績を正しく評価しそこねて、否、それらの業績に対して自分たちの目を完

（訳7）　Ernest Rutherford（1871–1937）既出。
（訳8）　John Fitzgerald Kennedy（1917–1963）既出。
（訳9）　Robert Francis Kennedy（1925–1968）既出。

壁に閉じてしまうことで、悲観主義者たちは、われわれの限られてはいるけれども重要な成功を過小評価しているのです。

核戦争は人類の自殺行為であるだろうということは真実です。しかし道徳的に自分自身をあきらめてしまうことや、悲観主義者たちや破滅の預言者たちのように、西側を代表してそのように道徳的な死を受け入れてしまうことは、単に別の形の自殺です。そしてそれは若者を見放すことに至るのです。

私の述べたことが、私の道徳的信念を説明するに足るものを含んでいることを願っています。

Ⅱ

さて今度は自然についての、つまり物理的かつ生物学的世界についての私の所見を述べることにしましょう。

ここで私が思うことは、すべてがよりよい方向に動いてきた、ということです。私が若い頃は、世界全体は科学によって大きな機械仕掛けの時計と見なされていました。つまり、世界は完全に決定論的で、あらゆる出来事は最も細部に至るまであらかじめ決められている、と見なされていたのです。この見解はデカルト(訳10)に負っているのですが、当のデカルトは、人間だけはその例外としていました。つまり人間にとってだけ、デカルトは自由意思を許したのです。しかしこの例外はとてもありそうにもないことですし、それを受け入れた科学者はほとんどいません。われわれが自由に行動しているというわれわれの直観的確信は信じられずに、放棄されました。石と同じように人間も自由意思をもっていないと主張されていたのです。

上記のような何かこじつけのような見解のすべては、私が生きている間に、物理学における、より正確に言えば量子物理学における諸々の変化によって廃れてしまいました。

われわれ自身の意思による行動についても因果的な説明をしなければならない、という強迫観念を感じる理由は、今日もはや存在しません。われわれは、現実のどの出来事についても、その自然的な因果的ルーツのすべてにまで辿ることはできない、ということをわれわれは知っています。そしてわれわれが実験する場合、それは因果的な連鎖を辿っていくというよりはむしろ、因果的であれそれ以外であれ、われわれの理論を試しているのです。

この洞察が意味していることは、科学と科学者たちにとっての計り知れない自由解放です。われわれはもはや、自分で作り上げた因果連鎖のうちに生きているのではありません。自然はもはや圧制的ではないのです。自然は友好的になったし、生のためのより友好的な場所なのです。生の進歩とともに、自然はよりよい場所となりました。そしてダーウィニズムは、生存競争をその中心的な直観として取り扱う必要はもはやないのです。

上記のようなことが非常に耳慣れない見解であるということを、私はよく承知しています。あまりに耳慣れないものなので、それらの見解は疑いをもって受け止められるでしょう。しかし私は、これらの見解を支持する議論を詳細にわたってすることもできたかもしれません。もし一回の講演においてそういうことが可能ならばですが。その講演では、私はまた他の同じくらい耳慣れない見解を支持する議論をすべきでしょう。しかしながら、私が指摘しておきたいと思うことは、敵意ある自然を支配する人間、という考えははっきりと取り捨てられている、ということです。状況はむしろ、理解されていないが故に恐ろしいと感ずる諸々の力の恐怖から、人間は自らを解放した、ということなのです。

生の全体的な進化は、よりいっそうの自由を達成する、つまり、よりいっそうの学習とよりいっそうの知識を通して、よりいっそうの自由を達成する、という合言葉のもとにあります。いっそう恐怖がなくなることを通し

(訳10)　René Descartes（1596–1650）フランスの哲学者。近世哲学の祖とされ、『方法序説』（一六三七年）や『省察』（一六四一年）などの書物を著した。

て、恐怖からの解放を通して、よりいっそうの自由があるのです。

この進化における最も偉大な一歩は、本質的に人間的な言語の発明です。その言語によって、われわれは完全に自分自身のことを、自分たちの務めを意識するようになりました。言語によって、われわれは他者に対して応答することができるようになりましたし、責任をもつことができるようになりました。言語によってわれわれは物理的世界のことに、自分自身の心理的な状態に気付くようになりました。さらに社会のことに、そしてまたわれわれ自身が達成したことに、つまりわれわれの心が生み出したものに気付くようになったのです。

注

（1）これは一九八八年五月二七日ドイツのハノーファーで開催された「国際会議：経験の変遷における世界と現実」での講演である［このテキストはポパー・アーカイブの498-9に基づく。ポパーが論じている諸々の事例（広島や長崎への原爆投下とキューバ危機）が、ここで詳しく述べられていることを見て取るのは興味深く、それらの事例はポパーが大いに気にかけているテーマであった。編者の一人ジェレミー・シャームールは、彼が一九七〇年代にポパーの助手として働いていたときに、それらのテーマについてかなり長い時間ポパーから話を聞いたという思い出がある。］

（2）［柳瀬睦男神父（イエズス会司祭、一九二二－二〇〇八年）。柳瀬神父の回想によると、彼がポパーと初めて会ったのは、柳瀬氏が一九五九年から六四年にかけてプリンストンに滞在していたときである。柳瀬氏はその後ポパーとは様々な機会に、たとえばポパーが日本を訪れたときや他の国々で会った。］

（3）［一九八〇年から八八年まで続いたイラン・イラク戦争。］

（4）［Robert F. Kennedy, *Thirteen Days: A Memoir of the Cuban Missile Crisis*, New York: W. W. Norton, 1969（ロバート・ケネディ『十三日間――キューバ危機回顧録』毎日新聞社外信部訳、中央公論新社、二〇〇一年）.］

第14章　今日の開かれた社会　その限られてはいるが偉大な成功――一九九一年(1)

紳士淑女の皆様方

この講演会に親切にもお招きいただいた地中海カタルーニャ協会に私は感謝いたします。この講演は諸々のイデオロギーについての数多くの批判と二つの提言を含んでいます。私の話は次の三つの部分に分けられます。一番目の部分は、少なくともこの講演においては、われわれの西洋社会を「開かれた社会」という名で呼ぼうという提言から成っていて、その提言のためのいくつかの理由も述べることにします。二番目の部分はその開かれた社会とその主要な業績に対する簡潔な賛辞から成っています。三番目の部分は、開かれた社会の諸々の失敗の一つと私が見なしているものについての分析から成っており、われわれの民主的な政治システムを改善しようという提言を伴っています。

一番目の部分から始めましょう。つまりわれわれの西洋社会を「開かれた社会」と呼ぶことによって特徴付けようという提言です。私の提言は、西洋社会を特徴付けるために非常にしばしば使用される次の二つの名称、つまり「資本主義」と「自由市場社会」という名称が両方とも深刻な誤解を招いている、という事実に基づいています。

「資本主義」という名称はマルクス主義を通じて広まることになりました。カール・マルクス(訳1)はこの「資本主義」という名称を、彼が目撃した同時代の社会を特徴付けるのに使用しました。どのようにマルクスは同時代の社会を見ていたのでしょうか？　マルクスが見て取った諸々の重要な特徴のうち、私は次の四つを挙げましょう。

1　社会は、豊かな人々と貧しい人々とに分けられ、たいして重要というわけではない中産階級も含んでいる。

2　マルクスは貧しい人々を労働者階級と同一視していたし、それらの人々をマルクスはプロレタリアートとも呼んでいた。またそこにはマルクスが「ルンペンプロレタリアート」あるいは下層的プロレタリアートと呼んでいたある種のプロレタリアートも付加的に存在していた。労働者階級が圧倒的多数者であった。

3　プロレタリアートや労働者階級のメンバーが自分の社会的地位を改善したいと期待しても、その期待は実際上まったくむなしいとマルクスは見ていた。事実マルクスは、彼らが依然としてより一層貧しくなるということを、ほとんど確実なことであると見ていた。それはつまり剝奪や喪失、言うに言われぬ受難などに直面するという見通しであった。

4　この恐るべき見通しは、経済分析によって、資本主義的な経済システムが組み込まれた労働機構の一部分として説明されうるであろう。それを変えるのは、生産手段の私有権を消去する、来たるべき社会革命以外にはない。資本主義のこの四番目の特徴をわれわれは手短に資本主義の力学と呼ぼう。それは資本主義の歴史的役割の一部分である。

注目すべき大事な点は、マルクスやマルクス主義者[2]たち、そしてマルクス主義の理論は、この四番目の特徴――資本主義の力学――を、資本主義の観察可能な経験的特徴の一部分として見ている、ということです。

さて私は、マルクス主義の意味での資本主義は決して存在してはいなかったと断言します。もちろん、1の特徴はかなり公平に正しく見て取られています。マルクスの時代の社会は富裕層と貧困層に分かれていました（今日の貧しい人々はマルクスの時代の貧しい人々に対しては富裕に見えるだろうけれども、そのように分かれているという点ではわれわれの社会とそれほど異なるというわけではありません）。しかし他の三つの特徴すべてはだんだん疑わしさを増しているものですし、欠陥のある観察です。たとえば2においては最も下層の階級、つまりマルクスが下層的プロレタリアートと呼んでいた階級の軽視がそうです。3においては悲惨さや剥奪が増大するという予想、4においては資本主義には内的動力学の諸法則があり、資本主義の運命は差し迫っている、といった観察がそうです。

そういうわけで私は、資本主義（マルクス主義の意味で）は決して存在してはいなかったと断言するのです。しかし上記のことは、「資本主義」という語句が新聞や他のより広範な公共的出版物で使われるときに、非常にしばしばそれとなくほのめかされる――少なくとも無意識に、かつ感情に訴える仕方で――意味ですので、私はこのマルクス主義の意味での資本主義という言葉はもはや使用されるべきではないと提案するのです。

われわれがマルクス主義的分析以後の社会の進展を見れば、この私の提言は強化されるでしょう。ここで言うマルクス主義的分析とは、マルクスの一八四七年の著作『哲学の貧困』[3]に始まったと言われるものです。そしてそれが見えないままでした。いくつものきわめて重大な社会的文化的革命がマルクス主義者たちの目には見えないままでした。そしてそれが見えなかったのは、マルクス主義者たちの内なる目が、マルクスによって預言されていたけれども、彼らもいぶかしむほどになかなかやって来なかったその社会革命にしか、向いていなかったからなのです。まず、ジョージ・スティーヴンソン[訳2]の鉄道によって引き起こされた巨大な移動革命がありました。移動はあらゆる生物種の重要な生

（訳1）　Karl Heinrich Marx（1818–1883）既出。

物学的諸特徴の一つですので、鉄道の利用可能性とそのいや増す安価さによってわれわれ人間という種は一つの新しい動物種に変形するに至ったのです。というのも生物学的な観点からすれば、移動の新しい道具は、われわれの皮膚の外側に育った新しい四肢のようなものであるからです。それらの獲得は非常に重大な——また経済的に非常に重大な——生物学的文化的革命ですし、資本主義という名前とは明確に区別してきちんと認められ、新しい名前が与えられるべき価値あるものなのです。たとえもしこの資本主義という名前が今までは適切だったとわれわれが一応決め込んでいるとしてもそうなのです。しかしそのような新しい名前は与えられていませんでした。その理由は、その革命が気付かれていなかったからなのです。スティーヴンソンのあと約一〇〇年たって、やっと一人のマルクス主義者（ルドルフ・ヒルファーディング）[訳3]が何かが起こったことに気付きました。英国鉄道会社のような巨大企業の出現を見て取り、彼は社会におけるこの新しく気付かれた変化を「金融資本主義」[4]と呼びました。しかしこれらの企業の生産物——鉄道が提供する移動性・流通性のような、あるいはガス会社や電力会社そしてもちろん適正な機器・器具の売り手が提供するサーヴィスのような——がすべて、生産手段の所有権の構造における変化と同様に、少なくとも人々の生活にとって重要であるし、社会にとって革命的である、ということを彼は見て取ることができなかったのです。そして富裕層は電力による光を貧困層よりもずっと早く手に入れていきはしましたが、現実的に言えば貧困層も結局のところそれを手に入れた、という事実も彼は見落としていたのです。そして生産手段の所有権の構造よりもまさにこの事実のほうこそが、新しく改革された社会の所得構造をすら、はるかによく特徴付けるものだったのです。社会科学者でさえ会社の株式を誰が所有しているのかを見落とすものですが、貧困者も食べものを以前より多く手に入れつつあること、そして貧困者は今や少数派であることを社会学者は見落としてはならないのです。

　したがってマルクス主義者は社会の本当の諸々の革命に盲目であった——（間違った）預言のイデオロギーによって盲目にさせられたし、まさに人々にとっての有毒なアヘンであった彼らのイデオロギーによって盲目にさせられた――ということがあらわになります。ついでに言えばこういったことすべてがマルクス主義的知識人を全般的に駄目にさせたのです。彼らにはまったく見て取ることができなかった他の社会革命があったのです。このことでもって、われわれの西洋社会を記述する名前としての「資本主義」という名称を捨ててしまおうという私の提言は十分に正当化されてよいでしょう。

「自由市場社会」という名前を放棄する私の理由も、ほとんど同じくらい強力なものです。それらの理由はもう一つのイデオロギー、つまり自由市場イデオロギーと結び付いています。

私自身はまさに正しく自由市場と呼ばれているものの擁護者ですし、賞賛者ですらあります。しかし自由市場が存在しうるのは、それが法システムによって、つまり法の統治によって保護されている場合のみなのです。しかし、国家は市場の自由を干渉してはならない、と主張する強力な自由市場イデオロギーが現存しています。このイデオロギーは自身とは反対の見解を「保護主義」あるいは「干渉主義」と呼んでいます。保護主義あるいは国家の干渉はそれが自由の損失につながるに違いないので強力に抵抗されなければならない、というのはこの自由市場イデオロギーの一部分です。保護主義へのどんな譲歩も隷属への道の一段階だと言われることがあります[5]。しかし明白な事例を、つまり土地や家における自由市場を取り上げてみましょう。明らかにこの市場が機能しうるのは、土地や家における資産が国や法の統治によって保護されている場合のみです。

より綿密に調べてみると、同じことがどの市場についても当てはまります。リンゴやニンジンの市場についてさえも。つまりもし価格について売り手と私が合意し、合意した値段よりも少ないお金を売り手に渡してリンゴ

（訳2）George Stephenson（1781–1848）イングランドの土木技術者、機械技術者。「鉄道の父」と呼ばれ、蒸気機関車を用いた公共鉄道を実用化させたことで知られている。

（訳3）Rudolf Hilferding（1877–1941）ドイツのマルクス経済学者であり、ドイツ社会民主党の理論的指導者とされる。一九一〇年に『金融資本論』を著した。

をバッグに入れて私が消え去ったとすると、このことは法によって窃盗のケースとして扱われます。そうでなければ自由市場は存在しえません。また法律は売り手と買い手との間の合意の活動を拘束力があり強制的なものとして扱わねばなりません。そして法律は細部にまで及ばねばなりません。たとえば、合意が拘束力をもつために文書の形で行われればならないのはどのようなケースなのか、を法律は決定せねばなりませんし、またどのようなケースで（もしそういうケースがあるのならですが）、より形式的でない合意で十分であるのか、を決定せねばなりません。法律はまた、どのような契約が強制的でありえないのか、を決定しなければなりません。たとえば児童売買やおそらくある種の情報の売買のようなものがそうです。

こういったことのすべては拘束力のある合意を可能なものにする法的枠組みに属しています。しかし法律による追加的な介入がなければなりません。たとえば古い原則である「買い主の危険負担」（caveat emptor）に対する諸々の規制などがそうです。ここでの「買い主の危険負担」とは、買い手はいったん買うという合意に達したときには、補償が明示的に合意内容の一部分になっていない限りは、買い手にはいかなる補償も与えない、というものです。この原則はリンゴやニンジン――買い手が調査することができる物資――さらには土地を扱う市場を統制することにおいては賢いやり方でありましたが、洗濯機のような機器の買い手にとってはまったく実際的ではなかったのです。なぜなら買い手はそれらを調査する方法を知ることができるとは期待されえないからです。上述の新しい規制は国家的介入の結果です。そのような規制が導入されたのは、市場に供給される商品の技術的な複雑さのためでありましたし、買い手の諸々の経験の結果でもありました。

国家が商品の売り手や生産者に課さねばならなかった、市場に厳しく干渉する三番目の種類の規制もあります。それは全般的な安全確保のための諸々の規制です。いわばあまり配線のよくない電子機器によって脅かされるかもしれない購買者の安全確保のみならず、公衆一般の安全確保のための規制なのです。生産者に課せられる――そしてそれ故に市場の自由に干渉する――この種類の法的な諸々の規制に属しているのは、生活環境を保護するための新しい規制すべてです。

この種類に属しているいずれか特定の立法が本当に必要であるのか、という問題がしばしば大いに論議を醸すだろうというのは明らかです。一つの事例は有毒ガスの排出によって引き起こされる問題です。明らかに、有毒ガスを産出する機械の使用は制限されねばならないでしょう。そしてまたこれも明らかなことなのですが、普通の自動車によって生み出されるガスも有毒であることはよく知られています。というのもそれらのガスは自殺する目的のために時折使用されてきたからです。しかしまたこれも明らかなことなのですが、交通量が適度に少なければ、これらのガスは公衆にとって危険となるようなものではありません。ですから、これらの（そして他の多くの）ガスの安全な濃度と安全でない濃度との間のどこに境界が引かれるべきか、が決定されなければなりません。それを決定するのは困難でしょう。なぜならある人々は安全であることにだけ関心をもつでしょうし、したがって有毒ガスの完全な除去を支持するでしょうが、他の人々――消費者同様生産者、この場合は自動車の利用者――はゼロよりもはるかに高い濃度を許容することを支持するでしょうから。したがって課題は合理的な妥協点を見つけること、となります。

さて今やこの状況が典型的なものであることを十分に理解することが重要です。このような状況はわれわれが自由を有するところではどこでも生じます。というのもいかなる種類の自由も間違って使用されうるからです。自由がそれほどまずく間違って使用されていない限りは、われわれは――もしわれわれが自由の守り手だとすれば――国家が干渉することを望むべきではありません。そしてもし間違った使用が始まれば、自由を間違って使用する人々を責任ある市民になるように仕向ける他のやり方を、われわれは探すのがよいでしょう。というのも自由は、それが責任を伴うのでないならば、消滅するに違いないのですから。たとえば、新聞というものは出版する自由を間違って使用するかもしれないので、懲戒的な諸々の権力をゆだねるところの懲戒評議会を自身で選んでもよいでしょう。しかしながら継続的で増大する間違った使用の場合は、たとえもしわれわれが好まないとしても、われわれは国家による制限的な立法に頼らねばならないかもしれません。というのも自由の間違った使用は、最終的には自由そのものが憎まれるということに至りますし、その継続的な存在を危うくすることになるに違いないからです。

こういったことのすべてがあらゆる人々によって明瞭に理解されるべきですし、とりわけ自由市場経済の友人たちすべてによって理解されるべきです。われわれ自由の支持者は、間違った自由が行使されるときはいつでも、しばしば相互譲歩によって問題を落着させねばならないのです。そして自身の自由な諸々の力を行使したことによる、予見できず意図もしていなかった帰結にわれわれが直面したときにもそうすべきなのです。

自由市場イデオロギーというものは、数多くのイデオロギーの一つにすぎないので、それを独断的に主張すれば、結局、自由そのものを危うくすることになりうるものです。つまりそれは、われわれの――当然だが――大変大事にしている理念の一つにすぎないものであり、客観的に大変重要な価値の一つにすぎないものなのです。われわれの多様な価値は簡単に衝突するに至るということだけでなく、衝突するというこの事実によってわれわれの道徳やわれわれの実践すべき義務が矛盾したものになるわけではない、ということも肝に銘じておかねばなりません。安全確保と自由とは非常にしばしば衝突します。自由を尊ぶからこそ、私はバルセロナへ来訪するという招待を受けることを決めたのでありますが、安全確保という私の願いは、一一月半ばの悪天候の中、空路でこの旅をしなければならないということと衝突しました。似たような衝突をわれわれはいつもきっぱりと解消しています。私は自分の眠りたいという願望に負けるのでしょうか。あるいは自分の講演原稿を書き上げることに集中して、それによって私ができる最善の仕方で約束を守るのでしょうか。このような衝突のすべての解消法は、次のいずれかのようにすることにおいて見出されるべきです。つまり、あるいは衝突している諸々の価値に、現在の問題状況にとっての重要性という点に照らして新たな評価を導入することにおいて。あるいは新しい価値、たとえばできるかぎり自分の本分を尽くすというような価値を導入することにおいて、です。

ここには相対主義を支持するものは何もない、ということを理解することがきわめて重要です。しかし、われわれのもつ諸々の価値の間にこの種の衝突が存在することやそういう衝突の重要性を理解することが、独断的なイデオロギーを回避し、人の心をある一揃いの価値の周りに独断的に閉じ込めずに、開かれたままにしておく唯一の方法だと私は思います。このことの故に私は、われわれの西洋社会を特徴付けるものとしての「開かれた」という用語のために、もう少し述べておきたいと思います。

「開かれた社会」という用語は、実を言えば感情的に偏りのある言葉です。弱すぎて自分の足で立つことができないと感じている人は、その用語におびえるかもしれません。その用語が私の心に浮かんだのは、私が愛していたウィーンとオーストリアを離れ、イギリスにやってきてそのあとでニュージーランドへ来たときに、私が牢獄から戸外へやってきたように感じたからです。私は本を執筆し、その名前を『開かれた社会とその敵』と名付けました。その本の執筆はニュージーランドで一九三八年に始まり、一九四二年に書き終え、一九四五年にロンドンで出版することになりました。そのとき私は、最初その「開かれた社会」という用語は自分の創意であると考えていたのです。それから分かったことなのですが、フランスの哲学者アンリ・ベルクソン(訳4)が既にこの用語を、非常に異なった意味ではありますが使用していたので、私はこの事実をその本の中で言及しておきました。さらにあとになって分かったのですが、ベルクソンよりはるか前、ドイツの詩人であり思想史家であるハインリヒ・ハイネ(訳5)もまたこの用語を使用していました。彼は(ほぼ一八五〇年に)プロイセン社会を閉じた社会として、フランス社会を開いた社会として描写していたのです。このことが示すのは、ハイネは私がこれらの言葉に付与

(訳4) Henri-Louis Bergson (1859–1941) フランスの哲学者で、『物質と記憶』(一八九六年)や『創造的進化』(一九〇七年)などを著した。

(訳5) Christian Johann Heinrich Heine (1797–1856) ドイツの詩人であり、作家。『歌の本』(一八二七年)などを著した。

したいと願った意味を先取りしていた、ということです。[6] 明らかに彼もまた私と似ていて、自分の生まれ育った国から逃れたときに戸外の空気を吸えたと感じたのです。しかしその用語が西洋社会を表すのに適切であるということはまったく明白です。その用語は、開かれた社会イデオロギーを示唆するものではまったくなく、多元的な価値システムを示唆しています。それはまた価値の相対主義を示唆しているのではなく、むしろ受け入れられることをめぐって諸々の価値が競争することを示唆しています。そして歴史的な傾向を示唆しているのではありません。というのもその用語はあらゆるものを開けたままにしておくからです。

これで私の講演の長い第一部を閉じて第二部へ移りたいと思います。

西洋の開かれた社会はそれらの名誉となる素晴らしい業績目録をもっています。

1　第一次世界大戦において、開かれた社会は戦争にはおおかた反対していましたが、ドイツという戦争機械の計画的な攻撃に抵抗しました。その攻撃は参謀幕僚に指揮され、シュリーフェン計画[7]の教えに従って鍛えられ、主戦派の好戦的な諸団体の連合による支持を受けたものでした。連合国はこの戦争に勝ったばかりでなく、この戦争に対する自分たちの反動をも乗り越えました。つまり「偉大なる宥和政策」です。そして西洋の開かれた社会は二度目に攻撃を受けたとき、それはヒトラー[訳6]の非常に優勢な戦力によるものでしたが、あらゆる政治の第一の目的であり第一の価値である、正義を伴った平和を今や完全に意識的に願いつつも、再び勝利しました。第一次世界大戦は、諸々の戦争を終わらせるための戦争でした（左翼は第一次世界大戦を皮肉っぽく引き合いに出していました）。第二次世界大戦もそうでした。そしてわれわれは今まさにイラクでもう一つの戦争を体験しました。[8] われわれは諸々の戦争を終わらせるための戦争に備えることを学ばねばなりません——皮肉なしに。

2　この第一の目標は北半球全域で成し遂げられました。ただし唯一の例外は中東地域です。中東地域は攻撃的な宗教的イデオロギーの支配下にあります（主要なイデオロギーはイスラム教ですが、遺憾なことにシオン主義もまた攻撃的です）し、依然としてマルクス主義のイデオロギーの支配下にある国々もあります。ソビエト連邦やその衛星国、キューバや中国などがそうです。開かれた社会はこのように、古代ローマのアウグストゥス[訳7]の「偉大なる平和」の百倍も広範な西洋社会の平和を打ち立てました。というのも開かれた社会はほとんどあらゆるものを、お互いに対するそして共通の平和に対する共通の共感という一つのシステムへ導いたのですし、それは東ドイツのベルリンの壁を始めとしてヨーロッパ全体に、大西洋全体、北アメリカとカナダ、日本を含めた太平洋全体、そしてフィリピンや台湾や韓国や中国とその衛星国にまで達しているからです。実際のところこれはとても素晴らしい成功であって、それ以前のどの世界的な政治的成功とも比較にならないほどです。

しかし私の知る限り、このような業績は完全に無視されていました。それはある支配的な宗教に皆が影響されていたからである、と私は思います。西洋のわれわれは実際には人間の歴史のこれまでの全行程の中で道徳的に最善な世界で生きています。その宗教は（あらゆる証拠に反対して）われわれは心底悪い世界に生きているのだとわれわれに思わせたのです。この支配的な宗教の主要な信条は、われわれの世界は堕落している、という教義のうちにあります。しかしこの支配的な宗教は、突然その全般的な堕落と知的な破産を露呈して、空無へ、知的なブラックホールへと崩壊した東の共産主義と、折り合いをつけることはできなかったのです。そして西洋の政治家たちは、以前は共産主義であった世界に、今こそわれわれに参加するよう、つまり、主要な目標を戦争回避に

（訳6）　Adolf Hitler（1889–1945）既出。
（訳7）　Imperator Caesar Divi Filius Augustus（63 B. C.–14 A. D.）既出。

おいているわれわれの平和共同体に参加するように、(9) 申し入れる時期であるということを見て取りませんでした。

西洋の政治家たちの中には、よかれと思ってではあるでしょうが、支配的な悲観主義的イデオロギーによって深刻なほどにおじけづいている人たちが依然として多数います。彼らはこういうわけで、それらのイデオロギーを放棄することを可能にする西洋の開かれた社会の力への、十分に強い確信を欠いているのです。

合理性に基づいた民主主義の大きな可能性を私は信じています。マルクス主義が信頼できる理論として、人道主義的な諸々の目標を表すものとして、敗者のために闘うものとして広く信じられるイデオロギーであった間は、諸々のイデオロギー間の衝突は回避されえませんでした。今や明白になってしまったことですが、マルクス主義的権力は堕落していますし、マルクス主義的な専制的絶対権力は絶対的に腐敗します。これは正しくもアクトン卿(訳8) がすべての権力について語ったことです。

こうしてわれわれすべての政治的目標は、権力による達成よりも権力の抑制でなければならないということが明らかになります。つまりそれは何らかのイデオロギー的な目的のための権力の使用よりも、権力のコントロールであり、権力に対する抵抗でなければなりません。私の非常に単純で望みのある提案は次のことです。それはつまり、国家における主要な政治政党の少なくとも一つが、諸々のイデオロギーの支配を乗り越えようということに関心をもっていることと、さらには自覚にはそれらのイデオロギーをあらゆることのうちで最も差し迫った必要性に資する直接的なプログラムに取って替えようとする準備があることとを宣言すべきである、ということです。この目的のためにその政党は、以下で述べるような重要性と必要性に従って順序付けられた諸々の目標のプログラムを提示すべきです。

優先順位をもつ目標のリストを議論することと優先権を変えることとは、諸々の政党の間での課題であると同様に政党内部での課題である、と見なされるべきです。そして一般大衆ももちろんその議論に参加すべきです。以下のリストは、考慮されるべき提案となるかと考えてみたのですが、議論してみてください。

1　世界平和。経験が示したことは、核爆弾の拡散する時代における平和達成は、必要ならそのために闘う準備ができていることによってのみ可能である、ということです。小さな権力――大きな権力は言うに及ばず――がイデオロギー的な諸々の理由によって世界を破壊しえます（サハロフ(訳9)が彼の製造した核爆弾について「広島に投下した爆弾の優に数千倍強力な爆弾である」と書き記していることに注意してください(10)）。小さな権力は戦争を遂行する能力がなくとも奇襲攻撃を開始する能力がある限り上記のようなことをやってのけるのです。すべての民主主義国家と政党の戦争防止における協力が、あらゆる合理的な政治政党の第一の目標である、と私には思えます。

これが私のリストの論点1です。論点2は再度グローバルな協力へのわれわれの準備に関わっています。それは以下のようなものです。

2　勢いの止まらない人口爆発と闘う準備があり、闘おうとしているすべての人々との協力。われわれの環境に対する最も深刻な脅威のほとんどすべては高度に急速に増加している人口密度に密接に関係しています。そしてこれらの脅威の中のあるものは増加する人口密度の直接の帰結です。核の奇襲攻撃の危険の次に人類にとって最大の危険は、この増加する人口密度です。それは政治的な協力を必要としています。私の提案は、望まない子どもの誕生は可能な限り減らされるということが、倫理的かつ同情的な理由か

（訳8）　Lord Acton : John Emerich Edward Dalberg-Acton（1834-1902）イギリスの歴史家であり、思想家、政治家。『自由の歴史』（一九〇七年）や『フランス革命講義』（一九一〇年）などを著した。

（訳9）　Andrei Sakharov（1921-1989）既出。

ら、われわれの目標であるべきだ、というものです。現在イギリスにおいては、望まない子供はしばしば虐待されていますし、極端な場合には、彼らに対して何の愛情も抱いていない親によって殺されています。このような状況は責任あるすべての人々が深い関心を払わねばならないものです。そのような人間本性に反した親がいるということは最も不幸な事実ですし、そして正気な人なら、成長して結局は親になる望まない子どもがより少なくなれば将来そのような自然本性に反した親もより少なくなるだろう、と希望を抱かずにはいないでしょう。

これらの二つの要請は同一の行動に至るように思われます。つまり一つは人口爆発と闘うという行動であり、それは環境的な必要性です。もう一つは子どもの生得権、つまり愛されるということを保証するためにわれわれができることはすべてやるという道徳的な必要性です。それらの行動は私が思うに重大性において、平和のための政治的要求につぐ政治的要求です。それらを明瞭に定式化することは、諸々のイデオロギーやそれらに対抗する諸々のイデオロギーの支配に取って代わる行動や成果に至るでしょう。

3

私の議論の三つ目の論点は、官僚政治に対する闘いです。私は二二歳のとき以来、官僚政治をわれわれの最も重大な改革の対象の一つと見なさせる諸々の経験をしてきました。政府の仕事はどこでも非常に複雑になってきており、（ウィンストン・チャーチル[訳10]がかつて言ったことですが）[11]政府は、われわれが選出するのではなく、結局はわれわれ市民の福祉に背を向けた支配人になっていく公務員に大いに頼らねばなりません。われわれ普通の市民に関する限りでは、公務員たちの権力は圧制的になっており、もし彼らが腐敗しないならばわれわれはそれを神に感謝しなければなりません。改革の鍵は、すべての公務員を彼らが仕えている市民に対して個人的に責任をもつようにすることであるに違いありません。このような仕方で多くのことがなされうるのですが、しかしこの点を詳細に論ずると、私は論点を離れてしまうことになるでしょう。市民が形式ばらずに請願できるスカンジナヴィアとイギリスのオンブズマン機構は一つの出発点ですが、もっと多くのことが必要です。たとえば事案に対処する公務員は名を明らかにして個人的に責任を負い、匿名を避け、その事案を知らないこれまた匿名の同僚との交替を避ける、ということなどです。

4　私のリストの四番目の論点は、それはあらゆる政党の共通の関心であるべきものなのですが、教育に関する非常に重要な問題です。軽視されている諸問題の一つは、メディアにおける暴力的なシーンが子供たちの目に触れるのを防ぐということです。これは「暴力に対するプロパガンダ」そしてさらに「セックスと暴力との結び付きに対するプロパガンダ」の性格を帯びてしまっているように思えます。しかしそのようなシーンを子どもたちの目に触れさせるということは、私の考えでは犯罪と見なされるべきです。このことが検閲の擁護につながっているということを私は十分に理解しています。しかし、あらゆる自由にはその制限があります。そして、もしわれわれが自発的に自分たちに制限を設けないのであれば、制限への服従を強いねばなりません。刑事上の正義はすべてこのことに基づいています。とくに刑事上の暴力をコントロールしようとするあらゆる市民社会のすべての試みはそうです。

5　犯罪に対する闘い、及びわれわれの警察力、刑務所施設、司法上の便宜の改善はもう一つの広く受け入れられるべき目標となります。

以上は急を要する政治的課題の手短なリストの一例です。明らかにそのような課題は、社会工学的な技術に支えられてイデオロギーの領域から社会工学の領域へと移されることの望まれる、政府緊急の課題です。私の考えでは、ここには様々な政党が詳細な提案で競合する余地が大いにありますし、またそれらが実現するときには、諸政党が達成しうる結果の相互間で競合する余地があります。

（訳10）Winston Churchill（1874–1965）既出。

こういったことのすべては、定式化されるべき、そしてそれらの緊急性の順序が議論されるべき問題なのです。このような問題は政治家たちや諸政党に議論と競合の十分な機会を与えてくれます。

したがって諸政党は選挙の前に、自分たちの主張を、何が達成されていて何が達成されるべきかについての説明と批判とに、準拠させねばならないでしょう。

紳士淑女の皆様、ご静聴ありがとうございました。

注

(1)　[ポパー・アーカイブ505-3。一九九一年、地中海研究カタルーニャ協会（Institut Catala d'Estudis Mediterranis）（のちに地中海カタルーニャ協会〔Institut Catala de la Mediterrania〕と改称）での講演。全般的にこの講演の最終原稿と思われるものに従ったが、この題材の、ずいぶんあとのほうで書かれた別の原稿との間には時折顕著な違いがある。英語らしくするために多少細かい部分を変更したが、その書き換えを手助けしてくれたパメラ・シャームールに感謝したい。この講演原稿には次のような要旨がある。

「われわれ西洋社会に適用される『資本主義』という名称を捨ててその代わりに『開かれた社会』という名称を採用するという提案を手短に導入したあと、講演者が論じるのは、西洋の開かれた社会が達成したことと失敗したことである。論じられるのは、戦争と平和についての諸問題、苦しんでいる人々を助けるということにおけるわれわれの成功、われわれの経済的成功、われわれの倫理的精神的成功（そして諸々の価値を受け入れること）などが客観的にどの程度のものかということについての諸問題、そして法の支配の哲学についての諸問題、である。次いで講演者はわれわれの失敗について語る。彼はわれわれが犯している基本的な間違いを提議する。すなわち、われわれは意図によって生じる帰結よりも意図そのものに目を向ける傾向がある、ということ、そしてわれわれは依然として明白な事実を学びそこねている、ということを。その事実とは、われわれの社会的な行為の帰結の大半は意図されたものではなく、またほとんど予想できないものだということ、そしてわれわれはこの視点から社会的な行為に目を向けなければならないというこ

と、である。］

（2）［ポパーの草稿の初期の版では、この箇所には「理論的に証明可能であることはもちろん」と記されている。］

（3）［たとえば次の文献と比較参照せよ。Karl Marx, *The Poverty of Philosophy : With a Preface by Friedrich Engels*, tr. H. Quelch, Amherst NY : Prometheus Books, 1995（カール・マルクス『ドイツ・イデオロギー（抄）／哲学の貧困／コミュニスト宣言（マルクス・コレクション）』今村仁司・三島憲一他訳、筑摩書房、二〇〇八年）.］

（4）［次の文献を参照。Rudolf Hilferding, *Das Finazkapital : eine Studieüber die jüngste Entwicklung des Kapitalismus*, Vienna, vol. 1, 1910 ; cf. *Finance Capital : A Study of the Latest Phase of Capitalist Development*, edited with an introduction by Tom Bottomore ; from translations by Morris Watnick and Sam Gordon, London and Boston MA : Routledge & Kegan Paul, 1981（ルドルフ・ヒルファディング『金融資本論（上・下）』岡本次郎訳、岩波文庫、一九八二年）.］

（5）［ポパーはここでハイエクの次の文献をほのめかしている。F. Hayek, *Road to Serfdom*, London : Routledge, 1944.（F・A・ハイエク『隷属への道　ハイエク全集Ⅰ・別巻 新装版』西山千明訳、春秋社、二〇〇八年）。講演原稿の初期の版ではこの箇所で次のように書かれてある。「われわれ自由の守り手が容認する準備があるかもしれない自由へのある制限に、われわれは非常に注意深くあらねばならない、ということに私はここで同意します。しかし制限のない自由は野蛮人の習慣です。われわれには法の支配が必要なのです。」］

（6）［われわれ編集者はハイネの作品の中にその用語のこのような使い方を探し当てることができなかった。ただしこの精神をもった諸観念はハイネの『ドイツの宗教と哲学の歴史』（*Zur Geschichte der Religion und Philosophie in Deutshland*）のドイツ語第二版序文、そしてその本の最後の数節に見出される。その最後の数節は検閲で第一版では削られていた。Cf. Heinrich Heine, *Religion and Philosophy in Germany*, tr. J. Snodgrass, e. g. Boston MA : Beacon Press, 1959（ハインリヒ・ハイネ『ドイツの宗教と哲学の歴史』高安國世訳、アテナ書院、一九四九年）.］

（7）［一九〇五年にアルフレート・グラーフ・フォン・シュリーフェンによって展開された、ドイツの対フランス侵攻作戦計画。］

（8）［ポパーはここで第一次湾岸戦争［イラン・イラク戦争（一九八〇－八八年）］に言及している。］

（9）［この講演原稿の初期の版には以下のパラグラフが含まれていた。

「大いに評価に値するがそう重要というわけではないヨーロッパ経済連合がたまたま実現に近づいているように思えたので、ヨーロッパの政治家で、ソビエト連邦の崩壊に煽動されて、今やアンバランスな関係となっていた北米圏とのバランスを取るために、ヨーロッパ圏を作るという、まことに馬鹿げた計画を思い付いたものもいました。」

(10) Andrei Sakharov, *Memoirs*, London : Hutchinson, 1990, p.218（アンドレイ・サハロフ『サハロフ回想録（上・下）』金光不二夫・木村晃三訳、中公文庫 BIBLIO 二〇世紀、二〇〇二年）.［この参照はポパーの講演原稿に記されている。］

(11)［本書第八章の注一一を参照せよ。］

第15章　自己奴隷化状態へと至る共産主義の道——一九九二年(1)

フリードリッヒ・アウグスト・フォン・ハイエク(訳1)ほど、共産主義——及び社会主義——の転覆に大いに貢献した理論家はいません。彼の最も強力な貢献は、彼のあまり大きくない著作『隷属への道』において成されています。それは第二次世界大戦の終結が視界に入っていた一九四四年に初版が出ました(2)。彼はそれに続けて多くの素晴らしい仕事——著作と論文——をいたしました。これらの仕事のうち最も重要なものは、一九六〇年に出版された『自由の条件』(3)と一九七三年から七九年にかけて出版された三巻本『法と立法と自由』(4)です。彼は八九歳の時、W・W・バートリー(訳2)の支援を得て、最も成功した本である『致命的な思い上がり』(5)を出版しました。これらの書籍は一連のたぐいまれな学問的業績ですが、それと同時に全体主義に対抗する鉄鎚の一撃でもあります。それらはフルシチョフ(訳3)のベルリンの壁とスターリン(訳4)の鉄のカーテンを崩壊させるのに大いに寄与しました。


(訳1)　Friedrich August von Hayek（1899–1992）既出。

(訳2)　W. W. Bartley（1934–1990）アメリカ合衆国の哲学者で、ポパーとも親交があった。

(訳3)　Nikita Khrushchev（1894–1971）ソビエト連邦の政治家であり、スターリンの死後、スターリン批判を行い、西側諸国との平和共存を図った。

(訳4)　Joseph V. Stalin（1878–1953）既出。

しかしハイエクはこれらの政治的に非常に力強い作品の執筆に自らをとどめたわけではありません。偉大な学者であり、気品ある紳士で、どちらかと言えば生活や思考や教育の方法は控えめであり、政治的な行動を取るのは嫌っていましたが、ハイエクは第二次世界大戦のすぐあとで、モンペルラン協会を設立しました。この協会の役割は、社会主義を選ぶ無数の知識人たちとのバランスを取ることでした。ハイエクは論文や本を書くことだけでなく、もっとそれ以上のことが成されなければならないと感じていたのです。だからハイエクは、社会主義の未来を信じる大多数の知識人の間で流行していた社会主義的傾向に対し、それに反対する学者や実践的経済学者から成る協会を設立したのです。その協会は、スイスはジュネーヴ湖南岸の保養地モンペルラン（ペルラン山）に一九四七年に設立されました。私は光栄なことにハイエクに招かれてその設立メンバーの一人になりました。今でも生き残っている創立メンバーはミルトン・フリードマンとアーロン・ディレクターです。この協会は依然として存続しています。そして長年にわたって、この協会は知識人階級に、とりわけ経済学者にかなりの影響力を行使しています。この協会の最初の、そしておそらく最も偉大な業績は、私の思うところでは、ジョン・メイナード・ケインズやケインズ学派の圧倒的な権威と闘っていた人々を鼓舞したことです。しかしながら、私自身は経済学者ではないので、多分私はモンペルラン協会の歴史的な影響を査定する力量に欠けています。この課題――私は重要な課題だと思います――は、経済学説と経済政策を研究する未来の歴史家にとっての仕事です。しかし私は長年ロンドン・スクール・オブ・エコノミクスの一員でしたから、第二次世界大戦が終結して最初の数年は大いに力強くなっていた左翼的な教えが、次第に掘り崩されていくのを経験できました。

公正に言うと、ハイエクの『隷属への道』という本で彼が始めた運動には重要な先駆者がいた、と私は指摘せねばなりません。私がほのめかしているのはハイエクの先生であるルートヴィッヒ・フォン・ミーゼスのことです。私が彼に初めて会ったのは一九三五年のウィーンであって、彼が私の最初の本に関心をもってくれたのが縁でした。私はその約六カ月後にハイエクとロンドンで会ったのです。社会主義について最初の根本的に現代的な批判を提出したのがまさにミーゼスでした。どのような批判かというと、現代の産業は自由市場に基づいており、社会主義とりわけ「社会計画」は自由市場経済とは両立しないし、結果的に失敗するはずである、というものです（「社会主義的計画」はその当時、今日誰しもが見て取ることができるように、知識人社会で最もスリリングな新しいスローガンでした）。ルートヴィッヒ・フォン・ミーゼスのこのテーゼは、根本的な重要性を帯びていました。このテーゼをハイエクは確信しましたし、ひょっとすると転向ということですらあったのです。というのも彼が私に語ったところでは、ハイエクは私同様、若い時分は一度社会主義に傾いていましたし、もし私の記憶に間違いがなければ、彼はそのことを自身の公刊された著作の中のどこかで語っていたからです。(8) 忘れてはならないことですが、ハイエクはこの非常に重要なミーゼスのテーゼを引き継いだ最初の人たちの一人であり、彼はこのテーゼを大いに発展させ、このテーゼに最も重要な二番目のテーゼを付け加えました。そのテーゼとは次の問題に対する答えです。つまりどのような問題かというと、もし強力な政府が社会主義的経済を、つまり「社会主義的計画」を制定しようと試みるならば、いったい何が起こるのか、というものです。答えは次のようになります。つまりそうした制定が成されうるのは権力・暴力によって、恐怖によって、政治的奴隷状態によってのみです。


(訳5) Milton Friedman（1912–2006）アメリカ合衆国のマクロ経済学者で、マネタリズム（monetarism）を主張した。一九七六年にノーベル経済学賞を受賞している。

(訳6) Aaron Director（1901–2004）ウクライナ出身の法学者であり、経済学者。自由主義経済学者として、ミルトン・フリードマンらに影響を与えた。

(訳7) John Maynard Keynes（1883–1946）イギリスの経済学者で、『雇用・利子および貨幣の一般理論』（一九三五－一九三六年）などを著した。彼が打ち立てた理論を基とする経済学は「ケインズ経済学」と呼ばれている。

(訳8) Ludwig von Mises（1881–1973）オーストリア＝ハンガリー帝国出身の経済学者で、現代の自由主義経済思想に多大な影響を与えた。

ある、と。この二番目の、一番目とほとんど等しく重要なテーゼは、私が知る限り、ハイエクに負っています。ルートヴィッヒ・フォン・ミーゼスの一番目のテーゼが直ちにハイエクによって受け入れられたのとちょうど同じく、ハイエクのテーゼもまた直ちにミーゼスによって受け入れられました。

私は経済学者でもなく経済学説についての歴史家でもない、と私は再度言わねばなりません。私の述べた歴史的な批評はひょっとすると、すべての歴史的ドキュメントとりわけ書簡などが調査されてしまったときには、それが正しくなかったと判明するかもしれないからです。しかしながら、経済学者ではないけれどもだからといって部外者でもないものにとって、物事がこのような仕方に見えたというのは、興味深いことかもしれません。

ルートヴィッヒ・フォン・ミーゼスは、もちろんハイエクに次いでモンペルラン協会の最も重要なメンバーです。私はつねにミーゼスが絶対的に根本的な寄与を果たしたことを意識していましたし、私は彼を大いに賞賛していました。私はこの点を強調しておきたいと思います。なぜならミーゼスも私も両者とも、知識論と方法論の領域におけるお互いの見解の間には、ある強い対立があることに気付いていたからです。思うに、ミーゼスは私のうちに危険な反対者を見ていました。つまり私を、彼の偉大な弟子であるハイエクからの彼への完全な同意を彼（ミーゼス）から奪うかもしれない者、と見ていました。ミーゼスの方法論は手短に言うと主観主義的でした。そしてそれは、ミーゼスを経済科学の諸原理が絶対的に確実な真理であると主張するに至らしめました。私の方法論は客観主義的であり、それによって私が至った見解は、科学は可謬的であり、そして自己批判と自己訂正という方法によって、あるいはもっと詳しく言えば推論と論駁を試みるという方法とによって成長するという見解でした。私はミーゼスを尊敬していました。ミーゼスは私よりはるかに年長でしたし、私が彼と対決し始めるには年が離れすぎていました。彼はしばしば私と会話を交わしましたが、しかし彼は決して意見の相違をほのめかす以上のことはしませんでした。つまり彼は実際のところ直接的な批判による討議を決して始めませんでした。私と同じように、ミーゼスもわれわれの間にいくつかの共通の土台があることを正当に評価していましたし、私が彼の最も根本的な定理を受け入れていたことや、そのことのために私が彼を大いに賞賛していたことを、彼は知っていました。しかし彼は、私が危険人物であるということを暗にほのめかしていました。けれども私は決してミーゼスの見解をハイエクに対してさえも批判しませんでしたし、今でさえそうする気はないのです。しかしながら私は、今まで何人かの人々に対して、批判的な議論に入りこむことなしに私が不同意であるという事実を述べてきました。遠いこのような日々のことはここまでにしましょう。

さて今や私はこのような過去の日々を一歩踏み越えて、この論考のテーゼを定式化したいと思います。それは次のことです。

ソビエト連邦の終焉は、最終的には自由市場の欠如に起因する経済崩壊によっておそらく説明されえます。つまりミーゼスに帰すべき最初の定理と私が呼んだところのものによって説明されえます。しかし私が思うに、二番目の定理つまりハイエクに帰すべき奴隷状態定理は、元ソビエト帝国で何が起こったのか――そして依然として何が起こっているのか――を理解するためにより重要です。というのもこの定理には最も重要な系あるいは補遺があるからです。それは以下のように定式化されるでしょう。

隷属の道は自由で合理的な議論の消失、あるいはもしそう言ってよければ、思考の自由市場の消失に至ります。しかしこのことはいわゆる指導者たちも含めたあらゆる人々に最も破壊的な影響を与えるのです。それは空虚な饒舌が日常を支配してしまう社会へと至るのです。その饒舌の大部分を占めるのは、主に自己追認と自己賛美だけが目的の指導者たちによって流布される諸々のウソなのです。しかしこのことが示すのは指導者たちの思考能力の死です。指導者たち自身がその他の人々同様に自分のウソの奴隷になっているのです。それはまた彼らの統治能力の死です。独裁者としての彼らもまた消え去るのです。

もちろんこういったことは部分的には各自の個人的才能の問題でもあります。しかしそれらの問題は主に奴隷状態の時間的な長さに依存していると私は思います。諸々のウソを普遍的な知的通貨として受け入れることが真理を駆逐するのです。ちょうど悪貨が良貨を駆逐するように。

ゴルバチョフ(訳9)は西側に何度も個人的な訪問をしたソビエト連邦共産党第一総書記です。ゴルバチョフが彼の最初や二番目の訪問で多くのことを理解したということはありそうなことではないと私は思います。しかし彼は自分が受け入れられたことを喜んでいましたし、何度も西側にやってきました。そして彼は何かに気付いたのです。西側が豊かであったとかアメリカ合衆国の労働者はソビエトの労働者よりも大いによい暮らしをしていたとかいうことを私は言いたいわけではありません。私が言いたいのは、ゴルバチョフはソビエト帝国が「普通の国ではない」ということに気付いたということであって、ソビエト・ロシアを「普通の国」にしたいと彼が言ったときに(9)、実際のところ彼はそのことを自覚していたのです。ゴルバチョフは、おそらくは潜在意識において、彼の帝国がある種の抑圧的な精神的病に苦しんでいるということに何ほどか気付いたのです。実際ソビエト帝国は精神的病に苦しんでいたのですし、指導者たちもすべてそうだったのです。それはまさにウソによる統治でした。

恐怖政治に対する継続的な怖れを通じて生ずる自由の喪失は、実際のところそのような状況に置かれて生きる人々から、彼らの人間性の一部分を、さらに言えば彼らの知的責任の一部やまた彼らの道徳的責任の一部をも奪うことになる恐るべきことなのです。まず彼らは抗議すべきところで抗議できません。それから彼らは助けるべきところで助けることができません――友人さえも助けることができないのです。スターリンのもとでは、このことがあらゆる人々に、階級制の中で最も高位にある人々にさえも影響を及ぼしました。少なくとも階級制の内部では、現実的で本気であるあらゆる思考、ウソをつかないあらゆる思考は、自分が生き残ることに集中しました。この状況はフルシチョフの「われわれの党の誇らしき旗印であるレーニン主義よ、繁栄あれ（激しく長く続く賞賛の拍手喝采。皆立ち上がる）」という言葉で終わるマンモススピーチ（アメリカ国務省によって一九五六年六月四日にリリースされた）に、あまりあからさまではないのですが、描かれています(10)。

しかしわれわれがよく知るように、フルシチョフはほどなくして――非常にすぐにというわけではありませんが――党の官僚政治によって打ち倒されました。そして彼の離脱は共産党の階級制の知的な没落を帝国の内部においても外部においても加速させました。「弁証法的唯物論」と呼ばれる哲学を含んだ高度に複雑なマルクス－レーニン主義的イデオロギーを強制的に教えていたにもかかわらず、この理論で残ったもののすべてと言えば、以下のような歴史的ドグマなのです（『フルシチョフ回想録』から引用します）。それはつまり、「資本主義システムの打破は社会の発展において重要な問題である」[11]というドグマです。

経済学者はしばしばわれわれ西側社会を「資本主義社会」と記述しますし、その際彼らは「資本主義」という言葉で、人々が自由に家や土地や株式を売ったり買ったりできるし、もし好むならば自分の貯蓄を株式取引に賭けることができる社会を意味させます。しかし彼らはこの「資本主義」という言葉がマルクスやマルクス主義を通じて人口に膾炙する言葉になったことを忘れていますし、マルクス主義の用語法では「資本主義」が意味するのは何か別のことであることを忘れています。マルクス主義者の言語と理論においては、資本主義とは、その爪であらゆる人間を（労働者のみならず資本家までも）がっちりつかんでしまうことによって奴隷にしてしまう社会システムなのです。資本主義のメカニズムは人々皆が、自ら望むことではなくて、彼らがいやでもしなければならないこと、彼らに強要されることをせざるをえなくするのです。資本主義は最も恐ろしく逃れられない帰結を有する経済メカニズムとして解釈されています。つまりどのような帰結かというと、労働者にとっては増大する一方の悲惨さ、資本家の大多数にとっては無産階級化、です。競争に勝とうとして闘う中で「一人の資本家は他の多くの資本家を殺す」、とマルクスは書いています[12]。資本はごく少数の手に集中するようになり、少数の非常に豊かな人々が非常に多くの悲惨な飢えに苦しむ無産階級に対面することになります。マルクスは資本主義をこ

（訳9）　Mikhail Gorbachev（1931－）ソビエト連邦の政治家で、同国の最後の最高指導者。ペレストロイカ（再構築）とグラスノスチ（情報公開）を行い、民主化を推し進めた。一九九〇年にノーベル平和賞を受賞している。

のように可視化するのです。

非常に明白なことですが、このような「資本主義」は決して存在していませんでした。それは単なる妄想ですし、それ以上でもそれ以下でもありません。しかし実際のところ、そのような妄想が人類にその歴史を通じて影響を与えていたのです。

マルクス主義的政党の、つまりマルクス主義的政策の大きな課題は、この妄想された社会システムを抹殺することでしたし、一掃することでした。フルシチョフはそれを実施する機会を得ました。その機会とはアンドレイ・サハロフ[訳10]の核爆弾・水爆でありました。

サハロフはその当時三九歳であり、彼はアメリカの核爆弾よりももっとはるかに強力であるような核爆弾の開発に多くの年月を費やしてきていましたが、何度か不首尾に終わっていました。しかし彼は一九六一年の秋に成功しました。その核爆弾の実験は肯定的なものだったのです。サハロフはこう書き記しています。その核爆弾は「広島に投下した爆弾の数千倍以上強力で」ある、と。[13]これが意味することがどんなことであるかを、ちょっと考えてみて下さい。原爆が投下される前の広島は三四万人以上の住人がいる都市でありました。「数千倍以上強力」が意味するのは、三億四〇〇〇万あるいはそれ以上の人々が密集している地区が一つの爆弾によって破壊されうるということでしょうか？　合衆国にいるよりはるかにより多くの住人ではないでしょうか？　おそらくそういうことではありません。そのように密集した地区は世界にはどこにもないからです。とにかくいずれにしても、世界にそのように密集した地区が存在しているとすれば、その地区は一つの爆弾によって完全に破壊されうるのです。

フルシチョフがサハロフの強力な水爆の実験の成功を聞いたとき、彼はブルガリアにいたようです。彼は『フルシチョフ回想録』（一九七一年）で次のように書いています。「核弾頭搭載のミサイルをキューバに配置して、しかもアメリカがそれに対処するには手遅れになる時期までその存在に気付かれないようにする、という考えを私が抱いたのは、まさに私のブルガリア訪問中のことであった」[14]。それは狂った考えでした。フルシチョフがそれらのミサイルを移送し戻さねばならなかったとき、キューバには既に三八基のミサイルが配備されてしまっており、それらの各々が広島型原爆の「数千倍」に匹敵するものでした。ここでの「数〜」はたった三を意味していると想定しましょう。そうするとこれは全部で広島型原爆の一一万四〇〇〇個分ということになるでしょう。幸いなことに、それらのミサイルは準備完了していたというわけではもちろんなかった、とフルシチョフは言っています。「われわれが自分たちの弾道ミサイルをキューバに配置したときに、戦争を始めるつもりはまったくなかった」、と。私は彼のこの発言を信じます。フルシチョフが望んだのは戦争ではなく、広島型原爆の一五万個分となる核弾道ミサイルを不意に一挙に移送することだったのです。というのも約一二基以上のミサイルと核弾頭が移送の途上にあったからです。フルシチョフは記しています。「アメリカはそれまであのときのような本物の破壊の脅威に直面したことはかつてなかったと思う」、と[15]。

私はそれに同意します。実際のところ、それはこれまでの人間の歴史の中で人類にとっての最も危険な脅威でありました。フルシチョフは一撃でアメリカを破壊することができたでしょう。しかし致命的な痛手を被るにもかかわらず、アメリカのロケットもまた飛んだでしょう。ロシアもまた破壊されたでしょうし、その結果として、とりわけ放射能のせいで、人類は破滅したでしょう。

しかしフルシチョフは失敗しました。そしてアメリカ合衆国はまったく当然のことながら武装しました。競争はソビエト連邦の負けでしたし、シュワルナゼ[訳11]は白旗を上げました。この状況において、ハンガリーは東ドイツの若者たちの西側への脱出を認めたのです。明らかに、その状況ではゴルバチョフが干渉するのは不可能でし

（訳10）　Andrei Sakharov（1921–1989）既出。

（訳11）　Eduard Shevardnadze（1928–）ソビエト連邦及びグルジアの政治家で、一九八五年から一九九〇年までソビエト連邦の外務大臣を務めた。また一九九五年から二〇〇三年までグルジア大統領を務めた。

た。そうして東ドイツは崩壊し、他のすべてのことも引き続いて起こりました。(訳12)

これがすべてであったのですが、それも資本主義の地獄という存在しないものを一掃するということがマルクス主義の課題だったから生じたことです。マルクス主義は知的なブラックホールへと、虚構の絶対零度へと落ち込んでしまった、と言うことができます。

われわれはこのことをイデオロギーが成し遂げうることに対する警告として受け止めるべきです。明らかなことですが、危険はもう過ぎてしまったわけではありません。危険に対しては、われわれを最後まで見捨てない知的責任をもつことが必要でしょう。

旧ソビエト連邦の共和制の国々に関する限り、国家（国家が存在する限りでの話ですが）による経済計画は、いくら作ってもまったく助けになりえません。それらの国々が必要とする助けは経済学者たちから得られるものではありませんし、経済学者ハイエクから得られるものでさえありません。援助が得られるのは政治哲学者ハイエクからだけです。

いかなる国家も労働経済システムを構築する義務をもつことはありえません。しかしどの国家も法の支配を構築する義務はもっています。このことこそが、われわれがハイエクから学びうることなのです。ソビエト連邦においては法の支配がまったくありませんでした。そして依然として法の支配がまったくありません。受容し使用可能な法律もありませんし、受け容れうる裁判官もいません。あるのは党による支配と党の恩義を受けた裁判官の痕跡だけです。事態がそうである限り、合法性と犯罪性との間にはまったく違いがないのです。今や法の支配が最初から構築されるべきなのです。というのも法の支配がなければ、自由は不可能だからです。そして法の支配がなければ、自由市場も同じく不可能だからです。

旧ソビエト連邦に緊急に最も必要とされるのは、ハイエクの業績のまさにこの側面なのです。

付　録　フリードリッヒ・ハイエクの生涯と業績に捧げる(16)

フリッツ・ハイエクとの生涯にわたる私の友情は一九三五年の九月か一〇月から始まりました。それは私がこロンドン・スクール・オブ・エコノミクスのハイエクの研究室のドアを叩いたときでした。彼は私よりたった三歳年長でした。そして私はウィーンにいた頃彼のことは聞いていました。しかしわれわれはそれまで会ったことはなかったのです。彼は若かったのですが既に有名で、それに対して私は無名の学校教師でした。私は、ウィーンで政治理論を教えていたハンス・ケルゼン教授(訳13)の推薦状をもっていました。ケルゼンは私にハイエクを訪ねるよう言ってくれたのですが、彼とハイエクとは見解がまったく一致するわけではないということも警告してくれました。

そういうわけで、私がロンドンにはじめてやって来て、ハイエクの研究室のドアを叩いたとき、私は自分に自

(訳12)　一九八五年にゴルバチョフがソビエト連邦共産党書記長に就任し、いわゆるペレストロイカ（再構築）とグラスノスチ（情報公開）などの改革が行われ、ソ連及び東欧の社会主義諸国の民主化が進んだ。シュワルナゼはゴルバチョフ政権のもとでソ連外相を務め、ゴルバチョフによるペレストロイカ推進を助けることとなる。このような動きの中、共産主義国の一つであるハンガリーでも民主化への変革が起こり、ハンガリーは一九八九年五月に西側のオーストリアとの国境にある鉄条網を撤去し、国境を開放することになる。これによって西ドイツへの脱出を試みる東ドイツの人々がハンガリーへ向かい、オーストリア経由で出国（一九八九年夏頃）。こうしたことを契機として最終的にはこの年の一一月にベルリンの壁が崩壊し、翌一九九〇年には西ドイツに吸収される形で東ドイツは消滅することになった。

(訳13)　Hans Kelsen（1881–1973）既出。

信などとてももってはいませんでした。しかしハイエクは親しさ以上のものでもって私を受け入れてくれたのです。ハイエクは、私がウィーンで一年前に出版した本を読むべきだ、と彼の友人ゴットフリート・ハーバラー(訳14)から言われている、と言って私を安心させてくれました。だから私は彼にその本を一冊渡したのです。そして彼はそれをすぐに読むと私に請け合ってくれましたし、もし私が次の週にまたやって来るなら、それを読んでしまっておく、とも請け合ってくれました。そして私が一週間後に再び訪れたとき、彼は本当にその本を読んでしまっていて（量子力学についての章を除いて）、しかも非常に注意深く読んでくれていたのです。私はこんなふうな話を聞いたことがありません。ノンフィクション本の著者たちは、この話がユニークであるという点で私に同意してくれるでしょう。この人の特性を、つまり彼の知的な誠実さと知的な責任という特性を示しています。この二度目の会合で、彼は主に私の本について議論したのですが、彼は私に自分のゼミナールで発表するよう私に求めました。これは大いに励みになったことを誰しも想像できるでしょう。

ハイエクの心の広さは彼の最も素晴らしい美徳の一つでした。誰しも知るように、ハイエクは反社会主義者でした。しかし彼は労を惜しまずに、共産主義者や社会主義者の学生たちに説いて納得させ、彼らを自分の講義やゼミナールに歓迎しました。そして実際学生たちは、ハイエクには共感をもって彼らの話を聞く用意があるのが分かっていました。この点で私はハイエクから多くのことを学ばねばなりませんでした。というのも私は、イデオロギー的な月並みな考えを聞く用意など彼に比べるとはるかにもたなかったからです。ハイエクの寛容さは実際のところ模範的でした。そして学生たちに関する限り、彼はなるほどと思わせるような寛容さでもってふるまったのです。不寛容にふるまう学生に対してさえもそうなのです。

私はここで経済学者としてのハイエクについて何かを言うべきではありません。しかし私は自由社会の法的な枠組みについての彼の二つの偉大な著作についてはおそらく言ってもよいでしょう。一つは『自由の条件』と呼ばれる著作であり、二つ目は三巻からなる『法と立法と自由』です。私が思いますに、ハイエクがこの方向に関心を向けることに、私は少し影響を与えたかもしれません。という理由は単に、私はハイエクとの対話で何度も何度も次のことを強調したからにすぎません。すなわち、保護主義あるいは国家保護主義と呼ばれ批判されていた――とくにルートヴィッヒ・フォン・ミーゼスによって批判されていた――ものに対する闘いは、ミーゼスのやり方では実行できないだろう、ということです。闘えないという理由は、複雑な社会においては、自由市場に近づくことは、それが法の保護を享受している、つまりは国家の保護を享受しているときにのみ存在可能となるだろう、ということです。だから「自由市場」という用語は引用符のうちにつねに置かれるべきなのです。というのもこの「自由市場」は法的な枠組みによってつねに縛られており制限されているからですし、この枠組みによってのみ可能となるからです。

法的枠組みについてのハイエクの非常に懐の深い理論は、イギリス上院に支持を与える強力な議論へと彼を導きました。当時のイギリスにおける趨勢は、下院の力を制御する上院や最高裁判所をなくして、下院を無制御なものとする方向にあり、これをハイエクは自由と民主制にとって危険だと見なしていました。そして彼は上院議員を選出する新しい方法のためのまったく新しく巧妙な提案をしました。

法的枠組みについてのハイエクの本は民主制度の保護についての思索で満ちています。彼の思索はアメリカ合衆国憲法の創設者たちの問題状況と雰囲気を呼び起こすものです。現今ではこれらの問題にほとんどの人が注意を払っていないことを私は懸念しています。ほとんどの人がそれらについて考える時間を割いていないのです。ハイエクの思想が軽視されていることは、欧州連合のための諸々の計画には彼の思想の影響が見られないことによって判断できます。欧州連合がもっているのは、民主的なコントロールに対する明瞭な責任を欠いたブリュッ

（訳14）　Gottfried Haberler（1900–1995）オーストリア出身の経済学者。『国際貿易論』（一九三六年）や『景気変動論』（一九三七年）などを著した。

セルにおける行政上の官僚政治と、全権を有する官僚政治をコントロールする能力を欠いたストラスブールにおける議会です。私が思いますに、われわれは自らの過ちから学ぶべきですし、われわれはあらためて、非常に単純に、親密な協力と相互援助との諸条約と、平和を守るためのプログラムで結ばれた民主的な主権諸国家というところから始めるべきです。

欧州のための現在の計画の提案者たちがハイエクから学んでおらず、アメリカ合衆国憲法の創設者たちのことさえも学んでいないことは明らかです。しかし私が懸念するのは、彼ら提案者たちのイデオロギーが、これらの非常に重要な源泉への回帰を見込みのないものにしてしまうのではないか、ということです。われわれの夢というものがもしあるとするなら、それは強硬な欧州というものであるべきではなく、平和で文明化された欧州というものであるべきでしょう。これがハイエクの助言であるだろうと私は確信しています。

注

（1）［「共産主義の奴隷の主人たちはどのような仕方で彼らの脳を奴隷化しその結果自分たち自身までをも奴隷化したのか」という副題のついたこれらの批評は、一九九二年一月四日のニューオーリンズで開かれたアメリカ経済学会の年会でポパーによって講演されたものである。これは次の文献に掲載されている。*Cato Policy Report*, XIV, no. 3, May/June 1992, pp. 1, 10, 11, and 12, and also（without notes）in David Boaz（ed.）, *Toward Liberty : The Idea that is Changing the World*, Washington DC : Cato Institute, 2002, pp. 199–205. 初版の注は、ポパーの同意を得てその出版のために原稿を編集したジェレミー・シャヤームールによって補われた。］

（2）Friedrich Hayek, *The Road to Serfdom*, London : George Routledge & Son, 1944（F・A・ハイエク『隷属への道　ハイエク全集Ⅰ・別巻　新装版』西山千明訳、春秋社、二〇〇八年）.

（3）Friedrich Hayek, *The Constitution of Liberty*, London : Routledge and Kegan Paul, and Chicago : University of Chicago Press, 1960（F・A・ハイエク『自由の条件Ⅰ～Ⅲ　ハイエク全集Ⅰ-五～七【新装版】』気賀健三・古賀勝次郎

訳、春秋社、二〇〇七年).

(4) Friedrich Hayek, *Law, Legislation and Liberty*, vol. 1: *Rules and Order*, London: Routledge, 1973(F・A・ハイエク『法と立法と自由Ⅰ　ルールと秩序　ハイエク全集Ⅰ-八【新装版】』(矢島鈞次・水吉俊彦訳、春秋社、二〇〇七年); vol. 2: *The Mirage of Social Justice*, London: Routledge, 1976(F・A・ハイエク『法と立法と自由Ⅱ　社会正義の幻想　ハイエク全集Ⅰ-九【新装版】』篠塚慎吾訳、春秋社、二〇〇八年); vol. 3: *The Political Order of a Free People*, London: Routledge, 1979(F・A・ハイエク『法と立法と自由Ⅲ　自由人の政治的秩序　ハイエク全集Ⅰ-一〇【新装版】』渡部茂訳、春秋社、二〇〇八年).

(5) *The Fatal Conceit: The Errors of Socialism*, ed. W. W. Bartley III: vol. 1 of *the Collected Works of F. A. Hayek*, London: Routledge, 1988(F・A・ハイエク『致命的な思いあがり　ハイエク全集Ⅱ-一』渡辺幹雄訳、春秋社、二〇〇九年).

(6) [ハイエクはミーゼスの業績に強く影響を受けていたとはいえ、彼はミーゼスの弟子というよりもウィーザーの弟子であった。議論のために次の文献を参照せよ。Jeremy Shearmur, *Hayek and After*, London and New York: Routledge, 1996.]

(7) *Logik der Forschung*, Vienna: Julius Springer, 1934; English translation, *The Logic of Scientific Discovery*, London: Hutchinson, 1959(カール・ポパー『科学的発見の論理(上・下)』大内義一・森博共訳、恒星社厚生閣、一九七一-一九七二年).

(8) [たとえば次の文献所収のハイエクの「無知にうまく対処すること」(Coping with Ignorance)を参照。F. Hayek, *Knowledge, Evolution and Society*, London: Adam Smith Institute, 1983, p. 17.]

(9) [このフレーズはその後頻繁に使用されているけれども、このフレーズをゴルバチョフに帰することはできていない。]

(10) *Khrushchev Remembers*, translated and edited by Strobe Talbott. Appendix 4, "Khrushchev's Secret Speech"(as released by the US Department of State on 4 June 1956), New York: Little, Brown & Company Inc. 1971, pp. 559–618(ストローブ・タルボット編『フルシチョフ回想録』タイムライフブックス編集部訳、タイムライフインターナショナル、

一九七二年）.

（11）*Khrushchev Remembers*, p. 513.

（12）[Karl Marx, *Capital*, vol. 1, part VIII: "Primitive Accumulation", chapter 32: "Historical tendency of capitalist accumulation"（カール・マルクス『資本論［英語版］』第I巻第八篇「本源的蓄積」第三二章「資本主義的蓄積の歴史的傾向」）. 次のウェブを参照せよ。http://www.marxists.org/archive/marx/works/1867-c1/ch32.html]

（13）Andrei Sakharov, *Memoirs*, tr. Richard Lourie, New York: Alfred A. Knopf Inc., and London: Hutchinson, 1990, p.218（アンドレイ・サハロフ『サハロフ回想録（上・下）』金光不二夫・木村晃三訳、中公文庫BIBLIO二〇世紀、二〇〇二年）.

（14）*Khrushchev Remembers*, p. 493.

（15）*Khrushchev Remembers*, p. 496.

（16）これは一九九二年九月二三日のロンドン・スクール・オブ・エコノミクスでのハイエク追悼の会合で講演されたものである。次の文献を参照せよ。Stephen F. Frowen (ed.), *Hayek: Economist and Social Philosopher*, Basingstoke and London: Macmillan, and New York: St Martin's Press, 1997, pp. 311–312.

監訳者解説

神野慧一郎

本書に収められた論稿は、政治や社会の事柄に関するポパーの遺稿集『「開かれた社会」以後』から選んだものである。ポパーはもちろん哲学者と呼ばれるべき人であるが、ここに収録されている論考は、必ずしもそのすべてが哲学的問題を論じているわけではない。人物評論というか伝記的なものもあれば、時局問題を扱ったものもある。スタイルに関しても、論考というより、講演やインタビューにおけるやり取りを収録したものもあり、堅苦しい難解な議論はほとんどない。しかし、それらは、やはり哲学者ならではの考察を含んでいる。

原書は四〇〇頁を超えるので、手ごろな紙量にするには、翻訳すべき論稿を選ばねばならなかった。内容が重複するものはもちろんできるだけ省き、より関心を引きそうだと思われるものを選んだ。しかし、訳出すべきだと思われたが、ミネルヴァ書房の努力にもかかわらず、版権保持者からの承諾が得られず断念したものもある（原書の中の各章の版権は、出版したルートレッジ社がもっているわけではない。どんな論考が含まれているかを知りたい方は、原書の「編者による序論」（本書所収）をお読みになるのがよい。それは、原書の各節がいかなるものとして書かれたかをも説明している）。

原書はほぼ時代順に従って構成された五部からなっており、翻訳のために選出したものも、当然の結果というべきか、その各部からそれぞれいくつかを選出するという形になっている。第Ⅰ部は彼の思想への導入をなすものであるが、続く第Ⅱ部「オーストリアの思い出」には、交流のあった人々を追憶するという形のものが多い。ポパーによる人物評伝は、取り上げられた人物の風貌を彷彿させるものであり、そうした描写の的確さに彼の思いがけない側面を見てとることができる。けれども、そうしたものでさえ、同時に、いずれもポパーの哲学への心構えと基本的な立場をよく解らせてくれる内容を含んでおり、その意味でも非常に有益である。第Ⅲ部は、ニュージーランド時代に関わるもの、第Ⅳ部は、『開かれた社会』に関するもの、第Ⅴ部は、「冷戦」とその後に関わるものである。ただ本書では、原書の第Ⅰ部を序章として扱い、原書の第Ⅱ部を第Ⅰ部とし、以下それぞれ順に部を分けることにした。原書の第Ⅰ部は、ポパー自身による彼の知識観への簡潔で、明快な入門の役を果たすものであり、特殊な話題を論じた他の論考とは種類を異にしているからである。それ故原書の第Ⅱ部は、訳書では第Ⅰ部となり、以下、順次、部の番号は繰り上がっている。原書の目次を呈示しておこう。

Editorial Introduction　編者による序論——本書の性格と範囲（担当：中才）
Acknowledgements　謝辞
Popper's books　ポパーの著作
Part Ⅰ　Introduction　序論
Optimist, pessimist and pragmatist views of scientific knowledge（1963）　序章　科学的知識に関するオプティミズム、ペシミズム、プラグマティズム——一九六三年（担当：小草）
Part Ⅱ　Memories of Austria　第Ⅰ部　オーストリアの思い出
1　Julius Kraft,（1898－1960）（1962）　第1章　ユーリウス・クラフト　一八九八－一九六〇——一九六二年（担当：山川）

2　Memories of Otto Neurath（1973）　第2章　オットー・ノイラートの思い出——一九七三年（担当：山川）

3　Preface to Fritz Kolb, *Es kam ganz anders*（it all turned out very differently）（1981）
フリッツ・コルプ『それはまったく別のものとなった』への序言——一九八一年

4　Anti-Semitism in Austria：a letter to Friedlich Hayek（1969）
オーストリアにおける反ユダヤ主義：フリードリッヒ・ハイエクへの手紙——一九六九年

Part Ⅲ　Lectures from New Zealamd　第Ⅱ部　ニュージーランドでの講義

5　Science and religion（1940）；appendix：Karl Popper on God；interview with Edward Zerin（1969/1998）
第3章　科学と宗教——一九四〇年；付録　エドワード・ゼリンによるインタビュー：ポパー神を語る——一九六九／一九九八年（担当：小草）

6　Ideal and reality in society（1940）　社会における理想と現実——一九四〇年

7　Moral man and immoral society（1940）　第4章　道徳的な人間と不道徳的な社会——一九四〇年（担当：吉川）

8　Is there meaning in history?（1940）　歴史に意味はあるか？——一九四〇年

Part Ⅳ　On the Open Society　第Ⅲ部　『開かれた社会』について

9　Correspondence with Carnap on Social Philosophy（1940－1950）　社会哲学についてのカルナップとの往復書簡——一九四〇－一九五〇年

10　Letter to Fritz Hellin on *The Open Society*（1943）　『開かれた社会』についてフリッツ・ヘイリンへの手紙——一九四三年

11　Letter to Alfred Braunthal on *The Open Society*（1943）　『開かれた社会』についてアルフレッド・ブラウンタールへの手紙——一九四三年

12 Uniting the camp of humanitarianism（1943－1947） 人道主義の陣営の統一——一九四三－一九四七年

13 Public and private values（1946?）：appendix：'Utopianism and the open society' 第5章 公的価値と私的価値——一九四六年?：付録 空想主義と『開かれた社会』（担当：吉川）

14 The theory of totalitarianism：a talk on *The Open Society*（1946?）：appendix 1.：The open and the closed society；appendix 2：The treatment of Germany 全体主義の理論：『開かれた社会』について語る（講演）——一九四六年?：付録1 開いた社会と閉じた社会：付録2 ドイツの扱い

15 Social Institutions and personal responsibility（1947） 社会制度と個人の責任——一九四七年

16 *The Open Society* after five years：prefaces to the American edition of *The Open Society*（1948－1950） 五年後の『開かれた社会』：『開かれた社会』のアメリカ版への前書——一九四八－一九五〇年

17 Platonic holiday（1948） プラトン的休日——一九四八年

18 Response to Vries（1952） フリースへの応答——一九五二年

19 On *The Free Man's Library*（1956） 『自由人の蔵書』について——一九五六年

20 Letters to Isaiah Berlin（1959 and 1989） 第6章 アイザイア・バーリンへの手紙——一九五九／一九八九年（担当：吉川）

21 Historical Explanation：an interview（1962 and 1966） 第7章 歴史的説明 インタビュー——一九六二／一九六六年（担当：小草）

22 Correspondence with Ernst Badian on Aristotle's political views（1965） アリストテレスの政治的見解について、エルンスト・バーディアンとの往復書簡——一九六五年

23 Plato（1968） プラトン——一九六八年

Part V The cold war and after 第Ⅳ部 冷戦とその後

24 The open society and the democratic state（1963） 第8章 開かれた社会と民主国家――一九六三年（担当：戸田）

25 Popper to Hayek on the abstract society and 'inner freedom'（1964） 第9章 抽象的社会と「内的自由」についてのポパーからハイエクへの手紙――一九六四年（担当：戸田）

26 The status of science：a broadcast to Russia（1963） 科学の身分について：ロシアへの放送――一九六三年

27 A note on the Cold War（1966） 冷戦についての覚え書――一九六六年

28 How to get out of Vietnam（1969） いかにしてヴェトナムから脱出するか――一九六九年

29 On *For Conservatives only*（1970） 『保守的な人々のみのために』について――一九七〇年

30 *Was ist Liberal?*（What is it to be liberal?）（1972） 第10章 リベラルであるということはどういうことか――一九七二年（担当：戸田）

31 On reason and the open society：conversation（1972） 第11章 理性と開かれた社会について ある対談――一九七二年（担当：渡邉）

32 For a better world（1973） よりよい世界のために――一九七三年

33 Historical prophecy as an obstacle to peace（1973） 平和に対する障害としての歴史的予言――一九七三年

34 To Bryan Magee on nationalization（1974） 国有化についてブライアン・マギーへ――一九七四年

35 Preface to the second Italian edition of *The Poverty of Historicism*（1975） 『歴史主義の貧困』のイタリア語版第二版への前書――一九七五年

36 On *the New Liberty*（after 1975） 『新しい自由』について――一九七五年以後

37 On toleration（1981） 第12章 寛容について——一九八一年（担当：渡邉）

38 The Importance of critical discussion：an argument for human rights and democracy（1981/1982） 批判的論議の重要性：人間の権利と民主主義について——一九八一／一九八二年

39 The critical attitude in Medicine：the need for a new ethics（1983） 医学における批判的態度：新しい倫理学の必要——一九八三年

40 Response upon receiving the Award of the Foundation Tocqueville（1984） トクヴィル財団賞を受賞して——一九八四年

41 On Democracy（1988） 民主制について——一九八八年

42 Outline of my views of what matters（1988） 第13章 何が重要であるかについての私の見解のあらまし——一九八八年（担当：松枝）

43 Historicism and the Soviet Union（1991） 歴史主義とソビエト連邦——一九九一年

44 The Open Society today：its great yet limited success（1991） 第14章 今日の開かれた社会 その限られてはいるが偉大な成功——一九九一年（担当：松枝）

45 A letter to my Russian readers（1992） ロシアの読者への手紙——一九九二年

46 The communist road to self-enslavement（1992）：appendix：Tribute to the life and work of Friedrich Hayek 第15章 自己奴隷化状態へと至る共産主義の道——一九九二年：付録 フリードリッヒ・ハイエクの生涯と業績に捧げる（担当：松枝）

47 Europe now exists（1993） ヨーロッパ今や健在——一九九三年

48 The power of television（1994） テレビの力——一九九四年

Notes 注

収録されたポパーの所見には、時局に応じての発言もあり、それらの中には今では少し時期が経って、そのままではもう通用しないと思われそうなものもある。たとえば原爆についての議論や、所得格差についての新自由主義的な彼の見解などである。もっとも後者は、われわれがこの翻訳の仕事を開始した時期には、ホットな話題であった。しかし、そうしたものも、なお有益である、と私は考えている。そう考える理由を少し弁明して「あとがき」としたい。

原爆の問題について言えば、ポパーは、広島や長崎への原爆投下が非軍事的な都市に対し行われたことを大きな過ちとしながらも（本書二七八頁）、使用自体を肯定している。そして肯定の基本的な理由を、戦争の早期終結と、それに加えて原爆の使用が地球における世界を破滅させうるものだということを人類が悟ったということ、つまり未来の戦争防止に役立つということに置いている（本書二八〇、二八四頁）。この意見を多くの日本人がすなおに肯定できるかどうか疑問である。けれども、ポパーのような意見もある（あった）ということをわれわれは知っておくべきである。私個人の意見では、原爆の使用は、人間的な理解を超えるものであり、いかなる理由づけをも拒否するたちのものである。現実に確実に起こるであろう大量殺人を、その大量殺人を犯さないならば、その殺人で殺される人々よりももっと多くの人々が死ぬことになるかもしれないという推定を論拠として、正当化してもよいであろうか。そういう正当化をする功利主義を、私は認めがたい。加えて言えば、この種の功利主義を、広島に続く、長崎への原爆投下についても振りかざしうるであろうか。

しかし原爆の問題は、アメリカの行為の批判で終わることではない。ポパーの発言（一九八八年論文・本書第一四章）から今や二五年経って、世界の情勢は変化した。核の有無が国力を示すようなことになり、核保有国は数を増した。核の拡散という現象である。当然、各国はミサイル攻撃に対する完全防衛体制の確立に向かっている。こうした趨勢を背景に、もしある核保有国がそういう体制を独占的に獲得しえたらどうなるか。原爆は戦争防止の機能をもたなくなるのではないか。なぜなら、そういう立場に立った国は、いち早く先制攻撃の挙に出るかもしれないからである。

別の問題もある。核の拡散は好ましいことではない。しかし、既に核を保有している国が、まだ保有していない国に向かって、核の保有を禁止する権利とはいかなるものであろうか。もちろん、核保有国の数が増えない方が、増えるよりはよい、と私も考える。しかし、どこの国が、自国以外の国が核を保有することを禁止する権利をもつであろうか。そもそも、そういう特権の主張に根拠があるであろうか。禁止要求は世界の国々の総意として以外には成立しえないであろう。しかし、それとてどんな現実的な意味をもちうるであろうか。現に、北朝鮮は、核実験を行ってしまったようである。人類は、原爆をもつことによって、新たな禁断の木の実を食べてしまったのではないか。

原爆の問題は、過去の問題ではない。原爆が戦争防止の役を果たさなくなった場合、われわれ日本人の立場はどのようなものになるであろうか。これはわれわれにとって実に緊急で重大な問題である。ポパーのかつての発言は、そのまま今のわれわれが従いうる見解ではありえないかもしれないが、それでもわれわれがこれからわれわれ自身の問題として核爆弾の問題について考える際に一つの出発点となるであろう。われわれは少なくとも、彼の考えが今ではどこが不備と考えられるかという批判的討議から考えを進めうる。

批判的討議の必要は、最近の日本の社会にとって大きな問題を引き起こした新自由主義というイデオロギー導入問題についても言えよう。一般的に言って日本人の考えは、曖昧であることが多い。われわれは、論理的骨格のある議論をする習慣を身に付けるべきであろう。その必要性は実際、新自由主義をめぐるわが国での議論に現れている。批判的討議が可能なためには、事柄をできるだけ明確に述べることが必要である。今の場合、それがどういうことであるか、かい摘まんで述べておこう。

わが国では中曽根内閣のとき以来、いくつかの国営企業が民営化されてきた。民営化は、わが国の産業経済の活性化という目的で導入された経済政策である。国営企業の民営化は、経済の自由化と同一視されていたようである。私は経済学の専門家ではないので、国営企業の廃止の経済的政策としての可否を論ずるつもりはない。私が以下で取り上げたいのは、新自由主義の基本に反することを、新自由主義の名の下に行うことの不条理さである（それとも、自民党が行ったことの内実は、新自由主義の導入などということではなく、自民党の流した新自由主義という名のＢＧＭに、国民が自ら和して踊っただけなのであろうか）。

自由主義は、社会の基本ルールに政府が干渉しないことを基本に置く。ここにいう社会的ルールとは、社会良識的に見て、伝統的に認められている基準のことである。新自由主義も、自由主義に立つことには変わりはないであろう。自由主義的政府なら、そういう基準ないしルールが守られているかどうかは厳しくチェックすべきであるが、国民がいかなるルールを取るかについては干渉しないで、社会が自ら作り上げるに任すはずである。社会的ルールの変更を政府主導の下に推し進めるのは、そもそも自由主義的ではない。それ故、それを政府が新自由主義の名の下に行うのは、矛盾ないし欺瞞である。私は、「国の財政出動で、有効需要を発生させる（または、させない）」というような社会政策を自由主義的政府がとることを禁じているのではない（その政策実施の当否は別として）。私が、咎めているのは、当時の政府の矛盾的な言動である。それは第三者からは欺瞞的行動とも見うる。それとも、社会的ルールのこの変更は、国民自体の選択であったのか。

わが国の構造改革は、国営事業を解体したに止まらず、グローバリズムの流れに棹を差し、かえって国民の生活を悪化させ、国民の経済的状況の改善には向かわなかった。金融資本家たちは、収益を増やしたのかもしれない。しかし、会社の収益を上げる努力は、正規社員の減少と終身雇用の廃止とにつながり、それはわが国の伝統的な共同体意識と、それに基づく社会的ルールとを破壊した。

共同体意識は、自由の精神と両立しにくい価値観を含んでいる。そのことの引き起こす難点もあろう。しかし、難点ばかりで長所がなかったわけでもない。それなのに、共同体意識の破壊が政府によって意図的に行われたのであれば、それは産業における自由主義に基づくものではなく、集団主義的・社会主義的（マルクス的ではないが）施策であろう。あるいは、共同体意識の破壊は意図するところではなかったと、政府は言うのかもしれない。そして、もちろん社会の産業構造の変化は、その社会の人々の気質や行動パターンに変化をもたらす。しかし、結果を考えに入れずに構造改革を行ったとすれば、それは政府と社会の思想的な未熟さを示すものである。「構造改革」は、日本の国民がその内容をよく考えずに勝手に熱狂した当時流行のイデオロギーであったのだとすれば、それは日本国民の思想的な貧困を示す。実際、その未熟さと貧困とは、多くの人々が構造改革を郵政民営化と同一視し、反郵政民営化を反自民党的であることと同一視したという現象に現れているように思える。「自民党をぶっ潰してでも郵政民営化を行う」と主張した自民党は、いわゆる郵政選挙において地滑り的大勝を博した。この倒錯的現象は、政治的扇動家の危険性と日本国民の政治センスの幼稚さとを示している。そもそも郵政民営化は、それをめぐって議会を解散し総選挙をするというほどの意義のあることであったであろうか。

産業の自由化というような一見自由主義的な主張を、自由主義的な政治ルールに違反しつつ主張するというような矛盾に寛容なのも、わが国の伝統であるのかもしれない。しかし、矛盾に無感覚な知的蒙昧は、文化国家としては恥ずべきである。矛盾があっても結果がよければ、それでよいではないかというプラグマティズム的な意見もあろうが、プラグマティズムは、もし自分の立場が手段を提示するだけのものであり真理を提示するものではないということを忘れたならば、「力は正義」という権力主義に化す危険をもつ。

新自由主義というのは、二〇世紀前半においてハイエクらが提唱した考えである。ポパーはハイエクの自由主義を基本的には認めるが、ある点で批判している（本書第一五章）。彼らはいずれも若い頃、最初は社会主義的な思想に共感を抱いていた。ハイエクは穏健なフェビアン社会主義に、ポパーはより左翼的な立場に惹かれていた。しかし前者はルードヴィッヒ・フォン・ミーゼスの薫陶を受け、後者は自らの体験に基づき、立場を変えた。彼らは既に若いときから自由を尊重する立場に立って、生涯、社会主義的な立場を批判し続けた。ここで社会主義的な体制というのは、国家社会の政治形態はその国家社会を形成している集団が自分で設計し構成しうるものだということを前提としており、国家社会の統治形態に関し、各々の集団の自己決定の要求を最高の価値とする立場のことである。

ハイエクの新自由主義とはいかなるものかをここでは論じられないので、次の二つのことを指摘するに留める。その一つは、ハイエク自身はこの思想の先祖をロックの個人主義にあると見ているということである。近世の初期、自由とは個人の自由のことであった。自由主義という言葉が、政治思想の表現として用いられるようになったのは、一九世紀のことである。第二は、ハイエクは近世初頭の個人主義を二つに分けているということである。一つは今述べたロックに始まり、マンデヴィル、ヒューム、タッカー、アダム・ファーガスン、アダム・スミス、エドマンド・バークらが成熟させた個人主義であり、もう一つは、とくにフランスやその他のヨーロッパ大陸の思想家たち、殊にデカルト流の合理論に基づくとされている個人主義である。後者の中にハイエクが算入しているのは、百科全書派、ルソー、及びフィジオクラット（重農主義者）などである（「眞の個人主義と偽の個人主義」ハイエク著、田中真晴・田中秀夫編訳『市場・知識・自由』ミネルヴァ書房、一九八六年所収）。この記述に私は満足しないが、今はその点を追究しない。ハイエクは、近世初頭の個人主義のうち、社会主義ないし集団主義につながる個人主義をしりぞけている、というのがここでの要点である。

ハイエクにとって、個人主義という多義的な言葉の意味の中核は、社会主義に対する反意語であるということにある。このことは、社会の制度が変わっていくことを彼が認めないということではない。しかし彼にとって社会ないし社会ルールというものの成立は、人工とか自然とかという質のものではない。社会は、計画されたものでない秩序をもつ、と彼は言う。社会の秩序は、自発的に、あたかも野中の小道が人々の足で踏みしめられて次第に出来上がっていくような経過を辿って成立する。つまり社会の秩序は、不変ではないが、伝統によって保持され進化しながら継続するものである。そしてその際、社会のルールを形成する場合に有効な原理として認められたのが市場原理であった。つまりハイエク流の社会は、人間の理性によって計画されて構成されうるようなものではない。そういう思想と、グローバリズムという名の下に、それぞれの社会の伝統に基づく独自性をその社会の政府が急激に破壊する行為とは、相容れないはずではないか。

日本が、新自由主義と呼ばれるものを二〇世紀の終わり頃担ぎ出した動機は、ケインズ的な経済政策の行き詰まりの打開にあった、と言われている。新自由主義が、社会主義的国家や計画経済に反対した理由には、そうした社会制度の非能率ということもあったろう。しかし、西欧の文明における自由という価値は、経済的な側面に限られているものではない。それは本来、人間のあり方についての主張であった。もちろん自由主義は、個人の自由な創造性を尊重するという意味において、社会の活性化を助けこそすれ妨害するものではない。そして経済的自由なしには、人間の自由もないであろう。しかし、それは経済的活動の活性化を第一義に置いているわけではない。われわれは自由ということの意味をもう一度、根底から検討し直すべきではないのか。われわれは自由主義とはいかなることなのかを再考すべきなら、その際、自由についてのポパーやハイエクの議論を顧みることは有益である、と私は信じている（たとえば、本書第四章「道徳的な人間と不道徳な社会」など）。もちろん、他にも耳を貸すべき議論は多くあるが。

つい最近まで日本人の多くが、日本社会を、平等主義的で生ぬるく、合理的でなく情実でことが進められる共同体的風土の国だというように見ていた。この見解は、日本社会は才能のあるものがしかるべき扱いを受けないところだ、という意見につながっていた。そして、共同体意識が「相互扶助」の精神であることを重視しなかった。今から二、三〇年ぐらい前まではとくにそうであった。そして今、わが国の経済社会では成果主義の思想が大いに蔓延っている。その結果はどうか。

データの示すところでは、最近のわが国では、失業者が増え、人々の所得格差がはなはだしく増大している。

かつて一九九〇年代の初期に自らを中流階級だとする幻想にとらわれていた人々の多くは、収入を減少させ、代わりに大会社の社長クラスや株で利益を上げる人々は収入を増大させた。それはわが国を、新しい階級社会を作ることに向かわせるのかもしれない。しかしこの傾向は、日本人に日本の社会についての満足度を高めつつあるのだろうか。

総務省統計局の資料によれば、一九九〇年には二パーセントだった失業率は、二〇〇九年には五・一パーセントになっている。非正規労働者の割合は、一九八五年には一五パーセントほどであったのが、二〇〇九年には三三・七パーセントになっている。収入（大会社についての統計だそうであるが）に関して言えば、役員給与及び賞与の増加率は、一九八六年から一九八九年の間のそれは二一パーセントだったものが、二〇〇一年から二〇〇四年の間に五九パーセント伸び、二〇〇五年から二〇〇八年の間にさらに一三パーセント伸びている。これに対し、従業員給与の伸びは、一九八六年から一九八九年の間に一四パーセントだったものが、二〇〇一年から二〇〇四年の間に、マイナス五パーセント伸びとなり（つまり五パーセント減少し）、二〇〇五年から二〇〇八年の間にマイナス二三パーセントとなっている。これは上級社員と一般社員との間の格差が大きく開いたということである（この数字は二〇一〇年秋のＮＨＫの放送番組「ロナルド・ドアーとの対話」から学んだ）。こういう格差を作ることが、国全体を幸福にするであろうか。あるいは、この格差の出現は過渡的な短期の現象で終わるものであろうか。

自由競争の社会についてのハイエクやポパーの意見は、自由の尊重に優位を置くものである。それは自由競争の結果、生活に困る人が出るのでなければ、所得格差があることにはそれほど問題はない、というものでもある。しかし、所得格差の問題と貧困の問題とは、次元が異なるであろう。今のわが国の場合、所得格差の増大は、それほど問題を生んでいないと言えるであろうか。富める者はますます富み、貧しき者はより困窮するという事態が発生しているのではないか。つまり、貧しきものは、自由を失いつつある。このことを現代の自由主義者は見逃してよいのか。

バブル崩壊後、「勝ち組」と「負け組」というような言葉が、そしてまた「セレブ」という言葉がひとしきり流行したが、それは一種の階級的差別へ向かっていた当時の風潮を象徴する現象であろう。階級社会の成立は、社会的な分裂が生じるということに他ならず、一般に、社会の結合力が弱まるという結果を生む。それは中産階級を瓦解させ、共同体意識を消滅させる。他人への関心も希薄にするであろう。国や自分の社会を愛するという感情も消失していくであろう。それでもよいのであろうか。しかも今や「勝ち組」「負け組」「セレブ」というような言葉は死語になりつつあるようである。その理由は、多くの人々が、ともかく生き残ることに懸命となり、こうした言葉を発して、自己をわずかに客観視する心の余裕さえなくしてしまったことにあるのではないか。社会格差の問題は、ますます深刻になっていきつつあるように思われる。もはや時代は、新自由主義の時代ではなく、別種の時代、たとえば金融資本主義の時代になっていると評する人々もいる。ここでいう金融資本主義とは、資本による利益増大（国民の利益増大ではない）を最高の課題とする産業構造のことである。そういう原理で動く社会では、そういう価値基準に合わない個人の存在の価値が顧みられることは少ない。われわれは株で儲かる時代が来たことを喜んでばかりいてよいのであろうか。

現在における非正規雇用者の増大は、社会の根幹を揺るがす問題を孕んでいる、と今や多くの人々が感じている。そういう事態を引き起こした原因は何か。また、そういう事態は、何を意味しているのか。それを、われわれは問うべきではなかろうか。その問いは、われわれを、人間社会における会社ないし企業の存在根拠は何か、そしてわれわれ人間の存在とは何かという問いへと導くであろう。

不平等を基礎として、既に堕落した形を取っている国家の上には、自由とともに平等をも原理とする正しい国家は成立しえない、とかつてルソーは主張した。また彼は、不平等が合理化されるような国家主権の国では文化もまた損なわれるとも説く。それ故ルソーは、ホッブズのような社会契約論をしりぞける。ルソーはさらに、法的に守られる自然権が自然法と一致すると見る立場をしりぞけ、それに伴いロックのような立場を排する。ちなみにロック以来の自由主義は、一九世紀にはフランス的な合理主義傾向の影響を大きく受け、またその風潮を受けたベンサム流の功利主義によって、いったん衰退する。それを再興した故に、ハイエクの自由主義は、新自由主義と呼ばれるべきなのであろう（ハイエク著・西山千明編『新自由主義とは何か』東京新聞出版局、一九七六年）。

他方、ルソーの立場にも問題点はある。ルソーの自然主義の解釈は、むしろ計画社会の建設という、彼以後の一九世紀の思想の流れと結び付けて理解されることが多い。そうした解釈の流れは、自然法という理想的な法が、容易にわれわれ人間の知りうるものであるという思い込みに基づいている。確かに、理想的な法、究極の法が直観的に知られるという楽観主義は、近世の初めの一般的幻想であった。ルソー自身もそうした認識論的反省を欠いた幻想を抱いていたのかもしれない。しかし不平等についての彼の観察は正しい洞察を含むのではないか。彼は人間の無限な欲望が、他人との対立を生み、それは不平等の拡大につながり、人間を不幸にしていると指摘した。これに対し、ロックの「自由」は、生命と財産の保護を要求したが、財産の不平等を問題にしなかった。しかし財産の極度の不平等はやはり問題を含むのではないか。ロックからハイエクに至る自由主義は、現在の日本人にとってはいかなる意義をもつものであろうか。われわれはもう一度、近世社会のもつ根本的な問題を基礎から問い直す必要があるのではないか。社会における不平等をあまりにもなおざりにすることは、やはり正しくないのではないか。

私はここで、われわれは自由に対し、平等という別の価値を対置すべきだと言っているのではない。価値の対置は、争いを生むだけであり、解決をもたらさない。もたらさないどころか、かえってそれを遠ざける。われわれは道徳的主張に基づき、角を突き合わせるのではなく、より賢明にならねばならない。ここで賢明というのは、利口という意味ではなく、独断的主張をしないで、双方が、自分の無知の自覚に立ちつつ議論をすることである。これはポパーが主張していることの一つである（本書第八章「開かれた社会と民主国家」）。

ポパーは、ハイエクの立場に強く賛同しているが、全面的に賛成しているわけではない。ハイエクはオーストリアの学問的伝統をもつ家系に生まれた。そういう背景を負う彼は、人間の品位を当然のこととして信じていたであろう。彼は、人間が自己の利益追求に驀進して他を顧みないというような状況はおそらく想定しえなかったのかもしれない。しかしポパーは、そういう高貴な心のもたらすバイアスなしに人間を見ているようである。それ故か、彼は社会を「法」によって秩序付けることの必要を見てとって、その点についてハイエクの自由主義を批判している。法の支配しない自由は、結局、自由の否定に至るであろう。それは権力政治への道ともなりうる、とポパーは言う（本書第一四章）。

ハイエクの自由主義も自由放任論ではない。しかし、彼は、社会には良識の伝統が存在することを当然のこととして前提しているが故に、やや無防備に自由主義を唱えたのではないか。たとえば彼は、伝統の保持を、家族という共同体の存在に結び付けて議論を進めているようである。しかし、この点は、彼の自由主義とどういう関係に立つのか、検討すべき問題があるのではないか（既出『市場・知識・自由』第一章及び「解説」参照）。

日本社会に投げ入れられた新自由主義はいかなる内実のものであったのか。それは、経済活動の実際面に関しては、アメリカで形成された経済ルールを中核とするものであったろう。アメリカの新自由主義は、ハイエクの思想からの枝分かれであるとしても、ハイエクの思想そのものではない。日本政府はアメリカの新自由主義の導入に際し、そうした改革の引き起こすかもしれない混乱を予想していたであろうか。もしそう予想していたのなら、わが国における共同体意識の消滅は、政府による社会主義的な政策の結果だったことになる。もしそうでなければ、政府の施政は無責任であったことになろう。それは失政ではないのか。失政なら、行政責任者は、その責任を取らねばなるまい。

アメリカの自由主義ないし新自由主義は、近世初頭（ロックの頃）のイギリスとは違う風土で育ったものである。加えて、一七、八世紀のイギリス社会では、階級社会は確立されたが、生産の飛躍的増大のおかげで、自由主義はあまり難しい社会情勢を引き起こさずに済んだ。しかしアメリカは四〇〇年ほど前まで、いわば無人の荒野に近かった。アメリカ先住民の強制排除に続くアメリカの西部開拓は、荒野向きのものであろうが、文明社会以前の状態で形成された流儀によって進められた。それを最初に法的に認めた大統領は、奴隷解放を叫びながら、多くの奴隷を保持していた人物である（一九世紀初頭）。荒野には、絶対主義の政府も存在していないが、人々が長年かかって踏み固めた人の道もまだ存在していない。しかも、荒野流の行動を統制するには、人間の欲求に先立つ客観的なルールを必要とする。アメリカも次第にそうなってきたと言えるのかもしれない。社会には法が必要であるという認識は今やそこでも成立しているであろう。しかし、アメリカ流の経済活動のルールをそのままわが国に導入することは適切であったろうか。われわれはもう一度、そのことについて考察すべきではなかろうか。われわれ日本人は、「自由」という観念の伝統をもたない。われわれは、いかなる自由主義をいかに受け止めるのか、もう一度、よく考えるべきである。「自由」について考え直す際、ポパーやハイエクの意見は無意義ではないであろう。もちろんこれは、われわれは彼らの意見に同意すべきだという意味ではない。

日本そして日本人は、現在、非常に危機的な情勢に置かれている。否、そればかりか、われわれ日本人から見ると不当と思われる非難をさえ現に浴びている。われわれは、社会のあり方をこれからどのような方向に向け、どのような立場に立つべきか、原爆問題や、社会構造のあり方についてのみならず、国そのものの向かうべき方向について、われわれはよく熟考して、判断すべき時期にある。その際われわれは、まず自分とは違う意見をこそ、よく検討すべきである。たとえば、ポパーの議論をそのまま肯定できなくても、われわれは、彼の答えから受けるその違和感から討議を発し、自ら学びうるであろう。その違和感の原因、つまりわれわれが見落としていたことのみならず、彼の念頭になかった事態は何であったのか、そこからもわれわれは考察を始めうる。問題を正確にすれば、回答も見えやすくなる。少なくとも、それは、回答への一歩である。ポパーはつねに力説していた。批判対象の議論をまずできるだけ強固な形に定式化して後、それを批判せよ、と。批判は非難することでも、いわんや揚げ足取りをすることでもない。批判は、知的寛容に根差した理性的な議論であり、真理の追究を目指しての議論である。逆に言えば、正しい批判は受け止めねばならない（理性的な態度ないし議論の要諦については、本書第一二章、とくに二六二頁以下を参照。なお、残念ながら本書には収録していないが、原書の第二一章は、彼が他からの批判を受け入れた実例である）。実際、そういう批判的作業を進めることこそが彼の望みであり、彼の言う合理的な態度である。こうした意味で、ポパーの議論に何かを読みとって頂ければ、それはわれわれの最も幸いとするところである。

私は、英国文化振興会の奨学金（British Council Scholarship）を得て、LSEはポパーの下で学ぶことになり、一九六三年九月、英国に渡った。今から五〇年前のことである。それが、ポパーとの初めての出会いである。当時の私の哲学的関心は、もっぱら科学哲学、つまり広い意味での知識論にあった。彼の『科学的発見の論理』における科学的知識の特徴づけ、とくに偽科学的知識を科学的知識から区劃する議論は私にとって魅力あるものであり、また科学的知識を閉塞させてしまう本質主義へのあくなき批判を展開する『開かれた社会とその敵』は衝撃的でもあった。しかし、当時の私の研究上の関心は、量子力学的な考えに基づく自然観ないし自然像の哲学的な基礎を解明することにあった。より具体的に言えば、それは、量子力学のように確率概念を含む科学理論を、どのように受け止めるかという問題であり、客観的世界についての確率論的知識はいかなる意義、いかなる認識論的地位をもちうるかという問題であった。

日本語の「知識」という言葉は、「知識」（knowledge）という言葉の西欧における伝統的理解と大きく違っている。わが国の多くの人は、このことに無関心だが、それは日本人が西欧の哲学の伝統をもたないということの表れでもある。

われわれは、知識と「思いなし」（信念ないし意見）とをほとんど区別しない。とくに日常会話では、そうである。しかし古来、西欧の思想の伝統では、知識は、信念ないし意見などのような、多かれ少なかれ蓋然的で主観的なものとはきっぱり区別されている。哲学（学問）の目標は、真の知識、すなわち確実性をもつ普遍的で必然的な真理の獲得にあるとされてきた。それ故「scientia（知識）」は、本来は「哲学」と同義であった。知識は、実在についての確実性をもつ真理であり、論証された命題であるという理解は、実際、古代のプラトンやアリストテレス以来、西欧思想の長い歴史の伝統において堅持されてきたし、この伝統が近世においても揺るぐことはなかったことは、近世の哲学の祖とされるデカルトの思想（明晰判明な観念《イデー》（idée）［英語ではidea］を基軸とする）が、プラトンのイデアの伝統を、より納得しうる形で再生したものに他ならないことからも明らかである。

しかし問題があった。われわれは真の知識をいかにして獲得しうるか。われわれのもちうる知識は、畢竟、蓋然的なものにすぎないのではないか。

もちろん、この問題の起源は既に古代の懐疑論にあり、近世の哲学者たちはそれを、多くキケロを通じて学んだ（キケロの場合、その源は主としてアカデメイア派のカルネアデスである）。知識概念のこうした問題は、デカルトの哲学が懐疑論を超克するという形で形成されたこと（『省察』）にも窺い知ることができようし、ロック以後の経験論はある意味でデカルトの合理論への懐疑論であることにも見て取れよう（デカルトの観念説がどのようにロックの観念説と関わっているかについては、拙著『イデアの哲学史』ミネルヴァ書房、二〇一一年参照）。さらにヒュームは、懐疑論を単に知識論としてだけではなく（ヒュームによる知識概念の拡張に関しては、拙著『ヒューム研究』ミネルヴァ書房、一九八四年、第七章「知識概念」を参照）、いかに生きるかという問題をも含めて、自己の哲学の全体に大きく関わる形で取り上げることとなる（拙論「ヒュームの懐疑論」佐藤義之・安倍浩・戸田剛文共編『知を愛するものと疑う心』晃洋書房、二〇〇八年所収、参照）。ヒュームはたとえば、蓋然性（確実でない知識）は賢者の導きでありうると考えているが、これはキケロに従ったものと考えられる（キケロの『アカデミカ』『トゥスクルム荘対談集』など）。ヒュームは言う。懐疑論はわれわれがいろいろな意味で中庸を保つよう忠告し、分別を与えてくれる、と。人間は、懐疑論の中に生きるほうが、より合理的なのである（上記「ヒュームの懐疑論」とくに一五一、一五四頁以下、また『ヒューム研究』二六八頁以下を参照)。そして、蓋然的知識(情報)は生存ということに関しては有益であるとさえ言える(ポパーも科学理論が有用な道具でありうることは認める)。しかし、話を元に戻そう。

今述べた理解、すなわち知識と意見(蓋然的知識)との区別に従って言えば、私が留学当時、ポパーの議論に対してもっていた関心は、蓋然的知識を、いわば客観的知識への近似として理解する試みのもつ意義に関するものであり、たとえば、彼の「確率計算の傾向性解釈と量子力学理論」(K. R. Poper : The Propensity Interpretation of the Calculus of Probability, and the Quantum Theory, 1957.)などにおける議論に私の関心はあった。しかしこの関心は、もし私がそれにかたくなに固執したなら、彼の考えの本当の理解の妨げとなったことであろう。なぜなら、科学的知識についてのポパーの根本的な問題は、知識獲得における合理的な態度とはいかなるものかということにあり、事実についての蓋然的知識の確率を高めて判断に導く方法を見出すことにはなかったからである。

ポパーは一方で、すべての科学理論は仮説的であり、確実性をもちえないと主張した。これは彼が、知識や理論を確率的なものと主張している(懐疑論)ように思わせるかもしれないが、そうではない。彼は他方で、真の知識は論証的なものであると主張する伝統的な立場に立つのである。というのも彼は、科学と偽科学とを区分けするためには、真理概念を手放せないと考えているからである。しかも、彼の反証可能性の理論は、論理におけ る負格法(モードゥス・トーレンス)の力で支えられている。理論を反証するのは、真理と見なされる事実である。それ故彼の懐疑論は、真理というものを幻想とする立場ではありえない。つまり彼の目標は、真理の追究としての知識論であり、真理の否定にはない。たとえ「科学の諸理論の真理」という概念の一般的基準は存在しえず、提出される理論はすべて仮説にすぎないとしても、真理という概念は、空虚ではなく、論理的に合法的なのである、と彼は考える。それ故彼は、「概念が適用基準をもたないなら、それは空虚だ」というウィットゲンシュタインに強く反対し、十分に豊かな言語においては「真理」の基準は存在しえないというタルスキの議論を引用する。純粋な科学が探求するのは単なる有用性ではなく真理である。

ポパーの立場を、「楽観的懐疑論」と呼んだ人がいる（P.Tichý）。むべなるかなである。彼の懐疑論には暗さはないからである。彼は、ヒュームと同様、懐疑論を踏まえてこそわれわれは合理的になれると考え、そして、やはり客観的な立場を尊重する。その点で、両者相通ずるものがある。両者いずれも懐疑的であるが、彼らを単に懐疑論者と呼ぶことも同じくミスリーディングである。

ポパーの考えをここで詳しく論ずることは許されないが、一つだけ、注意を引いておきたい。少なくとも私が留学していた時期には、彼は、理論のもつ合理性の概念と、事実命題のもつ確率の概念とを、明確に区別していた、と。彼は、理論のもつ合理性という考えを確率概念で表すことをほぼ放棄していた（「真理接近性」（verisimilitude）の概念はまだ完全に捨てられてはいなかったように思うが）。彼は理論の合理性を、止むことなく理論を反証に曝す努力を通じて守ろうとした。ポパーのいう、認識における進化論的アプローチとはそういうものであろう。理論を設定する場合、その理論設定にとって基礎的と見なされるいくつかの事実があるはずである（つまり理論は、それら事実を説明しうるということを必要条件として考案される）。しかし、そうした推測により提唱される理論は、基礎的な諸事実とは独立な新たな事実によって反証されれば淘汰されていく。そして理論への真摯な反証が失敗する限り、その理論は暫定的に認められている。

反証への努力にこそ意義を認める彼は、論理実証主義の立場と決別せざるを得ない。彼は講義において、演習において、しばしば論理実証主義の立場を、また序に言えば、意味論的な見地から科学的知識を理解しようとする試みを、鋭く批判していた（一九六〇年代初期は、カルナップ－ポパー論争の時代でもあった）。彼の議論がしばしば、とくにアメリカの論理実証主義の影響を強く受けた人には誤解されるのは、このことのせいかもしれない。ともあれ、こうして留学中の私は、ポパーにとっては、合理的に生きることこそが大事なのであり、私自身の任務は、まず彼の合理主義とは何かを明らかにすることだ、と考えるようになっていった。

私がポパーに会う前に彼について聞いていたことは、彼は非常に難しい気質の人であるということであった。

しかし私が彼についてもった実際の印象は、いつも彼は私に親切にしてくれたという思いのものである。初対面の挨拶をする私への、彼の最初の言葉は、「もっと早く来ればよかったのに」であった。また、あるときは、LSEの迷路のような校舎内で私を見つけて、「どこへ行こうとしているのかね。まったくこの建物は恐ろしく解り難い（実際そうであったが）」と言いながら、私を行こうとしている教室へ連れて行ってくれた。

ポパーと最後に会ったのは、彼が稲盛京都賞を受賞することになり、来日したときである。私はそのとき、他の何人かの人たちと同様、ワークショップで、彼の考えについてのペーパーを読むことになっていた（ワークショップは一九九二年一一月一二日）。私のペーパーは、彼の合理主義についての私の理解を述べたものであり、ひと月ほど前に彼のところに送ってあった（"On Sir Karl Popper's Critical Rationalism," *The Annals of the Japan Association for Philosophy of Science*, Vol.8, No.4, March 1994）。彼は、私が会場でそれを読む直前に、私のところにつかつかとやってきて、言った。バートリー（彼の合理主義の立場を批判した彼の元弟子）と自分（ポパー）とは、人間的には何ら険悪な関係にはない、実際、英国からバートリーのいるアメリカまで長時間にわたり長電話で何度も話している、と。つまり、彼ら両人の人間関係は悪くはないのだということを私のペーパーでもっと強調せよということである。私は、それにいくらか応えたつもりである。そしてそういう依頼は、ポパーのバートリーに対する優しさを表していると受け取っている。また、立花希一氏が紹介してくれているように（「ポパーの宗教観再考」『秋田大学教育文化学部紀要』二〇一三年）、私がペーパーを読んだ後で、彼は「よくできていた」と公の場で言ってくれた。それも彼の優しさであろう。優しさというのが不適当であるなら、彼はいつも教育者的配慮をする人であったと言い換えよう。彼は若い研究者が、更に自己の研究を進めるよう刺激を与えようとする人であった。しかし、もちろん、優しさをもつということは、厳しさをもたないということではない。

ポパーは、一九九四年九月一七日逝去した。京都賞から二年足らず後のことである。私は、その受賞式の後、彼と交わした握手を今でも忘れない。それは、九〇歳の人とは思えないほど力強く、暖かいものであった。そして私は今、自分の辿ってきたこれまでの思索の跡を顧みるとき、ポパーが終わりなき旅にある私を導いてくれた思想上の恩師の一人であることを認めざるをえない。その学恩に報いるため、私はこの翻訳の監修という役を引き受けた。しかし、この仕事は、中才敏郎大阪市立大学名誉教授と戸田剛文京都大学の人間・環境学研究科准教授の尽力なしには、成就しなかったであろう。両氏は、いわば中間管理者として私を助け、この書を完成させてくれた。お二人に深く感謝したい。

翻訳に際しては、各節の分担者を定め、その訳稿を私（と中間管理者）が点検するという形をとった。大きな不備がないことを願っている。なお、各章の翻訳の担当は、上述の目次説明（三二四―三二九頁）や巻末の訳者一覧に見られるとおりである。それらの担当者の方々にも感謝したい。また、最後になったが、ミネルヴァ書房でこの訳書の編集を担当し、多数の訳者を抱えて錯綜する本書編集を、適切かつ誠実に遂行して下さった堀川健太郎氏に深謝したい。

人名索引

あ 行

か 行

さ 行

た　行

な　行

は　行

ま 行

や 行

ら 行

《著者紹介》

カール・ポパー (Sir Karl Raimund Popper : 1902−1994)

オーストリアのウィーンでユダヤ系の家に生まれる。ウィーン大学で学び，1934年に『探求の論理』（英訳増補版『科学的発見の論理』1957年）を刊行し，帰納主義を批判，科学と非科学の境界設定の基準として，反証可能性を提案した。ナチスの台頭に伴い，ニュージーランドに移住。クライストチャーチで教える。1944年には『開かれた社会とその敵』を刊行し，プラトン，ヘーゲル，マルクスを俎上にのせて，全体主義を痛烈に批判した。第二次世界大戦後はイギリスに移り，1946年から1969年までロンドン・スクール・オブ・エコノミクスで教え，1965年にはナイト爵位を授与された。

《編者紹介》

ジェレミー・シアマー (Jeremy Shearmur)

ロンドン・スクール・オブ・エコノミクスで学び，カール・ポパーの助手を務める。オーストラリア国立大学で哲学のリーダー（Reader）となり，2013年に退職した。現在は同大学の名誉フェローである。

ピアズ・ノーリス・ターナー (Piers Norris Turner)

ノースカロライナ大学で学位を取り，現在はオハイオ州立大学の助教（Assistant Professor)。政治哲学やジョン・スチュアート・ミルを研究している。

《訳者一覧》

神野慧一郎（かみの・けいいちろう）**監訳者・監訳者解説**

監訳者紹介欄参照。

中才敏郎（なかさい・としろう）**監訳者・編者による序論**

監訳者紹介欄参照。

小草　泰（おぐさ・やすし）**序章・第３章・第７章**

大阪市立大学大学院文学研究科後期博士課程修了。

山川　仁（やまかわ・ひとし）**第１章・第２章**

京都大学大学院人間・環境学研究科博士後期課程在学。

吉川泰生（きっかわ・やすお）**第４章・第５章・第６章**

大阪市立大学大学院文学研究科後期博士課程在学・大阪府立四条畷高等学校教諭。

戸田剛文（とだ・たけふみ）**監訳者・第８章・第９章・第10章**

監訳者紹介欄参照。

渡邉浩一（わたなべ・こういち）**第11章・第12章**

京都女子大学非常勤講師。

松枝啓至（まつえだ・けいし）**第13章・第14章・第15章**

京都大学非常勤講師。

《監訳者紹介》

神野慧一郎（かみの・けいいちろう）

1932年　生まれ。
　　　　京都大学大学院文学研究科博士課程単位取得退学。博士（文学）。
現　在　大阪市立大学名誉教授。
主　著　『モラル・サイエンスの形成』名古屋大学出版会，1996年。
　　　　『我々はなぜ道徳的か』勁草書房，2002年。
　　　　『イデアの哲学史』ミネルヴァ書房，2011年。

中才敏郎（なかさい・としろう）

1948年　生まれ。
　　　　大阪市立大学大学院文学研究科後期博士課程単位取得退学。博士（文学）。
現　在　大阪市立大学名誉教授。
主　著　『心と知識』勁草書房，1995年。
　　　　『論理学の基礎』（共著）昭和堂，1994年。
　　　　『ヒューム読本』（編著）法政大学出版会，2005年。

戸田剛文（とだ・たけふみ）

1973年　生まれ。
　　　　京都大学大学院文学研究科博士課程単位取得退学。博士（人間・環境学）。
現　在　京都大学大学院人間・環境学研究科准教授。
主　著　『バークリ』法政大学出版会，2007年。
　　　　『世界について』岩波書店，2011年。
　　　　『ハイラスとフィロナスの三つの対話』ジョージ・バークリ著（訳書）岩波書店，2008年。

カール・ポパー　社会と政治
――「開かれた社会」以後――

2014年5月10日　初版第1刷発行　〈検印省略〉

定価はカバーに
表示しています

監訳者　神野慧一郎
　　　　中才敏郎
　　　　戸田剛文
発行者　杉田啓三
印刷者　藤森英夫

発行所　株式会社　ミネルヴァ書房
607-8494　京都市山科区日ノ岡堤谷町1
電話代表　(075)581-5191
振替口座　01020-0-8076

亜細亜印刷・新生製本

ISBN978-4-623-06785-5
Printed in Japan